U0128701

空間與意象的交融

海洋文學研空論述

謝 玉 玲著

文 史 哲 學 集 成
文史框出版社印行

國家圖書館出版品預行編目資料

空間與意象的交融：海洋文學研究論述 / 謝
玉玲著--初版-- 臺北市：文史哲，
民 105.03
　頁； 公分（文史哲學集成；594）
ISBN 978-957-549-942-6（平裝）

823.1　　　　　　　　　　　99022290

文史哲學集成　₅₉₄

空間與意象的交融
海洋學研究論述

著　　者：謝　　　玉　　　玲
出 版 者：文　史　哲　出　版　社
　　　　　http://www.lapen.com.tw
　　　　　e-mail：lapen@ms74.hinet.net
登記證字號：行政院新聞局版臺業字五三三七號
發 行 人：彭　　　正　　　雄
發 行 所：文　史　哲　出　版　社
印 刷 者：文　史　哲　出　版　社
　　　　　臺北市羅斯福路一段七十二巷四號
　　　　　郵政劃撥帳號：一六一八〇一七五
　　　　　電話886-2-23511028 ・ 傳真886-2-23965656

定價新臺幣四二〇元

二〇一〇年（民九十九）十二月初版

ISBN 978-957-549-942-6　　　00594

空間與意象的交融：
海洋文學研究論述

目　　次

推薦序

　　自 2007 年我國教育部公布「海洋教育政策白皮書」以來，結合海洋科學與海洋文化的海洋教育即成為各界所關注的新興議題。事實上，四面環海的台灣除了特殊的海洋地理位置及海洋生態等廣受注目外，自古以來亦展現豐富的海洋文化特色，如原住民的南島文化，大航海時期的歐亞交融文化，以至現今的多元海洋文化；而此豐富的海洋文化在「海洋教育政策白皮書」公布後，即從隱性變為顯性的探討議題，其中，書寫海洋意象或體驗的海洋文學，更反映了人類與海洋互動下所啟發的海洋文化探討與心靈洗滌。換言之，海洋文學研究與教學已成為推動海洋文化教育的關鍵要素。

　　目前學界對於海洋文學的研究，除了學位論文之外，似乎少有與海洋文學相關深入而且多元關照之探討。因此，本校通識教育中心謝玉玲博士近三年海洋文學研究的著作《空間與意象的交融：海洋文學研究論述》，是為國內首部跨時間與空間之海洋文學研究成果。此書在時間的跨度上從元代、清代到現代，在內容方面則包括古典文學、武俠小說、現代文學與客家文學。貫穿這幾篇論文的主軸是海洋空間與海洋意象在文學作品中的表現，目的則是透過不同的文類，試圖尋找在文學創作中，「海洋」這樣特殊又浩瀚的場景與相關的

海洋意象，如何在文學作品中被適切的運用，使得文學作品能夠展現不同的風貌。

　　此書涵蓋謝博士六篇海洋文學研究論文，就研究內容之多元化而言，此書透過豐富多樣的海洋人文風景帶領讀者徜徉於寬闊的海洋意象與想像空間中，進入神話故事中的人與神關係探討，體會不同地區之海洋生態或水族意象應用，以及認識地方特殊的海洋生活方式；同時，知海、親海、愛海、敬畏海之海洋文化精神更透過此書對廖鴻基、夏曼・藍波安與吳明益的海洋書寫之論述展露無遺。

　　謝博士此本研究著作極具價值性：首先，在國內海洋文學研究萌芽之際，此書不僅呈現了對多元海洋文化空間與意象交會書寫之論述，而且亦激發讀者對敘述主題的興趣，及研究生對海洋文學研究之指引；其次，在國內海洋文化教育起步之際，此書可引領學生及社會大眾親近海洋，關心週遭的生活場域，進而建立人們對環境的認同與珍惜，頗富教育意義。值此國內推動海洋教育之際，本人很榮幸為此書作序並推薦此書。

江愛華

國立台灣海洋大學教育研究所

暨師資培育中心教授兼所長

2010 年 12 月

泱漭波瀾：緒言

　　地球上有三分之二的地方為海洋所覆蓋，人類的生活理應和海洋有著密切的關連。然而海洋生活對大多數的中國人來說是陌生的，對生活在四面環海的臺灣島上的人民而言，海似乎也不怎麼親近可人。回顧中國歷代文學，騷人墨客不乏歌詠海洋的作品，無論是臨摹海景，或是藉海抒懷，在作品中卻少有深刻的海洋生活經驗。中國東南沿海一帶大小海港眾多，諸如上海、天津、廣州等極早開發的口岸，在這些人文薈萃的地方，作家們著重的焦點仍是光怪陸離的十里洋場與相關之人文風貌，而不見發展具備港市風情的海洋敘寫，足見我們長期以來對海洋的疏離[1]。即便如此，在傳統文學作品中，不可否認地，以海洋為背景的傳奇誌異，或是相關的神話傳說，豐富了中國文學的內容，同時也提供小說傳奇故事發展的媒材。而臺灣四面環海，有福爾摩沙的美譽，但無論在海洋相關創作或是學術研究方面，近十年才受到重

1　林燿德認為「中國人的海洋生活是否被刻意遺失了，應該是不爭的事實，這背後的心理因素，和大陸性文化因素、歷朝海禁以及帝國主義自海上輸入的侵略，皆息息相關。」見林燿德編：《中國現代海洋文學・散文選》（台北：號角出版社，1987 年），頁 9。

視[2]，直至最近兩三年，由於受到海洋生態環境破壞與海洋資源枯竭等環保議題的呼籲，連帶促使海洋文化與海洋文學成為熱門的議題。

詩人羅門曾說過，海在有形無形的存在中，對一切有奇特的影射力與吸引力，並能夠給詩與藝術的創作者呈現出一個深切而永遠的啓示[3]。在海洋主題的掌握上，詩的創作較早，而成績遠超過散文、小說，學者的研究也是先注意到海洋詩的特質與發展[4]。目前臺灣海洋文學的相關創作，仍以新詩為最，其次為散文、小說，而當今最受矚目的海洋文學作家則是廖鴻基與夏曼‧藍波安二人。其中廖鴻基因為作品數量較多，相關之學術論文亦有相當篇幅，而夏曼‧藍波安則

---

2 臺灣學界正式關注海洋主題是國立中山大學文學院在 1998 年 12 月 19 至 20 日舉辦「海神與繆斯：藝術、文學與海洋文藝國際會議」，這是臺灣首次舉辦以海洋與文藝為主題的國際會議，其目的在於為研究「臺灣海洋文學、臺灣海洋藝術、海陸疆域與人文思考等題目開拓新領域」。見鍾玲：〈序：海洋的呼喚〉，鍾玲總編輯：《海洋與文藝國際會議論文集》（高雄：國立中山大學文學院，1999 年），頁Ⅶ。

3 見羅門：〈詩的海洋與海洋詩（序）〉，見林燿德編：《中國現代海洋文學‧新詩選》（台北：號角出版社，1987 年），頁 8。

4 在《海洋與文藝國際會議論文集》論文集所收入之十九篇論文中，從體式觀之，以詩為論述主題者就有八篇，幾占二分之一的份量，其中有兩篇談古典詩中的海洋，一篇談菲華新詩的海洋意象，另有五篇談臺灣的海洋詩，分別是李若鶯：〈海洋與文學的混聲合唱—現代詩中的海洋意象析論〉、楊雅惠：〈臺灣現代詩中的海洋書寫〉、蔡振念：〈臺灣現代海洋詩中的意象與情感〉、蕭蕭：〈臺灣海洋詩的美學特質〉、陳啓佑：〈台灣海洋詩初探〉等。之後復有呂怡菁：《文化尋根與歷史定位 現代詩中的海洋文化軌跡》（台北：文津出版社，2006 年）。

因其達悟族身分，在作品中呈現海洋民族特有的生活態度與生命經驗，並勾勒出與臺灣漢民族截然不同的思維與人文風景，故深具代表性。

海洋文學是筆者近年來教學與研究的重心，自進入臺灣海洋大學任教以來，在原有的民間文學與元明清古典文學的研究基礎上，結合自己對現代文學的興趣，開始踏入「海洋文學」的領域，並有計畫地進行主題研究，撰寫相關論文。在研究的時間跨度上，筆者選擇由元代開始，一方面是博士論文研究主題的延伸，一方面則是宋朝已有進步的造船技術，足以承受海上的大風浪[5]。到了元代，朝廷不斷派出使節與海外通好，同時重視發展海外貿易，海上交通往來頻繁，海上漕運與航海技術聲名遠播[6]。檢視元人文集中，也屢屢可見文士對於大海的詠歎。故由元代以及與元代相關的文獻進入，之後再按規劃逐步往近代、現代海洋文學靠近，以窺古典文學中海洋文學主題的特徵，進而分析比較古今海洋書寫在寫作視角與海洋意象運用方面的異同，期能由宏觀的角度探討中華文化中的海洋文化特色，並能從微觀角度，分析海洋文學作家群體的主題關懷、寫作技巧與手法運用的差異。海洋文學的範圍甚廣，除了對海洋地理地貌與生態人文的描寫之外，還包含了海港城市的開發與傳說、海洋文化傳承、海洋生物故事輯述與鉤沈、海岸風光、海洋飲食文化等諸多面向。

---

5 見席龍飛、宋穎撰著：《船文化》（北京：人民交通出版社，2008年），頁 63-75。
6 同前註，頁 75-80。

在研究方法上，面對海洋書寫，除了一般對海洋景觀概略性的描摹外，我們該如何將其聚焦？在思考的過程中，部分篇章受學者鄭毓瑜之《文本風景 —— 自我與空間的相互定義》[7]、學者黃奕珍之《象徵與家國 —— 杜甫論文新集》[8]啟發甚多，故也嘗試運用文化地理學之空間概念，詮釋地方感與空間移動所產生文學意境與空間意象的相關問題，特別是不同作家之主觀經驗所凸顯出同一海洋空間不同的意象形塑與認知差異。同時在進行水族意象與故事情節分析時，亦運用民間文學的類型分析方式，對內容情節進行一定程度的拆解，期能探索其中是否存有一種書寫程式架構，足以增益作品內容，可以提升閱讀者的興趣與接受度，並展現海洋書寫的地方經驗與象徵符碼。因此本書在題名方面，即揭櫫全文論述的兩大方向：海洋「空間」與「意象」經營，探討其於在海洋文學作品中的交互融攝的方式與作用，進而深入理解因之產生個別或群體的認同與跨界想像。

本書的主體部分由六篇論文組成，此六篇論文皆曾在不同的時間，在不同的場合與期刊發表過，空間與意象是六篇論文論述的共通處，因此按時間先後分列順序，至於現代海洋文學論述則是先綜觀現代海洋散文的特徵，再聚焦於客家族群的水族意象，最後則是以一座城市作為海洋文學論述的對象，由海洋而水中生物，再上岸凝望海港風華。

---

7 見鄭毓瑜：《文本風景 —— 自我與空間的相互定義》（台北：麥田出版，2005 年）。
8 見黃奕珍：《象徵與家國 —— 杜甫論文新集》（台北：唐山出版社，2010 年）。

　　在〈越界與救贖：元雜劇《沙門島張生煮海》之研究〉一文中，筆者以元代雜劇為研究對象，試圖關照其中是否運用相關的海洋素材進行內容情節的敘寫，並在雜劇發展過程中形塑特點與產生影響。同時也運用俄國重要民間故事學者普羅普的故事類型分析法，分析故事情節的意義，並探討一個英雄典範的完成。其中李好古所撰《沙門島張生煮海》雜劇可說是元雜劇初期的傑作，張生煮海一劇在性質上屬於神話劇，也是雜劇中少數與海洋密切相關者。因此筆者以李好古《沙門島張生煮海》為探討重心，並旁涉同時期雜劇，探索元代雜劇對「海洋」的認知與表現手法，以及所蘊含之時代意義。

　　〈經驗與想像的共構：論《廣東新語》之水族書寫〉一文，志在梳理《廣東新語》中之水族資料，觀察清代廣東地之水族與人類經濟生活產生的關聯性，並探討生活於其中的水族傳說，除可見不同物種自由變幻，出入水陸兩境的奇特場景外，並考察傳說中出現之水族的象徵意義，同時透過探索水族意象構成背後蘊含的變幻再生的思想，追尋其內在深層的文化價值意義，並回溯水族故事的傳承與發展。

　　接續是〈浮槎仙鄉遇奇獸：金庸小說《射鵰英雄傳》和《倚天屠龍記》的海洋傳奇圖景〉一文，在文學作品中，全然針對「海」進行書寫者，為數不多，但運用海洋相關元素，為作品營造不同氣氛與風貌者，則偶亦可見。金庸武俠小說《射鵰英雄傳》與《倚天屠龍記》二書中，時代設定為宋元之際與元代，海洋場域與相關風物的敘寫，對故事人物情節鋪陳具有重要的關鍵意義。故本論文即以此二部作品為討論對象，探討從海洋到洲島，空間場域變化對故事發展的影響，

並探索作者如何藉由運用海洋意象，進而開展小說之海洋傳奇圖景，從不同視角檢視金庸作品的價值意義。

至於〈文學視域的海圖：論廖鴻基、夏曼・藍波安與吳明益的海洋書寫〉一文，則是筆者進一步對臺灣現代海洋文學作家的作品進行觀察與歸納，透過檢視九〇年代的海洋文學作品，可看出不同於以往的新論述方式與態度。

當今臺灣現代文學創作者偶有海洋相關主題的創作，然而有系統持續關懷海洋主題進行創作，並屢有佳績者，以廖鴻基、夏曼・藍波安與吳明益等為最。這三位作家雖然背景不同，寫作手法不同，參與觀察海洋的方式不同，其背後的思考、理解、想像與感受，透過文字，足以展現對土地的認同與關懷。

相較於古代或較早期之知識份子臨海感懷或乘船抒發個人胸臆之作，或是面對自然海洋環境進行情境式的描寫，九〇年代關心海洋議題的作家早已不能滿足於僅站在大海邊抒發雄心壯志或讚嘆歌詠大海，他們選擇親海，甚而將生命投注於海洋。因為書寫，產生體察海上生活甘苦的動力，並感知海岸生態的變遷，經由實際參與，進而認同海洋文化的價值意義。當人們的主體意識能夠開始反省與檢視傳統的人海關係時，海洋性格建立的開始，將不再只是對立與傷害，反而擁有更多理性、同情與悲憫。這足以重新檢視建構人與自然共存的原則，進而建立和平、自由、平等的海洋文化性格。因此筆者以三位作家的散文作品為研究範圍，結合人文地理學與敘事學的概念，進行海洋主題的討論，以期探索臺灣海洋文學更深層的內涵。

　　水族意象研究是筆者極有興趣之研究課題，除了文人創作之外，民間文學中流傳許多和水中動物有觀的傳說故事。在客語民間故事或歌謠中，蛤蟆、蟾蜍、青蛙都是常見的主角，因此引發筆者高度的興趣。透過相關故事的蒐集，撰成此篇〈虛實交織的輝光：論台灣客語「蛤蟆薀」故事之流動與轉化〉。

　　民間文學透過口耳相傳的方式進行傳承，同一故事在不同的環境與時空背景流傳，基本的故事結構不變，卻會產生局部的變異，逐漸形成若干大同小異的文本。筆者以「類型」分析法，分析四篇流傳於台灣地區之客語民間故事，同時並與另外三篇閩南語的蛙型故事進行對照比較，試圖透過異文對照，一窺客語蛙型故事的發展與演變。在研究方法上，採「故事類型」研究的角度進行歸納和詮釋，藉由西方「敘事功能」的研究方式，對故事形式結構進行考察，並確定其結構的規律性，也期望在操作過程中驗證敘事功能研究對詮釋客語故事的可行性。

　　〈選擇與再現之間：現代文學作品中的基隆印象〉一文，寫作的動機乃源於自己身為一個外來客，生活工作於此，筆者自問自己究竟如何認識感知這個充滿歷史人文色彩，兼帶有灰色憂鬱氛圍的海港城市？帶鹹味的海風、岸邊忙卸貨的船隻，基隆港是基隆的象徵符碼，而漫長的歲月建構出的空間場域，隨著時間的滌盪，實際的地理風貌固然有所改變，但透過文學作品的書寫，空間的象徵、想像與意義的涵藏，亦展現這座城市深層而獨特的審美創造。

　　筆者以檢視現代文學作品中的基隆書寫文本作為研究路

徑，從空間的角度進行思考，結合人文地理學的概念，藉由個體主觀經驗所賦予的空間意象進行文本詮釋。文學筆法往往主觀，然而透過文學作品實能表達作者深刻的地方感與在地經驗，若能將敘寫基隆的文學作品歸納整理進行人文詮釋，進而勾勒想像一座文學的基隆，那麼文本敘述與實際景觀相對應，實能重塑空間的意義，或賦予基隆這座具備歷史感的城市一種新的價值面向。

　　這六篇系列論文，分別處理了元、清二朝的海洋相關書寫，金庸小說中海洋意象的運用，以及臺灣現代海洋文學代表作家作品的共性與侷限，並將海洋觸角擴及客家族群的水族故事，和屬於海港城市的基隆與文學基隆。這六篇的篇幅長短不一，但由於是自己鍾愛的議題，下筆往往欲罷不能，這樣的篇章與安排，希望在書中充分展現海洋文學主題的多元面向，透過具體內容的分析呈現，亦能傳遞屬於海洋文學豐富又充滿魅力的召喚。

　　從古典文學到海洋文學，研究路上的風景截然不同，過程中同樣需要用心感悟，無論是波濤洶湧或是閃爍金光，潮來潮往，路正長，屬於人與海洋的故事依然持續編織，等待聆聽。

越界與救贖：元雜劇
《沙門島張生煮海》之研究

一、前　言

　　歷來的文士面對浩瀚無邊的海洋，總時而抒發贊嘆，同時對於海洋的詭譎多變也感到恐懼，故時而視爲畏途。正因對海洋知識瞭解淺薄，而產生許多臆測與想像，甚者期能突破人類侷限，以顛覆常人對海之習慣思維。

　　宋元二朝是中國海上交通日趨頻繁的時期，特別是十三世紀的元朝，工商業發達，城市繁榮，對外貿易興盛。當時的大都，不僅是元朝的政治中心，更是聞名世界的商業大都市，大量商品從海道或是運河進入，而來自亞洲和東歐、非洲海岸的商隊和使節，也絡繹不絕。除了大都，中國南方名城如蘇州、杭州、泉州、福州等，也有相同的繁華景況。

　　戲劇的發展與經濟的發達、城市的興起有著密切的關聯性，因爲元代海上貿易繁盛，雜劇在當時主要城市的勾欄演出，尤爲盛行，元人雜劇當時業已集宋金以降唱賺、鼓子詞、院本之大成，風氣所趨，名家輩出，與唐詩、宋詞並稱。其次，元蒙古統治者入主中原，漢人成爲「蠻夷」奴役的對象，漢族知識份子也遭受冷落與打擊。而且政治的黑暗，知識份

子面對當時非白不分、是非不明的社會現實狀況，被迫調整傳統儒家經世致用與內聖外王的道德價值觀。自我意識的轉變，導致元代文士轉而投入戲劇創作並以之為榮，甚至粉墨登場。因此這樣的社會劇烈震盪所造成的文化衝擊效應，也為元雜劇的繁榮提供了發展的環境。

基於上述的外緣條件，吾等試圖觀照元代雜劇中是否運用相關的海洋素材進行內容情節的敘寫，並在雜劇發展過程中形塑特點與產生影響。其中李好古所撰《沙門島張生煮海》雜劇可說是元雜劇初期的傑作[1]，張生煮海一劇在性質上屬於神話劇，也是雜劇中少數與海洋密切相關者。因此本文以李好古《沙門島張生煮海》[2]為主要探討對象，探索元代雜劇對「海洋」的認知與表現手法，以及所蘊含之時代意義。

二、《張生煮海》之內容結構分析

《張生煮海》雜劇的作者是元代前期重要劇作家李好古，生卒年月事迹不詳，一說為東平（今屬山東）人，一說

---

1 元雜劇的發展大體上可劃分為三個時期：自蒙古滅金至元世祖忽必烈至元三十一年（西元 1234 年至 1294 年）為前期，重要的作家有白樸、關漢卿、馬致遠、石君寶、尚仲賢、李好古、高文秀等；元成宗鐵穆耳元貞元年至元文宗圖帖睦爾至順三年（西元 1295 年至 1332 年）為中期，代表作家有王實甫、鄭光祖、喬吉等；元順帝帖睦爾統治時期（西元 1333 年至 1368 年）為後期，代表作家有秦簡夫、蕭德祥、朱凱等，還有一些無名氏雜劇，是由雜劇演員集體編寫而成，值得重視。見李修生：《元雜劇史》（南京：江蘇古籍出版社，2002 年），頁 112-116。

2 本文引用李好古之《沙門島張生煮海》雜劇，收入徐徵等主編：《全元曲》卷五（石家莊：河北教育出版社，1998 年），頁 2906-2927。以下引文不另列出處，行文時則簡稱《張生煮海》。

為保定（今屬河北）人，官南台御史。據元鍾嗣成《錄鬼簿》
記載，李好古所作雜劇有三種，分別是《巨靈神劈華嶽》、
《趙太祖鎮凶宅》和《沙門島張生煮海》，其中只有《沙門
島張生煮海》流傳至今。元代陶宗儀所撰之《南村輟耕錄》
在「院本名目」中「諸雜大小院本」條內有「張生煮海」[3]，
金院本已有〈張生煮海〉，今佚。白樸雜劇《牆頭馬上》中
的主角李千金也曾用「張生煮滾東洋大海」的精神自我勉勵，
同時期劇作家尚仲賢也寫過《張生煮海》，然亦亡佚。可見
張生煮海故事在元初已廣為流傳，李好古當是在金院本的基
礎上創作此本雜劇的。以下將就《沙門島張生煮海》雜劇的
內容情節與故事結構進行討論。

（一）故事內容梗概

　　《沙門島張生煮海》全本共分為四折，無楔子，以下先
述故事大要：

　　潮州書生張羽，父母雙亡，功名未遂，帶著書僮漫遊海
上，寄寓在石佛寺。某日晚上在月下對著茫茫海天撫琴解悶，
東海龍王三女瓊蓮與侍女翠荷出海閑遊，聞得琴聲，知音相
逢，漸生愛慕，瓊蓮贈鮫綃帕權為信物，約張羽在中秋夜到
海岸邊相會。

　　張羽愛慕心切，等不及中秋便去東海邊尋訪。見白浪滔
天，入海無路，巧遇一仙姑，本是秦時毛女，憫其癡情，前
來指引，贈以銀鍋、金錢、鐵杓三件寶物，令張羽置金錢於

3　見（元）陶宗儀：《南村輟耕錄》（北京：文化藝術出版社，1998
　　年），頁348。

鍋內，以鐵杓舀海水入鍋煮之，以火煎煉，鍋中水少一分，海水減十丈，龍王就會把龍女送來。

　　張羽如其法而煮之，頓時鍋水沸騰，海水湧沸，龍宮生焰，海中水族驚恐萬分。龍王迫於無奈，求石佛寺長老為媒前往勸化，引張羽入龍宮與瓊蓮成婚。此時東華仙至，說明張羽瓊蓮乃是金童玉女轉世，因思凡貶謫人間，今宿願已償，即當重返瑤池，同歸仙位。

　　此本雜劇是一齣流傳甚廣的戲劇，性質上可說是神話、愛情與度脫劇[4]的綜合。在主題思維方面傾向度脫劇，因為開宗明義在第一折中透過「東華上仙」，提出故事的男主角張羽原本為金童，女主角東海龍神之女則原為玉女，只因有思凡之心，罰往下方投胎脫化。故事到了第四折終了，仍舊透過「東華上仙」向龍神說明事件的原委：

　　　　龍神，那張生非是你女婿，那瓊蓮也非是你女兒。他

4　最早提出「度脫劇」一詞者是日人青木正兒，他認為：「就現存作品來看，則有兩種：一種是神仙向凡人說法，使他解脫，引導他入仙道；一種是原來本為神仙，因犯罪而降生人間，既至悟道以後，又回歸仙界。我私意把前者稱為度脫劇，把後者稱為謫仙投胎記。」見青木正兒：《元人雜劇序說》（台北：長安出版社，1981年），頁32。朱權的《太和正音譜》依題材分「雜劇十二科」，神仙道化劇居第一位，而「度脫」本出自佛教經典，即是以度一切苦厄，解脫一切執著、生死煩惱之苦。佛教將人生譬若海，要凡人脫離現世苦海而到涅槃彼岸，就如同用舟楫度人過海一般，因此「度」有「渡」之意，而道教也有開劫度人的目的。這種方式在元雜劇中使用很多，皆有其用心，因此青木正兒所區分之「謫仙投胎劇」雖是指神仙犯罪貶謫人間，但在人間所受考驗直至悟道，均如凡人欲成仙者，故也可用「度脫劇」涵蓋之。見趙幼民：〈元雜劇中的度脫劇（上）〉，《文學評論》第五集（台北：書評書目出版社，1978年），頁153-196。

　　二人前世乃瑤池上金童玉女，則為他一念思凡，謫罰
　　下界。如今償還鳳契，便著他早離水府，重返瑤池，
　　共證前因，同歸仙位去也。

　「東華上仙」屬於道教之「度人者」，而張生、龍女屬於
「被度者」。因起凡心才被貶往人間者，幾乎全發生在王母近
身的金童玉女身上，以在世為人作為一種懲戒。整篇故事的
發展，環繞張生與龍女歷經波折才能相見，需至償了宿債，
彌補過錯之後，自有仙道之人度化重登仙界。

　　此篇雜劇亦屬於愛情劇，「才子佳人」的故事內容總是在
歷代的文學樣式諸如傳奇、話本、雜劇中，佔有一席之地。《張
生煮海》雜劇寫儒生張羽和東海龍女的神話愛情故事，基本
上是承襲唐傳奇《柳毅傳》而來，《柳毅傳》中把正義的錢塘
龍王、耿介的柳毅和深情的龍女描寫的很傳神，是一篇積極
浪漫的神話小說。龍而有女，並住在水宮，是受了鮫人神話
的影響[5]。元代尚仲賢另有一篇《洞庭湖柳毅傳書》雜劇，與
《張生煮海》雜劇並稱元代神話劇的雙璧，這兩篇雜劇皆受
《柳毅傳》影響，到了清代周楫的《西湖二集》之〈蓬萊芝
仙正赴瑤池大會〉，也用了「張生煮海」故事作為「入話」，
可見此故事情節的流傳。

　　卻又想道，他在龍宮，怎生飛的去，適纔心慌撩亂，
　　不曾問得個細的。俺與他有塵凡之隔，水陸之分，畢
　　竟怎麼緣故，方纔渡得到龍宮，與他相會，就如當日
　　柳毅傳書到洞庭去，要尋大橘樹扣三下，方纔進得洞

5　見袁珂：《神話論文集》（台北：漢京文化事業有限公司，1987
　年），頁 96-97。

　　庭宮殿，俺不曾問得瓊蓮小姐進龍宮之方，怎生是好，難道俺承他這般美意，與了信物，好撇了這頭親事不成。[6]

　　《柳毅傳》故事敘述洞庭湖龍君之女嫁給涇河龍君之子，備受欺凌。後遇落第書生柳毅，受龍女之託代傳書給她的父親，之後經歷一番波折，龍女才與柳毅結為夫妻。故事中的龍女與柳毅並非一見傾心，而是歷經考驗，《張生煮海》雜劇中龍女與張羽則是因琴聲結緣[7]。張生煮海故事屬於人與龍女的戀情，在曲文的第一折，就因為互有好感，進而私訂終生，並期約八月十五日相見。然因為張羽心急，等不及中秋，便急忙意圖往海邊尋龍女。

　　（張生云：）我看此女妖嬈豔冶，絕世無雙。他說著我海岸邊尋他，我也等不的中秋。家童，你看著琴劍書箱。我拚的將此鮫綃手帕，渺渺茫茫，直至海岸邊尋那女子，走一遭去。（詩云）海岸東頭信步行，聽琴女子最關情。有緣有分能相遇，何必江皋笑鄭生？

　　此種舉動一方面開啓了故事內容的發展，另一方面則強調愛情本身的衝動與力量，也展現出對愛情的熱烈追求，這樣的舉措在重視禮教的古代是一種重大的突破。再者，若從龍女的角度觀之，琴聲與心聲交融，也代表了少女對美滿幸

6　見周楫：〈蓬萊芝仙正赴瑤池大會〉之「入話」，《西湖二集》卷23（台北：東大圖書公司，1998年）。

7　關於《柳毅傳書》與《張生煮海》故事的比較，見廖玉蕙：《柳毅傳書與張生煮海研究》（臺北：東吳大學中文研究所碩士論文，1978年）。

福的愛情想望。

【那吒令】聽疏剌剌晚風，風聲落萬松；明朗朗月容，容光照半空；響潺潺水衝，衝流絕澗中。又不是採蓮女撥棹聲，又不是捕魚叟鳴榔動，驚的那夜眠人睡眼朦朧。

【鵲踏枝】又不是拖環佩，韻玎咚；又不是戰鐵馬，響錚鏦；又不是佛院僧房，擊磬敲鐘。一聲聲唬的我心中怕恐，原來是廝琅琅，誰撫絲桐。

【寄生草】他一字字情無限，一聲聲曲未終。恰便似顫巍巍金菊秋風動，香馥馥丹桂秋風送，響珊珊翠竹秋風弄。咿呀呀，偏似那織金梭攛斷錦機聲；滴溜溜，舒春纖亂撒珍珠迸。

【六么序】表訴那弦中語，出落著指下功，勝檀槽慢撥輕攏。則見他正色端容，道貌仙丰。莫不是漢相如作客臨邛，也待要動文君，曲奏求凰風；不由咱不引起情濃。你聽這清風明月琴三弄，端的個金徽洶湧，玉軫玲瓏。

李好古創作這樣美好的情境，一個美好的夜晚，龍女瓊蓮與侍女閒遊海上，在靜謐的夜裡，偏僻的海濱，偶然聽到琴聲，龍女在詩情畫境中不僅知音，受到清越動人的琴聲吸引，也因琴聲撩撥心弦，彷彿有心人正在傾訴。在【鵲踏枝】中，連續三個「又不是」，將龍女聽琴的心理充分地刻畫表達。之後見張生容貌端正，因而產生情愫，進而留下鮫綃帕，權為信物。

此齣雜劇的內容兼賅愛情與度脫的成分，元代士人往往

透過追求愛情的慰藉，轉移在現實生活中失意於功名的挫折。雖然此齣雜劇不完全是一種對現實失意的轉化，按故事主人翁張羽的背景爲「功名未遂」，似亦符合此種傾向。在此處可見他們對於愛情的追求更爲積極主動，才能爲了愛情而產生「煮海」的故事情節開展，雖然這是虛構的愛情，但對當時的文學發展與社會觀念實有其影響，也體現了「意相投，因緣可配當；心厮愛，夫妻誰比方」、「願普天下曠夫怨女，便休教間阻；至誠的，一箇箇皆如所欲。」的理想愛情。

（二）敘事結構安排

　　《張生煮海》雜劇是一齣旦本戲，第一、四折由龍女唱，第二折由仙姑毛女唱，第三折則夾雜以石佛寺長老勸解張生爲主。此齣戲文的劇情並不緊湊，劇情衝突性也不強，其把單純的書生與龍女相遇故事勉強延長鋪陳爲四折，因而整篇劇情結構有些鬆散。

　　總括全劇內容可分爲七個情節，即初遇→定情→尋覓→指引→煮海→和解→償願，其中張羽「煮海」情節爲全劇增添了濃郁的神話色彩，並豐富了故事內容，增加情節的高潮起伏。因此若從「神話」架構的角度觀之，張羽在整篇故事中，可被視爲最後勝利的英雄，而過程則是英雄歷險的路徑。神話學家喬瑟夫・坎伯（Joseph Campbell）曾說：

> 英雄自日常生活的世界外出冒險，進入超自然奇蹟的領域；他在那兒遭遇到奇幻的力量，並贏得決定性的勝利；然後英雄從神秘的歷險帶著給予同胞恩賜的力

量回來[8]。

坎伯認為英雄是那些能夠了解，接受並進而克服自己命運的人。他在英雄的歷險方面，認為在個人層次上有一定的基本架構，即是召喚→啓程→歷險→返歸，然而英雄的歷險並不止於個人的層次，「就此意義而言，整個宇宙發生的循環過程，不僅是英雄歷險效法的模範，也是古今所有英雄終極歸宿之處。因此，英雄在完成身心轉化後的離世，乃是大小宇宙最終必然消解的註腳。」[9]通常神仙故事的英雄所成就的是本土的、個人的勝利。

《張生煮海》雜劇中的主角張羽，基本上也符合了坎伯歸納的模式。張羽為了找尋龍女瓊蓮而勇於歷險，在此前提下，亦可將其歷程視為一種「英雄」神話的完成。首先，在「歷險的召喚」下，張羽為了龍女允諾為妻，等不及八月十五海岸邊見面的約定，就往海的東岸走。然而面對茫茫蕩蕩的大海，如何才能見到龍女？正當感到無助時，「超自然的助力」出現，在英雄旅程中，首先會遭遇的人物，乃是提供他護身符以對抗即將經歷之龍怪力量的保護者（經常是一位乾癟的小老太婆或老頭）[10]。這裡首先出現的是秦時宮人，後修得大道，人稱仙姑毛女，之後接續出現者則是石佛寺長老。於是張生向毛女問路，毛女則向張生詢問緣由：

8　見喬瑟夫・坎伯（Joseph Campbell）著/朱侃如譯：《千面英雄》（台北縣：立緒文化事業有限公司，1997 年）頁 29。

9　見朱侃如，〈《千面英雄》譯者序 —— 英雄歷險的當代意義與啓示〉，同前註，喬瑟夫・坎伯（Joseph Campbell）著/朱侃如譯：《千面英雄》，頁 29。

10　同前註，頁 71。

（云：）秀才何方人氏？因甚至此？（張生云：）小
生潮州人氏，因為遊學，在此石佛寺借寓。前夜彈琴，
有一女子，引一侍女來聽。此女自言龍氏之女，小字
瓊蓮，到八月中秋日，與小生會約於海岸。小生隨即
尋訪，不意迷失道路。小生只想他風流人物，世上無
比。

仙姑毛女告知龍王很厲害，不是輕易好惹的，然而張羽
面露悲傷，但並不死心，說道：

小生纔省悟了也。他是龍宮之女，他父親十分狠惡，
怎肯與我為妻？這婚姻之事，一定無成了。只是小娘
子，誰著你聽琴來？

毛女先指出她出現的作用與目的是「給予指引」，她說：
「貧道不是凡人，乃奉東華上仙法旨，著我來指引你還歸正
道，休得墮落。」一方面再加以確認張羽欲見龍女的心意，
並給予協助。

（仙姑云：）我且問你：那聽琴女子，是東海龍王第
三女，小字瓊蓮，他在龍宮海藏，你怎麼得見他？（張
生云：）若論那龍宮之女，與小生頗有緣分。（仙姑云：）
那裏見的有緣分？（張生云：）既沒緣分，他怎肯約
我在八月十五夜，到他家裏，招我做女婿；又與我這
鮫綃帕兒做信物哩？（仙姑云：）這鮫綃手帕，果是
龍宮之物。眼見的那箇女子看的你中意了。只是龍神
燥暴，怎生容易將愛女送你為妻？秀才，我如今圓就
你這事，與你三件法物，降伏著他，不怕不送出女兒
嫁你。（張生做跪科，云：）願見上仙法寶。（仙姑取

砌末科，云：）與你銀鍋一隻，金錢一文，鐵杓一把。
（張生接科，云：）法寶便領了，願上仙指教，怎生
樣用他才好？（仙姑云：）將海水用這杓兒舀在鍋兒
裏，放金錢在水內；煎一分，此海水去十丈，煎二分
去二十丈，若煎乾了鍋兒，海水見底。那龍神怎麼還
存坐的住，必然令人來請，招你為婿也。（張生云）多
謝上仙指教！但不知此處離海岸遠近若何？（仙姑云）
向前數十里，便是沙門島海岸了也。

此處毛女給予張羽三件寶物，分別為銀鍋一隻，金錢一
文，鐵杓一把，並教他使用的方法，同時並指引他走向目的
地沙門島海岸。在命運化身人物的指引與協助下，此時的張
羽正式啟程，並在有心理準備面對未知的歷險中前進，而且
充滿信心。他說：

小生有緣，得受上仙法寶。直到沙門島煎海水去來。（詩
云）任他東海滾波濤，取水將來鍋內熬。此是神仙真
妙法，不愁無分見多嬌。

【滾繡球】那秀才誰承望，急煎煎做這場，不知他挾
著的甚般伎倆，只待要賣弄殺手段高強。莫不是放火
光逼太陽，燒的來焰騰騰滾波翻浪。縱有那雷和雨，
也救不得驚惶。則見錦鱗魚活潑刺波心跳，銀腳蟹亂
扒沙在岸上藏。但著一點兒，就是一個燎漿。

張羽走到海岸邊，要家僮引火，按仙姑的指示舀海水入
鍋，加以煮沸。此時果真印驗仙姑之語，海水開始翻騰，也
惹的海龍王焦急萬分，滾燙的海水把龍王和其他海裡的蝦兵
蟹將燙得無處躲藏。這個安排可說是李好古的匠心獨具，試

看就在那一個鐵鍋，萬年不竭的海水，竟在這一個普通的鍋
中被煮沸被煎乾，這是多麼令人驚訝的創意。

根據民間故事類型研究重要學者普羅普對歐洲神奇故事
的研究，「獲得寶物」是其中常見的環節，「贈與者」的出現，
對故事的開展有重要的作用。藉由贈與者提供的寶物，神奇
故事的主人公「他或者在開場時直接受到敵對者行動的折磨
（或者感覺到某種欠缺），或者答應化解另一個人物的災難或
解決其缺失。在情節進程中主人公是這樣一個角色──他得到
寶物（神奇的相助者）並使用它們，或享受它們的服務。」[11]
顯然「張生煮海」雜劇在敘事結構中，「寶物」的出現，對故
事的發展具有非常重要的意義，沒有這三樣寶物，張羽就根
本無法達到見到龍女的目的。

若進一步探索，透過寶物以「煮海」的概念，在〈廣異
記〉中有〈寶珠〉一文，其中記載「胡人邀寺人同往海上觀
珠之價，大胡以銀鐺煎醍醐，又以金瓶盛珠於醍醐中」，或為
張生以銀鍋、金鍋、鐵杓各一煮海之前身[12]。在佛經中，亦
有「大意入海採寶珠」[13]一事，大意面對海神奪取其明月珠，

---

11 見【俄】弗拉基米爾・雅可夫列維奇・普羅普著、賈放譯：《故
　事形態學》（北京：中華書局，2006 年），頁 39-45。
12 見廖玉蕙：《柳毅傳書與張生煮海研究》（臺北：東吳大學中文
　研究所碩士論文，1978 年），頁 18。
13 《經律異相》卷 42〈居士子大意求明月珠五〉中記載，歡樂無
　憂國有一居士，其子名大意，發願「唯當入海採寶以給施天下
　人民耳」，乃入海取明月寶珠。行經銀城、金城、水精城、瑠璃
　城等四城，受四珠後，尋故道而欲還本國。途經大海，海中諸
　神以海中雖多眾珍，獨無此珠，意欲奪取。海神因化為人，乞
　求借觀四珠，大意示珠，神搖其手使珠墮水，大意誓必索回，「我

云：「我昔供養諸佛誓願言，令我志行勇於道決所向無難。當移須彌山竭大海水終不退。便一心以器抒海水。精誠之感，四天王來助大意，抒水三分已二。於是海中諸神王，皆大振怖。」有研究者認為，《張生煮海》雜劇的關鍵性思路，是由此生發[14]。究其「寶物」出現的深層意義，英雄的形成，與正義的實現與秩序的重建有密切的關聯，而英雄的成就往往皆需要有不同的神奇外力相助，才能形塑一段不凡的經歷。薛爾曼曾說：

> 我們只要憶起很多歷史的傳說與仙女的故事，就可以知道了，在這些傳說或故事中，英雄們也恰靠某種指定的工具或武器，完成光耀的偉業或行動，或以平常的武器或工具，他們好像就不能有這些功績似的[15]。

鍾敬文在〈中國民間故事類型〉一文中的歸納，民間故

當抒盡海水耳」。大意自念「前後受身生死壞敗。積骨過放須彌山。其血流五河。四海未足以喻。吾尚欲斷是生死之根本。但此小海何足不抒。我昔供養諸佛誓願言。令我志行勇於道決所向無難。當移須彌山竭大海水終不退。意便一心以器抒海水。」其精誠感動四天王，助之抒水三分已二，海神大為震懼，恐「水盡泥出壞我宮室」，遂還其珠。大意得珠，「還其本國恣意大布施。自是以後境界無復飢寒窮乏者。」見《經律異相》卷42，收入大藏經刊行會編：《大正新脩大藏經》53《事彙部上》（臺北：新文豐出版股份有限公司，1985年），頁220中、下，頁221上。

14 見王立：〈中古漢譯佛經與小說「發迹變泰」母題—海外意外獲寶故事的外來文化觸媒〉，《遼寧師範大學學報》（社會科學版）第23卷第3期，2000年，頁85-87。

15 見【美】薛爾曼著、鄭紹文譯：《神的由來》（上海：上海文藝出版社，1990年），頁25。

事中有一類為「求如願型」[16]，故事基本結構有四：

　　一、一人救了龍王的太子或女兒。

　　二、龍王欲報德，使手下邀之進水府。

　　三、他以手下（或王子、王女）的密囑，向龍王指索
　　　　其物。

　　四、他終於獲得美妻，或巨大的財富。

　　在《張生煮海》雜劇結構中，龍王倒不是為報德，反而
是不得已之下，只好請來石佛寺長老做調人，意欲解決龍宮
之難。張羽在面對石佛寺長老的遊說，非常堅定地只有見到
瓊蓮才能妥協，因此石佛寺長老只好說出來意，告知東海龍
王願招他為東床嬌客，一方面讚美法寶的功力，並肯定張羽
為了追求愛情的毅力，一方面則是選擇妥協，要求張羽不再
煮海。

　　　　【滾繡球】俺也不是化道糧，也不是要供養，我則是
　　　　特來相訪。（張生云）我是個窮秀才，相訪我有甚麼化
　　　　與你。（正末唱）俺本是出家人，便乞化何妨。（張生
　　　　云）若得見那小娘子，肯招我做女婿，便有佈施。（正
　　　　末唱）則為那窈窕娘，不招你個俊俏郎，弄出這一番
　　　　禍從天降。你窮則窮，道與他門戶輝光。你那裏得熬
　　　　煎鉛汞山頭火？你那裏覓醫治相思海上方？此物非
　　　　常。

　　此時張羽正式跨越了第一道門檻，雖然目的達到一半，
然而面對茫茫一片的海水，自己是凡人，究竟要如何入海中？

---

16 見鍾敬文：《鍾敬文民間文學論集》（下）（上海：上海文藝出版
　　社，1985年），頁344。

在石佛寺長老的協助引導之下，張羽總算入海到了龍宮。如何入龍宮的過程，雜劇直接跳躍不論，「一輪紅日出扶桑，照曜中天路杳茫。雖然弱水三千里，只要緣投自可航。」就只歸因於「緣分」之故。秀才進入龍宮，總算見到了龍女瓊蓮，瓊蓮很感動，原以爲相會無期，沒想到張羽竟想盡辦法來尋。

> 【雙調】【新水令】則爲這波濤相間的故人疏，我則怕黑漫漫各尋別路。受了些活地獄，下了些死工夫。海角天隅，須有日再完聚。

因爲有了法寶，二人得以團聚，故事的第四折部分是以二人相見之喜劇作收，然而此段內容委實力道薄弱。正以爲有情人得以終成眷屬時，東華仙出場向龍神、張羽、瓊蓮說明此事的因緣：

> 龍神，那張生非是你女婿，那瓊蓮也非是你女兒。他二人前世乃瑤池上金童玉女，則爲他一念思凡，謫罰下界。如今償還凤契，便著他早離水府，重返瑤池，共證前因，同歸仙位去也。…你本是玉女金童，投凡世淹留數載。石佛寺夜月彈琴，求鳳凰留情殢色。許佳期無處追尋，走海上失精落彩。遇仙姑法寶通靈，端的有神機妙策。配金丹鉛汞相投，運水火張生煮海。則今朝返本朝元，散一天異香杳靄。
>
> 【收尾】則今日雙雙攜手登仙去，也不枉鮫綃帕留爲信物。閒看他蟠桃灼灼樹頭紅，撇罷了塵世茫茫海中苦。

因爲東華仙人的說明，二人終於返回瑤池聖母身邊，離開塵世，擺脫凡人因爲情愛煎熬的相思之苦。神與人的世界

原本截然不同，但英雄完成了歷險，從此岸到彼岸，這樣的回歸歷程乃是成就英雄行徑的意義所在。在故事情境的安排中，如果沒有張羽勇於追求瓊蓮的行徑，沒有這樣的試煉，不僅看不出張羽的勇氣，當然也無法展現出度脫劇欲達到的目的，犯錯的仙人在經歷人間考驗的懲罰，認清凡夫俗子的情愛原是一種繫絆，才能回歸修道的正途。這樣的思維，實與元代宗教盛行，政治黑暗，仕途不順，文士刻意追尋隱逸生活有關。

三、《沙門島張生煮海》之海洋書寫與審美表現

（一）對海洋周遭景觀與事物的描寫

　　以海做為雜劇書寫之題材，除了具體表現出作者對於海的憧憬外，特別因為居住地臨海，或是海洋交通頻繁，故海洋成為最容易啟發人們幻想的場域。浩瀚深淼的海濤風景總是給予人們無盡的遐思，歷來文士總對其變幻莫測進而設想許多豐富美麗又奇詭的事物。

　　《沙門島張生煮海》雜劇的曲詞優美，尤其是對「海」的書寫，別具風格。青木正兒在《元人雜劇序說》中曾說：

> 《張生煮海》實在是被美詞麗句裝飾著，尤其第一第二兩折，陸續鋪陳的敘海洋風景的曲辭，更是壯麗炫目，可以作為一首〈海賦〉來看吧[17]。

　　此齣雜劇從第一折起，就對海水的樣態進行鋪陳與描

---

17 見（日）青木正兒：《元人雜劇序說》（臺北：長安出版社，1981年），頁122。

寫，如：

> 【仙呂點絳唇】海水洶洶，晚風微送兼天涌。不辨西
> 東，把淩波步輕那動。
> 【混江龍】清宵無夢，引著這小精靈，閑伴我遊蹤。
> 恰離了澄澄碧海，遙望那耿耿長空。你看那萬朵彩雲
> 生海上，一輪皓月映波中。

這一段描寫傍晚的海邊，晚風微動，海水清澈澄碧，「萬朵彩雲生海上，一輪皓月映波中」的景象，茫茫大海，月光瀟在海面，似張九齡〈望月懷遠〉之「海上生明月」句之境界寬闊氣象，頗能令人感受海邊月夜的靜謐與無涯。

在《張生煮海》雜劇的第二折，對海的姿態描寫更是詭麗而變化萬千，此二曲文是毛女乘興，遊至海東岸，見浩浩蕩蕩的一片大海所發出的喟嘆，她唱道：

> 【南呂一枝花】黑瀰漫水容滄海寬，高崒嵂山勢崑崙
> 大。明滴溜冰輪出海角，光燦爛紅日轉山崖。這日月
> 往來，只山海依然在，彌八方，遍九垓。問甚麼河漢
> 江淮，是水呵，都歸大海。

在【南呂一支花】曲文中，透過仙姑毛女之口，一開頭「黑瀰漫水容滄海寬」句，就描寫出海的無邊無際，「黑瀰漫」，是對黑夜的薄紗逐漸籠罩海面進行勾勒，同時「黑」字本令人有神秘之感，因此遠望入夜的海面似覆上一層既神秘又朦朧的面紗。「高崒嵂山勢崑崙大」一句，是描寫海岸邊山勢的高聳雄偉，再建構出寬闊海面與雄巍高山的意象後，緊接著「明滴溜冰輪出海角，光燦爛紅日轉山崖。這日月往來，只山海依然在」句子，一方面書寫猶如「溜冰輪」一般光滑

的明月從海上昇起的夜晚，與燦爛旭日從山巔東昇之景，氣象恢弘，而在日昇月落的交替中，雖然時間流逝，季節遞嬗，即使經歷人事滄桑，但山海依舊雄偉，依然保持多采多姿之態。山海好似處在無限遼闊的空間和地面上，而大地諸水，就這樣浩浩湯湯，不分晝夜往東邊的大海奔流。

【梁州第七】你看那縹緲間十洲三島，微茫處閬苑蓬萊，望黃河一股兒渾流派。高沖九曜，遠映三台，上連銀漢，下接黃埃。勢汪洋無岸無涯，出許多異寶奇哉。看看看，波濤湧，光隱隱無價珠璣；是是是，草木長，香噴噴長生藥材；有有有，蛟龍偃，鬱沉沉精怪靈胎。常則是雲昏氣靄，碧油油隔斷紅塵界，恍疑在九天外。平吞了八九區雲夢澤，問甚麼翠島蒼崖。

緊接著，作者從不同的角度，書寫對海的飄渺奇特想像。此段首先引用中國的神話傳說，據《海內十洲記》的記載，在八方大海之中有十洲[18]，均為神仙居住之地，而「三島」即是蓬萊、瀛洲、方丈三仙山，是秦漢方士稱東海仙人聚集之所。在岸邊想像遠方的大海中有仙山，滔滔不絕的江河，也向著大海無止盡地奔流。「高沖九曜」是形容巨浪滔天，飛沫直奔天際，「遠映三台」同樣意指廣闊無邊，這裡不僅是海天一色，益發顯其蒼茫之感。

18　「漢武帝既聞王母說八方巨海之中，有祖洲、瀛洲、玄洲、炎洲、長洲、元洲、流洲、生洲、鳳麟洲、聚窟洲，有此十洲，乃人迹所稀絕處。」見《海內十洲記》，收入王根林、黃益元、曹光甫點校：《漢魏六朝筆記小說大觀》（上海：上海古籍出版社，1999年），頁64。

　　作者接著描寫海面繽紛的色彩與海中異寶，放眼望去汪洋一片無邊無際，海面上洶湧的波濤，水花濺起的泡沫如粒粒珠璣一般閃爍。海中漂浮的水草植物，或許就是能夠散發異香，歷來人們不斷尋找得以長生的仙人藥材。在深海中更有蛟龍出沒，也或許還有其他的精怪靈胎。連續三個長排比句，塑造出神秘大海也具有幻想意境的一面。而海面上籠罩的雲霧，就好似海上仙境往往因為霧氣繚繞，而令人產生與世隔絕之感。這整段造語奇特，諸如「碧油油隔斷紅塵界，恍疑在九天外」，形容海水的碧綠，並與紅塵相對；而紅塵又與世外相對，不僅與故事情節相吻合，也增強仙境的迷離之感。最後二句則以開闊的視野，展現大海的寬闊，在平靜湛藍的海面上，用「翠島蒼崖」營造出顏色上的點綴和空間的層次感。李好古在此段落中，無論是遠望瀰漫的海水，飄渺的蓬萊、方丈、瀛洲三島，還是奔流的江河與海中的奇異世界，皆書寫得極富動感，令人有燦爛炫目之感。

　　此外，一般說來與「海」相關的文學作品，故事發生的背景大多設定是臨海或是沿海一帶，仙鄉傳說都需要入山入海，「仙話是中國神話的變種、末流，但其起源亦不算晚。約當戰國初年，已有仙話起於燕齊濱海的民間。大約是受了海市蜃樓變幻不測的影響，古人們設想海島有仙人，仙人均快樂消遙不死。」[19]海市蜃樓往往出現在沿海一帶，一提起海市蜃樓，人們就容易聯想到蓬萊仙境這樣一種虛無飄渺而又美好的景象，因此海市蜃樓也屢屢與大海聯想在一起。

---

19 見袁珂：《神話論文集》（台北：漢京文化事業有限公司，1987年），頁237。

　　張羽是潮州人，潮州本就臨海，位在廣東省與福建省的交界，瓊蓮則是東海龍神的三女。本篇的故事背景設定在「沙門島」，沙門島宋代隸屬登州，登州位於山東半島，自北宋開始即可見文獻記錄登州時常出現海市蜃樓的景象，蘇軾就曾寫過〈登州海市〉一詩，「東方雲海空復空，群山出沒空明中，蕩搖浮世生萬象，豈有貝闕藏珠宮？心知所見皆幻影，敢以耳目煩神工。」詩中指海市蜃樓景觀是一種幻影。劉獻廷《廣陽雜記》卷一也有「萊陽董樵雲登州海市不止幻樓台殿閣之形，一日見艦百餘，旗仗森嚴且有金鼓聲，頃之脫入水。」[20] 的記載。至於沙門島位在山東省蓬萊西北方向的海中，四面環海，便成為關押罪犯的理想場所。後漢時期沙門島開始作為重犯的流放地，據《宋史・刑法志》，流配由重到輕分幾個等級：「配隸，重者，沙門島砦；其次，嶺表；其次，三千里至鄰州；其次，羈管；其次，遷鄉。」刺配沙門島是最嚴厲的一級，島上關押的通常是犯死罪而獲免的重罪犯。元雜劇在描寫犯人流放情節時，常說「刺配沙門島」，在《鄭孔目風雪酷寒亭》雜劇中也有這樣的曲文：「非我不憐他，他罪原非小。姑免赴雲陽，且配沙門島。」「雲陽」是刑場的代稱，流配沙門島是僅次於死刑的重刑。在《臨江驛瀟湘秋夜雨》雜劇中，女主角翠鸞因為男子崔通的負心，被誣為逃婢，也同樣被發配至沙門島。

　　　　你要乞個罪名麼？這個有。左右，將他臉上刺著"逃奴"二字，解往沙門島去者。

---

20 見（清）劉獻廷：《廣陽雜記》（百部叢書集成初編）（台北縣：藝文印書館，1966 年）。

【黃鐘醉花陰】忽聽的摧林怪風鼓，更那堪甕瀽盆傾驟雨。耽疼痛，捱程途，風雨相催，雨點兒何時住？眼見的折挫殺女嬌妹。我在這空野荒郊，可著誰做主？

【喜遷鶯】淋的我走投無路，知他這沙門島是何處鄷都？長籲氣成雲霧。行行裏著車轍把腿陷住，可又早閃了胯骨。怎當這頭直上急簌簌雨打，腳底下滑擦擦泥淤。

於是沙門島在元雜劇中，成為令人畏懼又悲慘悽涼的地方。

再者，北宋末年媽祖得到朝廷的封賜，媽祖信仰已從東南沿海北傳，到了南宋時期，媽祖信仰已在各地傳播，當時海事活動最活躍的福建、廣東、浙江三省，都有媽祖崇拜，亦有資料顯示南宋時北方的渤海灣島嶼已有了媽祖廟。隨著元代建都北京，海運日漸繁榮，且當時的沙門島是海運的必經之地，往來漕船需在此泊舟候風，且因漕夫海員需要媽祖保佑，至元十八年（1218 年）元世祖冊封媽祖為「護國明應天妃」，因此在元代媽祖成為海神的獨尊[21]。《張生煮海》雜劇的背景地在「沙門島」，此時的沙門島似乎亦成為浪漫人神相戀故事的人間仙境，綜觀沙門島的現實情況與當地海神信仰的發達，自然為故事的醞釀奠定了良好的契機，吾人亦可推斷元代當時海神信仰的流行。

檢視元雜劇作品中，雖然尚仲賢也有一篇《海神廟王魁

---

21 見徐曉望：《媽祖的子民 —— 閩台海洋文化研究》（上海：學林出版社，1999 年），頁 399、405。

負桂英》[22]雜劇，因爲是殘本，通篇與海相關的部分，只有〔夜行船〕一段敘述桂英到海神廟向海神哭訴王魁的薄倖，至於爲何要到「海神廟」哭訴，整齣雜劇裡並未有任何的線索，但據宋羅燁《醉翁談錄》卷之二〈王魁負心桂英死報〉與元柳貫之〈王魁傳〉[23]，皆記載王魁功名失意，遠遊山東萊州遇桂英，桂英提供王魁上京趕考的盤纏，二人在海神廟盟誓情節。因此李好古《沙門島張生煮海》雜劇是目前可見少數以大海爲故事發展場域的作品，在整個元雜劇發展過程中，實有其重要性。

（二）龍宮、龍王與海中水族的描寫

《沙門島張生煮海》雜劇中，另外有一值得關注的重點就是龍宮、龍王與蝦兵蟹將等海中生物的書寫。在第一折【混江龍】中，就提到人間景物與海中不同，特別是舉樓宇宮殿爲例，曲文有云：

> 覷了那人間鳳闕，怎比我水國龍宮？清湛湛、洞天福
> 地任逍遙，碧悠悠、那愁他浴鳧飛雁爭喧哄。

接下來的曲文，更進一步說明龍女所居之龍宮，位在大海綠波當中，有許多魚蝦隨從，龍宮的富麗堂皇，就好似水晶宮一般華麗。

> 【金盞兒】家住在碧雲空，綠波中，有披鱗帶角相隨
> 從，深居富貴水晶宮。我便是海中龍氏女，勝似那天

---

22 見尚仲賢：《海神廟王魁負桂英》雜劇收入徐徵等主編：《全元曲》卷四（石家莊：河北教育出版社，1998 年），頁 2528-2530。
23 同前註，頁 2533-2536。

上許飛瓊。豈不知眾星皆拱北，無水不朝東。

【駐馬聽】繡簾十二列珍珠，家財千萬堆金正。（張生
云）是好富貴也！（正旦唱）你自暗付，則俺這水晶
宮是一搭兒奢華處。

　　一般人總是對龍宮的印象，多半是有著華麗的裝飾，擁
有許多絢爛奪目珍寶的想像。這種對龍宮的描寫實受到佛經
影響，在佛經故事中，龍是住在非常華麗的地方。《經律異相》
卷四十八「蟲畜生部下」引《樓炭華嚴經》中記載：

　　娑竭龍王住須彌山北大海底，宮宅縱廣八萬由旬，七
　　寶所成，牆壁七重，欄楯羅網，嚴飾其上，園林池沼，
　　眾鳥和鳴。金璧銀門，門高二千四百里，彩畫姝好，
　　常有五百鬼神之所守護。能隨心降雨，群龍所不及，
　　住之淵，涌流入海，青琉璃色。

　　此段佛經中的文字是描寫娑竭龍王所居之處，是一寬廣
裝飾華麗的宮殿，且有五百鬼神守護之地。在佛經中娑竭龍
王的龍宮裡供奉著法寶（如佛舍利、佛經），也是相對地位較
高的龍王，但其身份只是護法神，總的地位並不高。在西晉
竺法護譯《海龍王經・請佛品》載有龍王請佛入大海龍宮說
法的故事，其中對龍宮裝飾的華麗，描寫的極為細膩[24]。可
見中國民間對於龍王與龍宮的想像，大半是受到佛經對海龍

24　《海龍王經・請佛品》中記載：「一時佛在靈鷲山，無量之眾圍
　　繞時，忽海龍王率無數眷屬詣佛處，佛為說深法，則大歡喜。
　　請佛降海底龍宮，以受供養說法。佛許之，時龍王化作大殿，
　　以紺珠璃紫磨黃金莊嚴，寶珠瓔珞七寶為欄楯，極為廣大。又
　　自海邊涌金銀琉璃三道寶階，使至於龍宮，以請世尊及大眾。」

王記述的啟發與影響，《沙門島張生煮海》雜劇亦同。至於中
國對於水神居處的設想，在《九歌·湘夫人》中，也有對豪
華水府的描繪：

> 築室兮水中，葺之兮荷蓋，蓀壁兮紫壇，匊芳椒兮成
> 堂，桂棟兮蘭橑，辛夷楣兮藥房，罔薜荔兮為帷，擗
> 蕙櫋兮既張，白玉兮為鎮，疏石蘭兮為芳，芷葺兮荷
> 屋，繚之兮杜衡，合百草兮實庭，建芳馨兮廡門。

自古人民相信龍王是大海的主宰，其勢力範圍是整個海
洋，海中的魚蝦即是龍王的子民。對於龍宮中的蝦兵蟹將，《沙
門島張生煮海》雜劇是這樣敘述的：

> 【後庭花】那（張生云）小生做貴宅女婿，就做了富
> 貴之郎，不知可有人伏侍麼？（正旦唱）俺可更有門
> 風：無非是蛟虯參從，還有那黿將軍、鱉相公、魚夫
> 人、蝦愛寵、鼉先鋒、龜老翁：能浮波，慣弄風；隔
> 雲山，千萬重；要相逢，指顧中。
>
> （張生云）這龍宮裏面，都是些甚麼人物？（正旦唱）
> 【駐馬聽】擺列著水裏兵卒，都是些黿將軍、鼉先鋒、
> 鱉大夫。看了這海中使數，無過是赤須蝦、銀腳蟹、
> 錦鱗魚。

這裡提到蛟虯、黿、鱉、魚、蝦、鼉、龜、蟹等水族，
他們在龍宮中各司其職，各有如同人間的官位，曲文中沒有
對蝦兵蟹將進行個別仔細的形象勾勒，或是有衝突性的情節
書寫，只有在張羽煮海時，海水滾沸，可見水族處在空前的
災難中。

> 【滾繡球】那秀才誰承望，急煎煎做這場，不知他揀

著的甚般伎倆，只待要賣弄殺手段高強。莫不是放火光，逼太陽，燒的來焰騰騰滾波翻浪。縱有那雷和雨，也救不得驚惶。則見錦鱗魚活潑剌波心跳，銀腳蟹亂扒沙在岸上藏。但著一點兒，就是一個燎漿。

　　任憑海中水族如何掙扎奔逃，沒人料想到張羽到底用什麼方法把大海搞得天翻地覆，為了逃命，驚慌的魚蝦們瘋狂地在波心跳躍，銀腳蟹也拼了命往岸上爬，只求逃離滾燙的海水，因為「但著一點兒，就是一個燎漿」，碰到一點沸水就燙傷了。李好古用這樣誇張的手法形容沸騰的大海，把如此混亂的逃命場景，寫得活靈活現，生動逼真如在目前。

　　由於受到佛經影響，中國民間信仰中的海神逐漸與龍王形象結合，海龍王形象具備人性化與社會化屬性，海龍王的家族與人類社會家庭組成類似，也有喜怒哀樂，七情六慾[25]。此本雜劇對龍王的描寫，是較為特殊而負面的，在第二折曲文中，就開始對東海龍王的形象進行勾勒。

　　【罵玉郎】那龍也青臉兒長左猜，惡性兒無可解，狠勢兒將人害。

　　【感皇恩】呀！他把那牙爪張開，頭角輕抬；一會兒起波濤，一會兒摧山岳，一會兒捲江淮。變大呵，乾坤中較窄；變小呵，芥子裏藏埋。他可便能英勇，顯神通，放狂乖。

　　【採茶歌】他興雲霧，片時來，動風雨，滿塵埃，則怕驚急烈一命喪屍骸。休為那約雨期雲龍氏女，送了

25　見曲金良、周益鋒：〈從龍王爺到「國家級」海洋女神 —— 中國歷代海洋信仰〉，《海洋世界》2006 年 2 期，頁 7-10。

你筒攀蟾折桂俊多才。

在文學家的筆下，龍王不僅有著猙獰威奇的外貌，擁有巨大的能力可起波濤、摧山岳、捲江淮，瞬間翻雲覆雨，同時也能變化自如，有狂放凶惡的一面，也有英勇神通靈怪神異的能力。但是此處毛女一方面陳述東海龍王的惡性與狠勁，足以為害人性命，讓張羽先心生恐懼，一方面舉例說明龍王呼風喚雨的能力，讓張羽了解此去龍宮的艱難，龍王也不好應付。然而面對張羽使用寶物煮沸海水，此時的龍王卻顯得驚慌失措，也是自我極大的失敗，不得已只好委由石佛寺長老為媒，解決海水滾沸的大問題。相較毛女對龍王威儀的形容，此時的龍王呈現完全無力解決困難的窘態，兩相對比之下，實見故事的趣味性。而這一段敘述也為故事情節增色不少，龍王不只是一種神獸，在小說戲曲中，龍王因為龍子或龍女與人間產生的恩恩怨怨，更豐富了故事的內容情節。

（三）神話故事的運用

在文學創作中，古代的神話都變成滋養的土壤，文學家對於神話的吸收與運用更加普遍。《沙門島張生煮海》雜劇中的神話成分很重，篇中所提到的瑤池聖母與金童玉女，是大眾所熟悉的神話人物之一，被運用在故事中，讓《張生煮海》雜劇彷彿是瑤池神話的一種延續。

其次是仙姑毛女的出現。毛女是秦時宮人，後以採藥入山，謝去火食，漸漸地身輕，得成大道。正因有毛女的適時相助，提供三樣法寶幫助張羽解決危難。這些法寶的運用，實際上是展現傳統一切因果皆由天定的想法，如果沒有這些

法寶，張羽就無法突破困難，克服大海的阻隔，見到思慕的龍女。透過這些安排，也襯托出張羽身份的特殊。

再者，一切仙話大多以長生不老為主要內容，在《山海經》中屢見不鮮。其中對海中蓬萊仙山的記載，傳至燕齊，民間因海市蜃樓的變幻不測，幻想出海上仙島，是所謂三神山或五神山的由來[26]。顧頡剛指出中國神話系統分為兩部分，一個是崑崙神話，一個是蓬萊神話。西王母、大禹治水、伏羲女媧都屬於崑崙神話，當崑崙神話流傳到燕、吳、齊、越等沿海地區，就形成了蓬萊神話[27]。「海上神仙年壽永，這蓬萊在眼界中」，此處依舊運用了蓬萊仙山的海上神話。

在古代神話中，最早的生命象徵是海[28]，本篇中龍女給張羽的定情物是「水鼊織就鮫綃帕」，傳說中鮫人不廢織機，這裡也穿插了鮫人神話，以示愛情的堅定。

雖然《沙門島張生煮海》雜劇中所引用的神話較為片段，但就這些片段神話進行連結，可強化幻想的成分，但若無這

---

26 見劉勇強：《中國神話與小說》（鄭州：大象出版社，1997 年），頁 69。

27 顧頡剛認為崑崙神話講的是「神」，蓬萊神話突出的是「仙」，但兩者也沒有本質區別，無論神與仙，都是「長生不老」和「自由自在」。見顧頡剛：〈《莊子》和〈楚辭〉中昆侖和蓬萊兩個神話系統的融合〉，《中華文史論叢》2（上海：上海古籍出版社，1979 年），頁 31-57

28 《述異記》：「南海中有鮫人，水居如魚，不廢織機，其眼能泣，則出珠。」王孝廉認為「古代再生和不死的信仰都是和性相結合的，這種結合產生了以魚、月亮、蛇、水等再生的神話隱喻，到了詩的隱喻，則又由性而進展為羅曼蒂克的愛情。」見王孝廉：〈神話與詩〉，《中國的神話與傳說》（台北：聯經出版事業有限公司，1994 年），頁 34。

些想像的、神話的素材與表現，就彰顯不出情愛的永恆價值，
而張生煮海之舉，也就顯得突兀，沒有正當性。

四、《沙門島張生煮海》的人文意涵

　　《沙門島張生煮海》雜劇不僅是一齣在當時受到觀眾歡
迎，也是適合舞台搬演的劇目，同時它還展現出多樣的人文
意涵。

　　首先是時空的轉換。學者段義孚（Yi-Fu Tuan）認為神
話空間基本上可分成兩類，第一、神話空間是依據經驗已知
地的缺陷知識所形成的模糊區域。換言之，神話空間是經驗
空間的外框。第二、神話空間是世界觀的空間元素，是人在
實踐行為時所得的區位價值概念。在文化群的層次上，Irving
Hallowell 企圖尋找可能的人類通性，「人在他的空間世界中
最重要的特徵是不去有意地限定在活動和識覺經驗的實用層
次」。雖然幻像世界是不真確和被染上色彩，但對經驗世界的
真實感言亦是必須的，因為事實要求內容而後有意義，而內
容的可變性成長形成模糊和神話的邊緣地帶[29]。人的生活是
在固定的時空環境裡，但是在本篇《張生煮海》雜劇中，它
所展現出大海的寬闊是無法量測，充滿文學性的誇張與虛構。

---

29 關於第一種神話空間，學者 Yi-Fu Tuan 說明是由直接經驗熟悉
　 的和平凡的空間所形成的概念性引申，「當我們驚奇高山和海洋
　 的另一側是什麼時，我們的想像力會構造一則神話地理，可能
　 與真實只有少許相關或完全無關。幻想世界在貧乏的知識中建
　 立起來，但卻被寄以熱望。」見（美）Yi-Fu Tuan 原著，潘桂
　 成譯：《經驗透視中的空間和地方》（台北：國立編譯館，1998
　 年），頁 79-81。

　　再者，段義孚認為神話空間的機能有如世界觀或宇宙觀的元素。一般而言，複雜的宇宙觀與大的、穩定的和長久定居的社會有密切相關，他們企圖解答人在自然界中的地位問題。實踐行動看似武斷和冒犯鬼神或自然精靈，除非此等鬼神在密合的世界體系中有其被識覺的角色和地位。中國擁有一個經驗的知識世界，而又擴延至一個由模糊事實和深刻傳說所組成的緣環國度，中國人往往將人置於空間的中心而伸展至四方座標點，「方向有原始地方，即家，而不是在空間中移動的流程，因此特定地方的區位意義為主體而空間意義反居次要。」[30]故張羽如何進入龍宮的過程，雜劇跳過不論並不影響情節的發展，反而逕自從陸地的空間直接轉換為海底的空間，無疑的，它已繼承神話炫麗的想像，可自由馳騁在天上人間。

> 【天下樂】不比那人世繁華掃地空，塵中似轉蓬，則
> 他這春過夏來秋又冬；聽一聲報曉雞，聽一聲定夜鐘，
> 斷送的他世間人猶未懂。

　　在第一折中，龍女先為天上與人間做了價值判斷，滾滾紅塵怎樣也比不上天上仙界。然而在故事的持續發展下，龍女情定人間書生，書生從紅塵穿越大海到了龍宮仙境，這樣的不同空間自由的轉換，現實世界與超現實世界相通無阻，張生這個尋愛者因為愛情的驅策，不顧一切衝破一切限制，這裡可見自由意志的可貴與愛情回饋於生命的至誠至真表現。

---

30 同前註，頁 81-85。

　　「海」在這篇雜劇有其意義與作用，海象徵著浩瀚的、
阻隔的、需要突破的困難，也是阻礙英雄前進的考驗，也象
徵著傳統意識中對不同地位男女的愛情限制。「海」之無垠無
涯、無邊無際，平靜無波的海面是溫柔的，波濤奔騰的海是
兇猛的令人恐懼的，這樣多變的面貌正好帶給人們無盡的遐
思與疑問。正因為不了解海，將其作為一種中介，加以挑戰，
這樣的成功可以帶給人們信心。因此人力結合了神力，不僅
可以煮海，連東海龍王都是可以被挑戰的，所有的困難都有
機會突破，只要堅持就能達到目的，這裡也值得品味其所表
現的生命情志。這篇雜劇通過「煮海」這樣大膽的行動強烈
地反映出對愛情的熱烈追求，原是令人驚訝與深感浪漫，抑
或可將其視為與海洋相關的喜劇。

　　【收尾】則今日雙雙攜手登仙去，也不枉鮫綃帕留為
　　信物。閑看他蟠桃灼灼樹頭紅，撇罷了塵世茫茫海中
　　苦。

　　「不枉鮫綃帕留為信物」、「撇罷了塵世茫茫海中苦」充
分表達男女衝破困境之後的喜悅之情，因此劇中的「仙境」，
何嘗不是人們理想中追求自由愛情的境界？但人神之戀仍不
斷被提醒著須面對現實，最後即使觀眾能接受這些超現實的
想像情節，但終究需要回歸現實，給予一合於常規的結局。

　　其次，如果把神話看作是自然秩序的初建，樂土的追尋
就代表了人文知覺對宇宙秩序的追求[31]。在此故事中，所表

---

31 見龔鵬程：〈幻想與神話的世界 —— 人文創設與自然秩序〉，《中
　　國文化新論文學篇一》（台北：聯經出版事業公司，1989 年），
　　頁 311-361。

達的主題並非單純神仙世界的秩序與感情，而是人類自身處境的表現，人間與仙界可以自由穿梭，但兩個世界各有原則，需要依尋個別世界的原則加以衡量。人因為悟道，所以可以消解肉身進入仙界的世界，也因此得到解脫。道教故事多人仙或人神相戀，雖然這齣雜劇最後二人雖能夠有情人終成眷屬，但是如果徜徉於愛悅當中，即意味著永遠不可能回歸仙鄉，「因為仙鄉樂土必須是無情的涅槃」[32]。一動情，就須遭譴，是文學中常見的天庭常見的戒律，必須讓思凡的神仙重新體驗人間的苦難，但這也證明了真實的人間與神話的消遙自在世界，或是宗教無情的樂土有其明顯的不同。

　　宇宙間天命的運作雖然是此雜劇發展的重要影響因素，正因為天命是事件背後推動的力量，往往包含著宗教對人生規範的認知。這篇雜劇歷劫回歸的過程，並非直線而是一種圓形的路徑，即圓滿→犯錯→責罰→試煉→圓滿。此劇故事的發生背後有一重要的原因是因為金童玉女犯錯，他們所需領受的責罰就是被貶謫到人間。這種處罰方式是非常符合佛教教義中，人世間即是無盡苦海的認知，墮入人世間體驗凡人的苦樂哀喜，忍受所有的愛恨與別離，只有接受這樣的試煉，才有悟道的可能性。在通過重重考驗後才能重返瑤池仙境的悟道過程，在故事結構發展中，能夠讓神與人有更多的互動關係，天上與人間就不再是截然二分互不干涉的兩個世界。

　　在這篇雜劇中，同時我們看到他們在人間接受試煉與考

---

32 同前註，頁 347。

驗，而救贖的方式並不是功名高位，也不是豐厚俸祿，更不是樂善好施，濟渡眾生，在劇中我們看到可貴的是，堅持「愛」，即可贖罪的精神。這樣對愛情的堅毅與勇往直前的態度，足以鼓舞許多人心，特別是傳統價值中，並不鼓勵自主的情愛互動。如此一來，過程中所有的阻礙被 —— 克服與被迫妥協，對愛情的渴望與追求，成為這篇雜劇中最高的道德價值。

五、結　語

李好古《沙門島張生煮海》在元代雜劇中，相當出色而且特殊。出色之處在於它的曲文優美，對「海」的書寫，別具風格。情節安排合理，故事生動，情景兼至，特殊之處則是此篇雜劇是難得以「海」為故事發展場域的作品。

此篇雜劇在主題內容方面可說是兼具神話、愛情與度脫三種特質的戲劇，在結構方面可視之為英雄歷險的過程。在雜劇中，「煮海」一事是最重要的故事情節，張羽用一尋常小鍋竟可把大海煮沸煎乾，是多麼令人驚異的想像，因此在表演過程中，自然能夠吸引許多人的目光。對尋常的閱聽百姓而言，雖然銀鍋是神物，但張羽終究只是個凡人，張羽的作為代表了人們的意志與願望。因為這樣的舉動竟讓大海翻天覆地，也不怕得罪水族，直到龍王告饒，願將龍女瓊蓮許配給他，才方罷休。對平凡的百性而言也有積極的鼓勵作用，因為社會底層的民眾容易受到壓迫，這樣的作為展現強大又堅定的意志力，認為人的力量仍可以試圖突破所面對的困境。

這篇雜劇雖然在結構上有些鬆散，但無疑的，它對於海

洋面貌的書寫有極高度的藝術性，其從不同的角度，書寫海的飄渺，特別是描寫海面繽紛的色彩與海中異寶，並以開闊的視野，展現大海的寬廣，無論是勾勒寧靜無波的海面與月色，或是描寫即將入夜的海面與岸邊山勢的輝映，可說是一幅山海風景畫。同時面對大海所發出的喟嘆，對海象變幻莫測的奇詭想像，極富動感的刻畫，給人絢麗目不暇給之感。此外對水族在滾沸海水掙扎的情狀，也表現得生動逼真。至於神話的運用讓曲文更豐富，對龍王的書寫，則是令人看到龍王面對凡人堅強的意志力，而有不知所措之感，這是人力堪可勝天的例證。

　　在曲文中，「海」一方面是自然景觀，一方面又象徵著艱困的阻礙，此種對海的認知似乎並未超越前人，但是這裡對海的書寫不僅是海本身，還有人與海的關係，海與海岸與水族之間的互動。雖然一般認為元雜劇中神仙教化作品為數甚夥，與元代宗教盛行以及政治環境不佳，導致文士隱逸求道思想盛行，但吾等更關注此篇曲文所展現的人文意涵，「海」雖然是一種考驗，但天上人間有機會可以貫通，背後透過愛情力量的驅策，突破困難的生命況味，是值得我們細細閱讀與體會的。

經驗與想像的共構：
論《廣東新語》之水族書寫

一、前　言

中國文學向來有文與筆的分界，自六朝以降，大抵遵循有韻者爲文，無韻者爲筆的概念前進，「筆記」即屬「無韻者」之散文其中一類。雖然蕭統《文選》、劉勰《文心雕龍》，對於文體分類方面未見「筆記」條目，但在《文心雕龍・書記》中，劉勰云：

> 記之言志，進己志也。
> 夫書記廣大，衣被事體，筆札雜名，古今多品…並述理於心，著言於翰，雖藝文之末品，而政事之先務也。
> 或事本相通，而文意各異，或全任質素，或雜用文綺，隨事立體，貴乎精要。

按劉勰之意，筆記主要作用在於能夠展現作者個人情志，內容上能夠包羅萬象，雖然文學價值不一定很高，但仍須具備經國教化的作用。同時筆記雖不拘形式，雅俗共賞，在用語方面仍以精練爲要。

綜觀歷代知名筆記作品如沈括《夢溪筆談》、蘇軾《東坡志林》、陶宗儀《南村輟耕錄》、俞樾《春在堂隨筆》、紀昀《閱

微草堂筆記》、袁枚《小倉山房尺牘》等，無論是信手拈來，
隨意而發，書成時間跨度長，或是內容貼近現實生活，豐富
多采，琳琅滿目，舉凡歷史、政治、經濟、天文、宗教、社
會、文學、考古、動植物、醫藥等，即使結構鬆散，足見作
者學養識見的廣博亦蘊藏世風人情。無論是冷眼旁觀或是滿
紙人間煙火，對當世社會的批判與內心的惆悵，在在流露出
時代風貌與發自胸臆的真摯情意。

　　清代是筆記集大成的時代，各種筆記都在前人述作的基
礎上進一步發展[1]，詩文名家多有筆記存世。屈大均
（1630-1696），以詩聞名，所著之《廣東新語》，是有清一代
價值性甚高之筆記，全書自天語至于怪語，凡為二十八卷，
每卷述事物一類，如天、地、山、水、石、神、禽、麟等，
舉凡廣東之天文地理、經濟物產、名勝古蹟、人物風俗，包
羅萬象。屈氏在自序中自陳，本書述作目的在於「補《廣東
通志》之不足」，故謂「略其舊而新是詳，舊十三而新十七，
故曰新語。」[2]其中所記物產民俗方面材料，豐富翔實，對於
理解明末清初民間經濟生活實有助益。潘耒序對此書推崇備
至，以為「遊覽者可以觀風土，仕宦者可以知民隱，作史者
可以徵故實，摛詞者可以資華潤」[3]。透過此作，可對廣東地

---

1 見劉葉秋：《歷代筆記概述》（北京：北京出版社，2003 年），頁
　199。

2 見（清）屈大均：《廣東新語・自序》（北京：中華書局，1985
　年），頁 1。本論文使用之《廣東新語》為北京中華書局版，以
　下相關引文僅註明卷數與頁數，不再贅述出處。

3 見（清）潘耒撰：《廣東新語・序》，收入（清）屈大均：《廣東
　新語》（北京：中華書局，1985 年），頁 1。

區的自然環境與物產資源，乃至經濟活動、社會風尚有更深入的了解。

由於廣東地理位置臨海，珠江流域經貿活動亦十分興盛，在人類生活中「水」可說是「萬物之母」，依水而生，臨水而居。萬物之母的水所生成的萬物，都會在時間的流逝中衰敗乃至消失形體，然而「水」無固定形狀，能永遠存在，反覆回歸。在《廣東新語》中得見許多民眾依水而生的紀錄，同時書中也紀錄了許多與水和生活於其中的水族傳說，更甚者，可見不同物種自由變幻，出入水陸兩境的奇特場景。

有鑑於此，本文以卷二十二之〈鱗語〉和卷二十三之〈介語〉作為主要討論對象，兼論卷十五之〈貨語〉和卷二十四之〈蟲語〉，梳理《廣東新語》中之水族資料，觀察清代的水族與人類經濟生活產生的關聯性，本文所指之「水族」，為水中生物如魚蝦蟹貝等之統稱。其次，與水族相關的傳說故事早在六朝筆記中就已曾出現，因此筆者擬藉由筆記中所紀錄的水族相關傳說，回溯水族故事的傳承與發展，並考察傳說中出現之水族的象徵意義，同時透過探索水族意象構成背後蘊含變幻再生的思想，追尋其內在深層的文化價值意義。

二、《廣東新語》之作者簡述與內容特色

（一）作者生平簡述

屈大均，廣東番禺人[4]，字翁山，幼遇家難，被寄養於邵

---

4 屈氏世居番禺茭塘都思賢鄉，又名新汀，其地濱扶胥江，多細沙，

姓家，初名邵龍，號非池。又曰紹隆，字騷餘，又字介子、
泠君、華夫，號菜圃，生於明崇禎三年，卒於清康熙三十五
年（1630-1696），享年六十七歲。屈大均是明末清初著名的
文學家與學者，爲「嶺南三大家」[5]之一，其於清初詩壇影響
甚大，詩集傳刻甚多。然有清一代，文字獄盛行，屈大均著
述亦遭禁燬，故其名也湮沒無聞，近、現代所撰述之中國文
學史更未能給予屈氏適切的地位，現存著作有《翁山詩外》、
《翁山文外》、《四書補注兼考》、《廣東新語》和《皇明四朝
成仁錄》等。

　　明清鼎革之際，清軍佔領廣州，所到之處燒殺擄掠，屈
大均就在這樣的社會動盪下渡過了童年。大均幼年敏學強
記，少有詩名，年十四歲能文章，同時受到名僧函昰（天然）
所器重，十六歲命從陳邦彥讀書於廣州粵秀山。嘗攻讀《周
易》、《毛詩》，並授以捭闔、陰謀、劍術和輿地之學，邦彥極
賞翁山之文，始識邦彥之子陳恭尹[6]。一六四七年（永曆元年，

又念其先人懷沙而死，顧名沙亭。屈氏之先，自宋紹興間，迪功
郎翰林誠齋公，諱禹勤，由關中來，止南雄珠璣巷，已而復遷沙
亭，是爲南屈之祖，翁山其第十八世孫也。見汪宗衍撰〈屈大
均年譜〉，收入歐初、王貴忱主編：《屈大均全集》卷八（北京：
人民文學出版社，1996 年），頁 1851-1852。

5 屈大均和陳恭尹、梁佩蘭並稱「嶺南三大家」。陳恭尹
　（1631-1700），字元孝，號獨漉，諸生，父親陳邦彥抗清失敗，
　故懷著深重的國仇家恨，力圖抗清。工詩，著《獨漉堂詩文集》，
　少於翁山一歲，康熙三十九年卒。梁佩蘭（1629-1705），字芝五，
　南海人，與屈、陳是朋友，他沒有參與反清活動，但對人民受到
　的迫害實有所感。
6 見汪宗衍撰，〈屈大均年譜〉，收入《屈大均全集》卷八（北京：
　人民文學出版社，1996 年），頁 1856-1857。

順治四年）春，陳邦彥起兵高明山中，同年九月事敗，邦彥殉節死，自是義師始衰，翁山幾歷艱險，國難師讎，亦堅志不仕。順治六年（1649）大均父沒後，隔年冬，禮函昰於番禺雷峰海雲寺為僧，法名今種，字一靈，而以所居曰死庵[7]。

　　大均自一六五二年開始遠遊，多結交遺民志節之士，與當地學者文士亦多有往來[8]，後棄禪歸儒，與李因篤、顧炎武、魏耕等人交誼尤篤。三藩亂平，鄭克塽亦降清，大均於康熙二十二年返回廣州，隱居著書，述作甚富，詩作尤富盛名[9]。他以恢復故國自任，一生奔走不息，作為一個有強烈民族氣節的人，眼見匡復無望，憂憤之情屢見於詩文[10]。卒前一年，大均交代子孫未來在墓碣文上須寫：「明之遺民」[11]，示其終身無貳志，隔年五月六日病卒。

7　同前註，頁 1861-1863。
8　如徐晟、王士禎、朱彝尊、汪琬、毛奇齡等文士。
9　屈大均詩受到時人的推崇，所到之處亦與詩家唱和，朱彝尊與之訂交，有生平知己之感，而顧亭林更於詩作中稱美其學行高節：「弱冠詩名動九州，紉蘭餐菊舊風流。何期絕塞千山外，幸有清樽十日留。獨漉泥深蒼隼沒，五羊天遠白雲秋。誰憐函谷東來後，斑馬蕭蕭一敝裘。」（〈屈山人大均（南海人）自關中至〉，顧炎武：《顧亭林詩集彙註》卷四）
10　屈大均在諸多詩作中，皆充分表達這種心聲，如〈壬戌清明作〉：「朝作輕雲暮作陰，愁中不覺已春深。落花有淚因風雨，啼鳥無情自古今。故國江山徒夢寐，中華人物又消沉。龍蛇四海歸無所，寒食年年愴客心。」（《翁山詩外》卷十五）
11　「營生壙於瀧足公墓下，遺命子明洪等曰：吾死，以幅巾、深衣、大帶、方舄殮之，棺以松香融液而槨之，三月即葬，而書其碣曰：『明之遺民。』墓前有亭，則書曰『孝子仁人求我友』；『羅威唐頌是吾師』。」見汪宗衍撰：〈屈大均年譜〉，《屈大均全集》卷八，頁 1992-1995。

（二）《廣東新語》之內容特色

　　廣東位於嶺南地區，與中原地區的自然人文景觀有所不同，潘耒在《廣東新語‧序》中曾說：「又以山川之秀異，物產之瑰奇，風俗之推遷，氣候之參錯，與中州絕異。未至其地者不聞，至其地者不盡見。」[12]「嶺南」是一自然地理概念，五嶺山脈將廣東、廣西與中原分隔開，兩廣地區又稱「嶺南」「嶺外」。廣東位處南方邊陲，至唐代仍被視為化外之地，同時廣東又是中國南方重要的門戶，具有海陸兼備的條件，除了傳統的陸路交通，珠江位於嶺南境內，並形成珠江三角州的水域網絡。復廣東南臨南海，沿海海岸線綿長，島嶼羅列，並有許多港灣。正因為這樣的地理條件，造就其在自然環境和水路交通方面的地方性特質，故廣東地區多養魚與魚塘，以及沿海魚鹽之利和採珠事業，相較於北方以種麥和畜牧為主要經濟活動的中原地區，南北生活實有差異，也具備不同的人文風貌。

　　《廣東新語》一書在屈大均之著作中別具特色，其書成於康熙十七年[13]，可謂清初廣東百科全書。全書共計二十八卷，每卷為一「語」，凡天、地、山、水、石、神、人、女、事、文、詩、藝、食、貨、器、宮、舟、墳、禽、獸、鱗、

12　見（清）潘耒撰，《廣東新語‧序》，（清）屈大均：《廣東新語》，頁1。

13　《廣東新語》一書之成書時間，按年譜考證，為康熙十七年（1678），屈大均時年四十九歲。見汪宗衍撰：〈屈大均年譜〉，《屈大均全集》卷八，頁1932。

介、蟲、木、香、草、怪等，語下分若干篇目，分述一物或一事，並旁涉相關或類同之物。屈大均通今博古，對事物詳加考證，因此潘耒對此書極為推崇，認為屈氏「其察物也精以核，其談義也博而辨，其陳辭也婉而多風。思古傷今，維風正俗之意，時時見于言表。」「此書博覈精詳，又善於撦實，才士固不可測，亦以見先生中年斂華就實，留心世故，練達多通，有用世才，非詞人墨客大言無當者比。」在前人所著方志的基礎上，「不啻兼有其美」。

　　針對廣東地區的物產種類品項，《廣東新語》多所記載，如在卷十五〈貨語〉中，就提到廣東產金、銀、銅、鐵礦，瓊州五指山產水晶，長樂、興寧、河源、永安皆產錫，合浦海則多產珠，東莞則出蜜香紙，其他各式布匹如絲綢、葛布，石灣的陶器等，其他包括各類產業的生產方式、商業貿易、船舶製造等皆有詳細的介紹。

　　對於政治與官箴敗壞的情況，屈大均亦有所關注。如卷九〈事語〉之「貪吏」[14]條，即談到一般人認為廣東非常富饒，因此無論官為大小，只要被派至廣東，眾人歡欣過望。「其人至官，未及視事，即以攫金為事」，整篇敘述官與胥吏「表裡為奸」，剝削百姓的事情層出不窮。屈大均對官吏醜陋的行徑有傳神的敘寫：

> 嘗見一二婪吏矣，凡搆訟者，兩造皆勒其長夫，父告其子，則勒其夫長夫，兄告其弟，則勒其兄長夫，而子弟亦不得免，皆勒長夫。家有美花珍果，墓有喬木，

---

14 《廣東新語》卷九，頁 303-305。

亦必勒其長夫。一長夫折金十四餘兩，胥役攜之入署。
此婪吏者匿笑而受之曰：「吾不若是錙銖之取也，吾則
無以應上官之誅求也。」嗟夫！吾粵之為官者，計其
誅求之狀，亦大抵以上中下三等相吞而已矣。上官耽
耽乎中，中復耽耽乎下，下則無所耽耽也。亦惟於匹
夫匹婦之微，窮其巧力而已矣。

同時他進一步批評當日官吏風氣敗壞，完全不能造福百
姓，舉目所見皆是官吏的豪奢貪婪與殘酷。屈大均對這些官
賈行徑的論述深刻而透徹，他說：

今之官於東粵者，無分大小，率務朘民以自封，既得
重貲，則使其親串與民為市，而百十奸民從而羽翼之，
為之龍斷而罔利。於是民之賈十三，而官之賈十七，
官之賈本多而廢居易，以其奇筴，絕流而漁，其利嘗
獲數倍。民之賈雖極其勤苦，而不能與爭。於是民之
賈日窮，而官之賈日富。…民賈於官，官復賈於民，
官與賈固無別也。賈與官亦復無別，無官不賈，且又
無賈而不官，民畏官亦復畏賈。畏官者，以其官而賈
也。畏賈者，以其賈而官。於是而民之死於官之賈者
十之三，死於賈之官者十之七矣。嗟夫，在昔國之富
藏之於民，今也藏之於官，復藏於官而賈者，藏於賈
而官者。

因為廣東物產富饒，珠貝珍稀甚多，反而導致百姓被壓
迫與被剝削，引文體現對百姓至深的同情與無限感嘆。官吏
貪婪的結果就是「民日窮而盜賊日熾，其禍不知所底」，而解
決之道則需要有德行與能力之人，「以節儉為之倡率，禁難得

之貨，明貪墨之刑」。

至於如卷二〈地語〉「遷海」[15]條，則是與清初史事相關者。

> 粵東瀕海，其民多居水鄉。…自唐、宋以來，田廬丘墓，子孫世守之勿替，魚鹽蜃蛤之利，藉為生命。歲壬寅二月，忽有遷民之令，滿州科爾坤、介山二大人者，親行邊徼，令濱海民悉徙內地五十里，以絕接濟臺灣之患。於是麾兵折界，期三日盡夷其地，空其人民。棄貲攜累，倉卒奔逃，野處露棲，死亡載道者，以數十萬計。明年癸卯，華大人來巡邊界，再遷其民。其八月，伊、呂二大人復來巡界。明年甲辰三月，特大人又來巡界。遑遑然以海防為事，皆以臺灣未平故也。

這裡記載康熙元年至三年，強令沿海居民內遷五十里，以防止百姓支持鄭成功。是時百姓眾人在清兵促逼之下，「倉卒奔逃，野處露棲，死亡載道者，以數十萬計」。

當時百姓原本以為只是短暫遷徙而已，不料卻是家破人亡，令人鼻酸的景況：

> 父子夫妻相棄，痛哭分攜，斗粟一兒，百錢一女，…其丁壯者去為兵，老弱者輾轉溝壑，或合家飲毒，或盡帑投河，有司視如螻蟻，無安插之恩。親戚視如泥沙，無周全之誼。於是八郡之民，死者又以數十萬計。民既盡遷，於是毀屋廬以作長城，掘墳塋而為深塹。

---

15 《廣東新語》卷二，頁 57-58。

五里一墩，十里一臺，東起大虎門，西迄防城，地方
三千餘里，以為大界。民有闌出尺者，執而誅戮，
而民之以誤出牆外死者，又不知幾何萬矣。自有粵東
以來，生靈之禍，莫慘於此。

其他如卷四〈水語〉之「潮」條，記載廣東一帶的潮汐
特徵，作者對當地不同時節潮汐變化的觀察與紀錄，可作為
研究清代廣東地區海潮現象的參考資料。

廣人以潮汐為水節，或曰一潮而一汐，或曰兩潮而兩
汐，皆為之節。其在番禺之都，潮漲未落，暮潮乘之，
駕以終風，前後相盪，海水為之沸溢，是曰沓潮。一
歲有之，或再歲有之，此則潮之變，水之不能其節者
也。若以歲之十月，自朔至于十有二日候潮，朔日潮
盛，則明年正月必有大水。二日則應二月，日直其月，
至於十有二日皆然。此亦潮之常而人罕知之，蓋水之
神於節者也[16]。…

再如卷七〈人語〉之「黑人」條，記載過去海南島地區
早期住民「以黑為美」的特徵與風俗習慣，其中或有鄙視殘
忍之狀，但亦使後人得以了解當日廣東地區其他非漢人族群
的活動概況。

林邑記，有儋耳民以黑為美，離騷所謂玄國，即今儋
州也。其地在大海中，民若魚鱉。魚鱉性屬火而喜黑，
水之象黑，儋耳民亦水之族，故尚黑也。然儋州今變
華風，絕無緩肩鏤頰、耳穿縋為飾之狀。獨暹羅、滿

16　《廣東新語》卷四，頁133。

刺伽諸蕃，以藥淬面為黑，猶與古儋耳俗同。…予廣
盛時，諸巨室多買黑人以守戶，號曰鬼奴，一曰黑小
廝。其黑如墨，唇紅齒白，髮鬈而黃，生海外諸山中，
食生物，捕得時與火食飼之，累日洞泄，為之換腸。
此或病死，或不死即可久畜，能曉人言，而自不能言。
絕有力，負數百斤，性淳不逃徙，嗜慾不通，亦謂之
野人。一種能入水者，曰崑崙奴，記稱龍戶在儋耳，
其人目睛青碧，入水能伏一二日，即崑崙奴也，唐時
貴家大族多畜之[17]。

　　此外，屈氏在行文同時，並恒以詩繫之，且善用俗語口
語入詩，率真自然。如卷二十二〈魚〉中提及「銀魚」，即有
詩云：「九月銀魚出水長，銀魚風起水決決」[18]。又如〈魚生〉
中談「魚生」食用之法，有詩云：「魚膾宜生酒，餐來最益人。
臨溪親舉網，及此一陽春。」[19]在〈鱘魚〉一篇中，相關詩
作出現次數甚多，計有六首，文後尚附倚聲之作一首〈行香
子・漁歌〉[20]，反應當地漁民生活：

第一魚【魚倉】，第二魚【魚王】，第三魚是馬膏【魚
郎】。潮鹹潮淡，一任漁郎。喜春風來，黃花短，白花
長。　江水魚香，魚子滋陽，大罾滿船載鹽霜。罟公
罟姥，兩兩開洋。更鯔魚寒，鱸魚熱，鱠皆良。

　　本書的構思與成書，誠如屈大均於序中所言，是有別於

17　《廣東新語》卷七，頁 233-234。
18　《廣東新語》卷二十二，頁 555。
19　《廣東新語》卷二十二，頁 559。
20　《廣東新語》卷二十二，頁 569。

傳統方志的，他說：

> 《國語》為《春秋》外傳，《世說》為《晉書》外史。
> 是書不出乎廣東之內，而有以見夫廣東之外，雖廣東
> 之外志，而廣大精微，可以範圍天下而不過。知言之
> 君子，必不徒以為可補《交廣春秋》與《南裔異物志》
> 之闕也[21]。

可見屈氏雖是從微觀的角度進行考察，著眼探索廣東地
區的事物，然而此舉背後卻有宏觀之志，不僅跳脫傳統官修
方志特重視政治與教化功能，反而突破框架，在傳統中另闢
蹊徑，將此書的重心放在社會經濟生活方面，意圖展現廣東
地區的區域特色，突顯廣東地區的經濟社會生活面貌，並揭
示明清交替之際的社會情況，反映統治階層的剝削與箝制百
姓生活的種種苛政，實有其積極正面的意義與價值。

三、《廣東新語》中的水族風貌

廣東地區由於境內有中國四大河流之一的珠江流經，海
岸線長，自古即富有魚鹽之利。百姓從事漁獵、捕撈等經濟
活動的比重益高，採珠業獨具特色，如在雷州與合浦之間的
珠母海，自漢代以後即是著名的產珠區，東莞的大步海也盛
產珠蚌[22]。這些貴重的水產品本身具備很高的經濟價值，而
這些特殊的物產亦是天然環境的賜與。《廣東新語》卷二十二
〈鱗語〉、卷二十三〈介語〉、卷十五〈貨語〉和卷二十四

---

21 見（清）屈大均，《廣東新語・自序》，頁 1。
22 見李錦全、吳熙釗、馮達文編著：《嶺南思想史》（廣州：廣東
　　人民出版社，1993 年），頁 9。

之〈蟲語〉，對當地的水族生物有豐富多元的紀錄，因此吾等可透過屈大均的介紹，觀察探索當日廣東地區的水族風貌。

（一）水族的種類

《廣東新語》所記載的水中生物種類繁多，卷二十二〈鱗語〉共計二十五個條目，記載廣東地區傳說中的龍，以及當地的魚種；卷二十三〈介語〉共計二十二個條目，記載廣東地區介殼類的水中生物；卷二十四〈蟲語〉中，計五個條目與水族有關；卷十五〈貨語〉中，則有三個條目與水族相關。在這五十五個條目中，屈大均介紹了貝、珠、珊瑚、海鰍、怪魚、暨魚、潛龍鯊、黃雀魚、鼠鮎烏賊、龍蝦、鯊虎、飛魚、似嘉魚、鱘魚、鱟、珠鱉、天蝦、玳瑁、龜、蟹、蟛蜞、蠔、白蜆、蠃、鯪鯉、水母等上百種的水中生物，以及傳說中的龍，相關資料可見附錄。

在上述各大類之中，尚包含其他同類但名稱不一之物種，其資料量至為龐大，足見作者對相關知識的豐沛與掌握。如在卷十五〈貨語〉之「貝」條目中，作者記載在徐聞（按：六朝以前與合浦同為廣東重要口岸）以西海中，可得：

> 貝類（三百餘）、蠃類（五百餘）、蛤類（二百餘）。……
> 其最精麗纖巧，如相思子、甲香、指甲蠃、石蠃、石
> 蟹、石燕、硨磲、璇瑁等六十餘種，一一不同，是皆
> 所謂貝也[23]。

其他如卷二十二〈鱗語〉之「鱔」條中，記載屬於鱔類

---

23 《廣東新語》卷十五，頁418。

的水中生物包括鰻鱺、金絲鰻鱺、白鱔、黃鱔、藤鱓、泥鰍、溫魚[24]等。卷二十三〈介語〉之「龜」條目中，則包括有毛龜、六目龜、卜龜、巨龜、紅白二龜[25]；「蟹」條中記載蟹類甚多，包括小娘蟹、擁劍、進劍、飛蟹[26]等；在「蠃」條目中，據屈大均的紀錄，廣東地區的「蠃」種類最多，包括香蠃、珠蠃、銀母蠃、九孔蠃、鸚〔母鳥〕蠃、指甲蠃、寄生蠃、蝓蝥、多足蠃、神仙蠃、流蠃、甲香蠃、赤口蠃、車螯、海膽等[27]。

　　書中紀錄的水中生物大半生活在海中或河海交會處，亦有一部分生長在池塘。如卷二十二〈鱗語〉之「魚」條目中，總計紀錄了二十一種魚，其中鰱、鱅、鯇、鯪、鯽多畜於池塘，然池塘中的魚在價值性方面實不及江魚和海魚。此條目同時亦記載可供賞玩的「金魚」，其可分為鯉、鯽二種，按外形又可分為蝦尾和芙蓉尾二種。若論屈大均對水族的歸類，誠然不一定符合現代生物學對水中生物的分類原則與標準，但透過這些豐富多樣的紀錄，業已展現作者對當時當地水中生物的具體認識。

（二）水族的形貌特徵與生長習性

　　屈大均對於水族的特徵與生長習性，在書中有極為詳細的描寫。綜觀所有水族，似乎並無凶暴之物種，但其中實有

24　《廣東新語》卷二十二，頁 563-564。
25　《廣東新語》卷二十三，頁 572-573。
26　《廣東新語》卷二十三，頁 574。
27　《廣東新語》卷二十三，頁 581-582。

一些較為特殊的紀錄。如在卷二十三〈介語〉中的「鱟」條，作者是這樣描寫的：

> 鱟大者尺餘，如覆箕，其甲瑩滑而青綠。眼在背，口藏在腹，其頭蜣螂而足蟹，足蟹而多其四，尾三稜，長一二尺，其血碧。…
>
> 性喜群遊，雌常負雄於背。背有骨如扇，做兩截，常張以為帆，乘風而行，雌雄相積，雖遇驚濤不解，名曰鱟帆。漁者每望其帆取之，持其雄則雌者不去，如持其雌則雄者去矣，然失雄亦不能獨活，故曰鱟媚[28]。

鱟是現代仍然得見之古海洋生物，屈氏首先對「鱟」的外觀進行描寫，它的甲殼青綠色且亮滑有光澤，眼睛長在背上，嘴藏在腹部，頭的形狀似蜣螂，有如蟹般的足，尾成三稜狀，可長到一二尺長，血呈碧色。在習性方面，鱟類向來是群體行動，雌鱟會背負雄鱟。有意思的是，鱟的背骨如扇，張開時可以當做帆，漁民每見這種情況就會捕捉它，捉到雄鱟，雌鱟就會一同留下，若捉到雌鱟，雄鱟則會逕自離開，但此時失去雄鱟的雌鱟往往不能單獨存活下去。

玳瑁產於廉州、瓊州，又名瑇瑁龜。牠的習性是「夜伏沙汀，注目上視，與月爭光，月之精華因入焉，而為文介」[29]，天亮後，陽光照在玳瑁身上，可見其背上的文采更加鮮明，除了月之精華外，作者認為實因伏在沙上，受到沙粒摩擦而更加有光澤。而漁人捕到玳瑁後，將其翻身讓龜殼朝下，玳瑁則無法翻回正面，也就無法逃脫被捕的命運。

28　《廣東新語》卷二十三，頁 570-571。
29　《廣東新語》卷二十三，頁 572。

　　由於廣東盛產珍珠，因此屈大均在卷十五〈貨語〉之「珠」條目中，對相關事物介紹甚詳。在廣東合浦海中有平江、楊梅、青嬰、烏坭、白沙、斷望、海豬沙等七座珠池，由於珠是由蚌在中秋孕育而生，「凡秋夕，海色空明，而天半閃爍如赤霞」，這時正是老蚌曬珠的好時機，「得月光多者其色白，曬之所以為潤澤也」。其中珠身以圓白光瑩細無絲絡者為精珠，半明半暗者為褪光珠，次肉珠、次糙珠、藥珠，這種標準在今天也適用。

　　同時作者也詳記天然與人工養珠之差異，以及人工養珠之法：

> 凡珠有生珠，有養珠。生珠者以蚌曬之日中，其口自開，則珠光瑩，謂之生珠。
> 養珠者，以大蚌浸水盆中，而以蚌質車作圓珠，俟大蚌口開而投之。頻易清水，乘夜置月中，大蚌采玩月華，數月即成真珠，是謂養珠[30]。

　　養珠是將大蚌浸在水盆中，用蚌質作一圓珠，待大蚌張開時趁機投入，使其形成珠胎，之後需要經常更換清水，並放置在月光下，讓大蚌吸收月光，幾個月之後才能形成真珠。由於珠的成形需要吸取月之精華，除生成不易之外，取得也不易，因此極為珍貴。

　　在卷二十三則紀錄了「仙蟹」這有意思的物種，這種蟹產於羅浮阿耨池旁，「形大如錢，色深紅，明瑩如琥珀，大小

30　《廣東新語》卷十五，頁 411-414。

數十，群行見人不畏，以泉水養之，可經數月」[31]，但是一離開這個池子，放入他池則死。而在「蟹」條目中有一種蟹名爲「飛蟹」，「從海面飛躍數尺，以螯爲翼」[32]，螯如何能爲翼？令人備感好奇。雖然作者寥寥數句的紀錄，並不能釋疑，然這奇特的蟹種，實增添吾等對當日的水族風貌有更多的想像。

（三）水族的功能性

沙林斯（Marshall Sahlins）認爲，生產過程是文化結構中一個具連帶關係的面向。「使用價值」比起「交換價值」（金錢多寡）而言並非不具象徵性，因爲「有用性」並不是該物件的性質，而是該物件性質的「意義」，這些實際性質是被賦予文化符碼的[33]。

1.「食物」：美味是判斷水族價值的首要原則

透過書中記載可知，這些水中生物最重要的功能之一，即在於提供人們作爲食物的「基本需求」之用。卷二十二〈鱗語〉之「魚」條目中，作者一開始就說明「廣州地多池塘，所畜者鰱、鱅、鯇、鯪、鯽，皆以魚秧長之。」嶺南地區的經濟發展中，「養魚」與種稻有著重要的地位。在唐懿宗時期段公路撰之《北盧錄》中就記載南海諸郡培育鯉、鯪魚苗

---

31 《廣東新語》卷二十三，頁 585。
32 《廣東新語》卷二十三，頁 574。
33 沙林斯（Marshall Sahlins）著/林明澤譯：〈食物作爲象徵符碼〉，收入吳潛誠總編校：《文化與社會》，台北：立緒出版社，1997年，頁 130。

的情況：「郡人至八九月，於池塘間採魚子著草上者，懸於灶烟上。至二月春雷發時，卻收草漫於池塘間。旬月內如蝦子狀，悉成細魚。」「魚即鯪、鯉之屬，育於池塘間，一年內可供口腹也。」當地人將這些魚苗到市場出售，稱爲「魚種」，書中同時提到端州、新州同樣飼養塘魚，爲重要的農副產品。

在南海有「浮沉之田」的說法，「沉田」指的是養殖蠔與白蜆，在東莞、新安一帶都蠔田，這些都不是真正的田地，田在海水中。將石頭燒紅投入海中蠔會自動生長依附在上面，取石得蠔之後，再次將石燒紅投入海中，一年可以兩投兩取[34]。

屈大均針對水族的飲食功能方面，主要論及這些生物的食用方式、禁忌與療效。在「魚」條目中，鰱、鱅、鯇、鯪、鯽五種養殖魚類中，時人認爲鱅最不美味，食鱅不如吃素[35]。而「鯇魚頭，鯉魚尾，鰱魚之腹甘且旨。」這裡指不同種類的魚，美味的部位不同。其他美味的魚包括〔魚午〕魚狀如鱸，肉鬆少刺味甘；鱲魚似鯽而白，肉柔膩；石冷魚似蝦蟆而黑，倒挂魚鮮食醉人，宜鮓。其他像銀魚適合搭配薑醋，清明時節的香魚最是美味。

大抵而言，即使是巨魚，具備食用價値與不失美味，是最重要的原則。如「潛龍鯊」條記載：

> 南海有巨魚曰潛龍鯊，蓋魚種而龍者也。長五尺，重百斤，其小魚從者數千，至不可網。肉甚甘，諸骨柔

34 《廣東新語》卷二十三，頁 576。
35 《廣東新語》卷二十二，頁 552-556。

脆，惟鱗堅不可食。[36]

潛龍鯊體型巨大，然肉質甘美，連骨頭皆柔脆可食，全身上下只有鱗因為堅硬而無法食用，但這漁業廢棄物卻可加工作為裝飾品，經濟價值甚高。再如「璞蛣」，今稱之「寄居蟹」，書中記載「每多大雪則肥，瑩滑如玉，日映如雲母，味甘以柔，蓋海錯之至珍者。」[37]時人視為極美味之物。

2.「食療」：水族的進階功能與積極作用

中國人極重視食療，在《廣東新語》中也可略窺一二。在療效上，水鯰土鯽，適合病人食用，因為「鯽食之可以實腸，鯰食之可以行氣，故以為美也。」鏡魚，肉厚而細，其刺與骨皆脆美。新安人每以奉客，「味甘以平，食之肥健益氣」。黃白二花，其功補益而味甘。

書中對「河魨」也有詳細的記載：

> 以番禺茭塘所出者為美，自虎頭門至茭塘，六七十里許，其河魨小，色黃而味甘，少毒。與產他縣大而板牙色白者異，其價賤，土人以當園蔬。秋時競為河魨之會，以火燔刺，以沸湯沃涎，浣至再三，雜肥肉烹之，皮骨脫落，斯可食矣。河魨終歲皆有，入秋尤宜多食，益胃煖人，可減一衣。產婦每以為補，其腴在膏，即肝也，俗以為八珍之一云[38]。

上述資料包括品種、料理方式、療效，當時的「河魨」不僅對一般人有益，對產婦而言更是滋補聖品。至於「弔」，

---

36 《廣東新語》卷二十二，頁551。
37 《廣東新語》卷二十三，頁580。
38 《廣東新語》卷二十二，頁554。

產於瓊州海口港中，蛇頭黿身，水宿不棲，可以「治諸腫毒，功同熊膽」[39]。而「白黿」則可以愈痰火症[40]，廣東人視之爲珍貴食材。

3.「占驗」：民間文化行為的思考與展現

除了食用之外，水族在功能性上，其亦具備「占驗」作用。在「珊瑚」條中記載，珊瑚其色善變，可以占災祥。將其製爲圓珠帶在腕上，或製爲髮簪，「其人有福澤，則益紅潤」[41]。在「珠」條目中，記載一則與之相關的傳說：

> 驪龍珠產於歸善之筆架山，歲大比，輒有大光如斗，上下峰間，一出應舉者一人，十出應十人，故其爲士者祝云。今歲舉賢書十人吐十珠[42]。

這裡驪龍珠的出現，是一種祥瑞之兆，這種吉兆每次都應驗。

「暨魚」條目中則記載若暨魚一年出現數次，則當年可能會有流行性疾病。

> 暨魚大者長二丈餘，脊若鋒刃。嘗至南海廟前，謂之來朝，或一年數至，或數十年一至。若來數，則人有疫疾[43]。

至於「龜」也與占卜有關，書中的「龜」條目記載，在文昌北石井中，有紅白二龜，大旱時祈禱，若出現紅龜則有

39　《廣東新語》卷二十三，頁585。
40　同註39。
41　《廣東新語》卷十五，頁417。
42　《廣東新語》卷十五，頁415。
43　《廣東新語》卷二十二，頁550。

雨，出現白龜則否。預知未來以趨利避害，是人類普遍的心理，將水族的活動作爲預知未來、判斷行止，本身並無任何科學根據，也有很大的盲目性。但卜兆占祥這種傳統民間信仰的方式，一方面表現人對於自然的困惑，也體現人期望駕馭未知的渴望，長期以來自然而然成爲一種民間文化行爲的展現，對人們生活產生潛在性的影響。

4.由水族價值產生的反思

　　水中生物的珍貴體現在經濟活動層次上，也會出現反效果。如在「珠」[44]條目中，記載因珍珠之貴重造成的社會問題。

> 古時合浦人以珠易米，珠多而人不重。今天下人無貴賤皆尚珠，數萬金珠，至五羊之市，一夕而售。奸人或以珠池為逋逃藪，與官吏交通。盜珠之人一，而買珠之人千百。產珠之池一隅，而用珠之國極於東西南朔。富者以多珠為榮，貧者以無珠為恥，至有金子不如珠子之語，此風俗之所以日偷也。

　　面對全民蒐集珍珠這種行徑，解決之道就是從上位者開始，不再喜愛這些金玉珠寶，提倡儉樸，才可能導正社會風氣的偏差。因此明正德年間總制林富上疏，請罷採珠。

　　由於採珠本身極有高度的危險性，早在元代張惟寅就曾上書請罷採珠。

> 珠蚌生在數十丈水中，取之必以繩引而縋人而下，氣欲絕，則掣動其繩，舟中人疾引而出，稍遲則七竅流

44　《廣東新語》卷十五，頁 412-413。

> 血而死，或為惡魚所噬。蚌逾百十，得珠僅能一二。
> 乞申罷之，其言與林富相表裡，留心民命者，可不知
> 之？

古代採珠之法，採珠人須用繩索綁妥，垂降至深水中，當時並無氧氣設備，稍有不慎，就可能喪失性命。同時花了眾多人力物力，所得往往不成正比。故此二位官員倡議罷採珍珠，實從物品珍貴所引發貪念與社會問題出發，提出為官者須留心民瘼，同時須以身作則重視品行，提倡廉潔，上行下效，才能有教化作用。

自此吾等可見人與水族之間的互動關係，已由維持生命活動的食物意義和延續生命的療效作用之後，更進一步產生人文自覺，從宗教意義轉而進入人文世界。此時水族成為中介，不僅提示人類行為與事件的因果關聯，透過反思，得以映照人事與道德良知之間的精神氣象。

四、《廣東新語》之水族傳奇式書寫

《廣東新語》中除了許多與日常生活相關之實用性紀錄外，在資料中亦展現許多與水族傳說相關之傳奇式書寫。

（一）魚族的超能力

在「怪魚」條目中提到海上有許多怪魚，大小不一，而這些魚，都有異於常人的能力。

> 有一魚長數十丈，其首有二大孔，噴水上出，遇舶則
> 昂首注水舶中，須臾而滿。亟以鉅甕投之，連吞數甕
> 則逝。有一魚嘴長丈許，有齒刻如鋸，能與力戰而勝，

以救海舶。有魚長二十餘丈，性最良善，或漁人為惡
魚所困，此魚輒為漁人解圍[45]。

引文中的第一種魚不僅體積龐大，長數十丈，復有二孔
可噴水，乍看之下似鯨魚貌，但究其實卻又非鯨魚。這種魚
一遇到船就會將船注滿水，若用大甕投之，此魚還可連吞數
甕無恙之後從容而逝，牠會造成船隻極大的災難，人力幾乎
無法與之相抗。此時第二種魚出現了，這種魚有鋸尺狀長丈
許的長嘴，這是唯一能與第一種怪魚相抗衡的魚，牠能與之
力戰而救船舶。另外還有一種極大的魚，體積也有二十餘丈，
「性最良善」，漁人受到惡魚圍困，這種魚還會為漁人解圍。

此處值得吾等思考的是，魚救船救人的動機為何？為何
要為了船和漁人而與自己的同類對抗？人如何知道魚是否良
善？此處似可推斷當日漁人在海上行船捕魚，往往會遭遇許
多未知的險阻，無論是天候、海象，或是與大魚對峙搏鬥。
在茫茫大海上，人的力量相對渺小，且於明末清初時期船舶
與捕魚器具的發展遠不如今日完備，因此遇到危難時，總期
待有其他的力量來協助，當人力不足以與大魚相抗衡時，最
好的方式就是出現另一條魚與之對抗。我們很難知道，或者
僅是人們的自我想像與期待，會有一種魚能有是非善惡的判
斷，而且是站在人的這一方。於是人以自身和魚的關係，來
為魚或是水族訂出善與惡的價值標準，或許這也可說是再現
人類內心感知，以及表達人類進行海洋活動的文化現象的反
映。

45　《廣東新語》卷二十二，頁 549-550。

（二）海洋的奇異傳說

面對浩淼的大海，人們心中總有許多未知，因而產生許多想像。由於人與水族間往往有許多關聯性產生，因此從文化與文學角度觀之，傳說故事中的「人魚」和「龍」的形象總引起無限的遐思。

1.人魚傳說

在「怪魚」條目中，出現三則「人魚」傳說。

> 大風雨時，有海怪披髮紅面，乘魚往來，乘魚者亦魚也，謂之人魚。人魚雄者為海和尚，雌者為海女，能為舶祟。火長有祝云，毋逢海女，毋見人魚。
>
> 人魚之種族有盧亭者，新安大魚山與南亭竹沒老萬山多有之。其長如人，有牡牝，毛髮焦黃而短，眼睛亦黃，面鸞黑，尾長寸許，見人則驚怖入水，往往隨波飄至，人以為怪，競逐之。有得其牝者，與之婬，不能言語，惟笑而已，久之能著衣食五穀，攜至大魚山，仍沒入水。
>
> 蓋人魚之無害於人者，人魚長六七尺，體髮牡牝亦人，惟背有短鬣微紅，知其為魚。間出沙汭能媚人，舶行遇者，必作法禳厭。海和尚多人首鱉身，足差長無甲[46]。

關於「人魚」形象目前可見最早的資料應出現於《山海經》。《山海經・海內北經》記載「陵魚人面手足魚身，在海中。」又《山海經・海外西經》：「龍魚陵居在其（沃野）北。」

---

46 《廣東新語》卷二十二，頁 549-550。

因此《山海經》可說是人魚形象的濫觴。而「人魚」形象是
經過不同時期、多人多次的創造性勾勒從而得以清晰明朗
化。牠們主要呈現為兩種最基本的面貌，一是人首魚身型，
二是蛻變為人型[47]。

　　在《廣東新語》中出現的三則人魚故事已經具備完整的
故事結構，首先是人魚可以乘魚往來，有雌雄之別，身長六
七尺，能著衣食五穀，船舶行船時遇見人魚，容易招致災禍，
同時人魚能「媚人」，但不會害人，出海前需要進行作法「禳
厭」[48]以避禍。這三則傳說具備了豐富的敘事性，也具有文
學性，故事生動傳神。其中「短鬣微紅，知其為魚。間出沙
汭能媚人」，以及「見人則驚怖入水」、「有得其牝者，與之婬，
不能言語，惟笑而已」等敘述，實近於《說郛》卷一一八的
人魚故事：

> 待制查道，奉使高麗，晚泊一山而止。望見沙中有一
> 婦人，紅裳雙袒，髻髮紛亂，肘後為有紅鬣。查命水
> 工以篙扶于水中，勿令傷。婦人得水，傴仰復身，望
> 查拜手，感戀而沒。水工曰：「某在海上未省見此，何
> 物？」查曰：「此人魚也。能與人奸處，水族人性也。」

　　由上述故事足見傳說故事的流傳、繼承與發展，《廣東新

47　見倪濃水：〈中國古代海洋小說中「人魚」敘事的歷史變遷和文
　　化蘊涵〉，《中國海洋大學學報》（社會科學版），2008 年第 2 期，
　　頁 65-68。
48　漁民水上作業風險較大，因此禳鎮術成為漁民常有的信仰行
　　為。漁事禳鎮包括遇避、裝畫、設鎮等方式。其中所謂「遇避」，
　　即水上遇到凶險敵害，即用言辭或行動加以禳解避退。見陶思
　　炎：《中國魚文化》（北京：中國華僑出版社，1990 年），頁 46-48。

語》中的人魚，雖然有男女之別，但究其敘述仍較傾向女性
特質。

2.龍與蜃氣

「龍」在中國文化傳統中，具備豐富的意涵，研究者討
論的重心多集中在考古、文化、宗教、藝術等層面[49]。古人
論四靈之特色為：「麟體信厚，鳳知治亂，龜兆吉凶，龍能變
化，故謂之四靈。」[50]龍的含義基本上有三：一是人神通天
的助手、二是影響雲雨河澤的神獸、三是顯示吉祥災變的靈
物[51]。而學者黃奕珍認為在文學作品中如杜甫詩作，則多著
意於「龍」的兩個特質：力量與變化[52]。

《廣東新語》卷二十二〈鱗語〉，計與「龍」相關者共有
「龍」、「石龍」、「金龍」、「土龍」、「蜃氣」[53]等條目。首先，
傳說中新安有龍穴州，人與龍有機會可以相望而且不畏：

> 新安有龍穴洲，每風雨即有龍起，去地不數丈，朱鬣
> 金鱗，兩目燁燁如電，人與龍相視久之弗畏也。

然而，人見龍真可不畏？由於龍的形象特殊，同時又具備
上天入地的神奇能力，因此構成先民的敬畏與崇拜。為了避免
入水招致災禍，採珠人衣服上都繡有龍子圖樣，「使龍以為己

---

49 見劉志雄、楊靜榮：《龍與中國文化》（北京：人民出版社，1992
　　年）。
50 沈嘯寰、王星賢點校：《禮記集解》（北京：中華書局，1989 年），
　　卷 22，頁 614。
51 劉志雄、楊靜榮：《龍與中國文化》，頁 116-130。
52 見黃奕珍：〈杜甫寫龍能變化〉，《象徵與家國 ── 杜甫論文新集》
　　（台北：唐山出版社，2010 年），頁 44。
53 《廣東新語》卷二十二，頁 545-549。

類不吞噬」，加強自我信心。正因敬畏與崇拜心理，亦引發其好奇與想像，特別是自然界中特殊的現象容易引發人民的恐懼，特別是在廣闊的海上，這些現象的發生遂被附會與龍有關。

> 海中苦龍氣，每龍氣過，輒噓吸舟船人物而去，置之他所，然舟船人物亦無恙也。舵師知龍起，但擂金鼓，或焚鬻殼諸臭物，或灑青礬卻之。

> 海濱多高樓，樓角獸頭，每為龍氣所掣，置兵器其上亦止，以龍性畏鐵，鐵辛，為目害故也。

引文中的「龍氣」似為龍捲風，因為「每龍氣過，輒噓吸舟船人物而去，置之他所」，但「舟船人物亦無恙也」則不盡然如此。相應驅龍的方式，包括擂金鼓、焚鬻殼諸臭物、灑青礬等，或置兵器於高樓上。但「龍」條目最後亦記載：「龍聽以角，為之聾蟲，故善驚。」這裡出現矛盾，如果是聾蟲，聽不見如何受聲音的驚嚇？舵師擂金鼓的效用，應該也非常低吧。

而與自然界產生巨大能量的雷電，往往也被民眾與龍附會而論之。

> 嘗有人小遺潭中（龍潭），菴僧見之，使之蒲伏土上。俄有白氣千百道，從谷中起，迅雷乘風雨如注，海上舟船已破溺無數矣，人必蒲伏土上乃免。若在木石之間，必為龍所掣矣。

> 又有人戲投巨石巖中，巨石左右砰擊，久而不下，龍驚以為雷也。即時白氣四起，雨點如盤盂，蓋龍與雷同類。

> 新興有天露山，其頂有潭，歲旱，以石投之，聲震如

> 雷即雨。又有井干湖，其深莫測，歲旱，以土掊擊之
> 亦有雨，蓋亦驚龍之意。

王充在《論衡・龍虛篇》云：「見雷電發時，龍隨而起；當雷電擊樹木之時，龍適與雷電聚在樹木之側，雷電去，龍隨而上，故謂從樹木中升天也。」此種概念自東漢以降就在民間廣為流傳，民間對龍的認知持續至清代依然沒有改變。因此傳說當龍氣起時，人們必須匍伏或趴在地上，才能得以保全性命，不被龍類所侵擾。

再者，在古人的觀念中，龍是一種能影響雲雨流佈的神獸，於是龍成為祈雨的主角[54]。在「金龍」、「土龍」條目中，提到每遇旱災，民間就必須祭龍求雨，結果也往往靈驗。而廣東地區民眾遇到旱災，就舉行雩祭請雨，屈大均在書中紀錄了儀式進行的過程。

> 以土為龍，身皆黑而尾白，長九尺，使丈夫八人，小
> 兒八人，皆衣黑衣，丈夫舁龍，小兒謹呼曰，烏龍頭，
> 白龍尾，小童求雨天公喜。自北而南，又自南而北，
> 乃歸于社息焉。

此儀式須要男子和小兒各八人，身著黑衣，男子須將土龍抬起，小兒則口誦祈雨謠，由北而南，再由南而北繞，居民所居之地一圈儀式才算完成。

至於最特殊者，要屬吐氣成景的蛟蜃。在東莞合蘭海一帶，海水漩洄黝黑，是三江匯流的地方，這裡有龍窟。

> 嘗有積氣如黛，或如白霧，鼓舞吹噓，倏忽萬化。其

---

54 見劉志雄、楊靜榮：《龍與中國文化》，頁 245。

> 為城闕樓臺塔廟諸狀，人物車騎，錯出於層峰疊巘之
> 間，尤極壯麗，舟行其中弗見也。自外望之，變幻斯
> 見，即之輒遠，離之復近，雖大風雨不能滅。

「海市蜃樓」是一種大氣光學現象，通常發生在海濱，自古以來，人們對於這種自然界的奇景產生極大的興趣，也有諸多的想像，司馬遷在《史記》卷 27〈天官書〉就有「海旁蜃氣象樓臺」的描述，也由於海市蜃樓經常出現許多奇異的景象，且隨著光線和水氣的干擾而飄忽變幻，引人遐思。據屈大均記載，蜃樓主要展現其外在型態，他認爲這種景象乃蜃龍吐氣而成，而蜃氣亦可有災祥示警作用，「或如旌旗戈甲，則兆其地有兵革，如倉廩，則兆其地豐登，居人每候之以知災祥。歲正月初三四五日必一見，不見，則以爲怪。」而王士禎曾比較過全國各海區的蜃景呈現時間，得出「登見以四、五月，廣見以正月」的結論[55]。當蜃氣出現時，所形成的景象「大抵爲舟船多，爲樓臺者少」。

蘇軾任登州太守時，即曾見到海市蜃樓，因而寫下〈登州海市〉[56]一詩，對於海市蜃樓的奇幻景象，有極爲寫實深刻並兼備豐富想像的敘述。其詩云：

> 東方雲海空復空，群仙出沒空明中。蕩搖浮世生萬象，
> 豈有貝闕藏珠宮。
>
> 心知所見皆幻影，敢以耳目煩神工。歲寒水冷天地閉，

---

55 見王賽時：《山東海疆文化研究》（濟南：齊魯書社，2006 年），頁 238。

56 見蘇軾：〈登州海市并敘〉，《蘇軾詩集》（北京：中華書局，1982年）卷二十六，頁 1387-1389。

為我起蟄鞭魚龍。

重樓翠阜出霜曉，異事驚倒百歲翁。人間所得容力取，
世外無物誰為雄。

率然有請不我拒，信我人厄非天窮。潮陽太守南遷歸，
喜見石廩堆祝融。

自言正直動山鬼，豈知造物哀龍鍾。伸眉一笑豈易得，
神之報汝亦已豐。

斜陽萬里孤鳥沒，但見碧海磨青銅。新詩綺語亦安用，
相與變滅隨東風。

蜃樓隱現，並非人亦所能操縱，有幸目睹者極少。屈氏
敘述蜃氣與海市不同，此處也羅列「海市」的特點，以與蜃
氣做比較，故云，「蓋南海蜃氣，有氣而無聲，海市有聲而無
氣，以此為別。」

海市多見於靖康場，當晦夜，海光忽生，水面盡赤，
有無數燈火往來。螺女鮫人之屬，喧喧笑語，聞賣珠、
鬻錦、數錢、量米麥聲，至曉方止，則海市也。或曰，
海上有珊瑚之市，在虎頭門西，蓋即海市。或曰，其
地固有沉洲，每月出輒有鬼物就海中為市，所謂沉洲
夜市也。

縱觀屈大均對「龍」相關條目的敘寫內容，「力量」與「變
化」同樣也是其中重要的特徵，可見在文學創作過程中，毋
論文類，對「龍」題材的認知與掌握實有其共性與共識。

（三）水族的化生意涵

「化生」是神話傳說和民間故事中最常見的類型，在《廣

東新語》中屢屢出現水族與其他物種互化的傳說。以下分別敘述之。

1.黃雀魚

在「黃雀魚」條目中，屈大均提到黃雀魚多產於惠州：

> 黃雀魚八月化為黃雀，十月後復化為魚，魚與黃雀迭相化也。其始為魚而終為黃雀耶？抑始為黃雀而終為魚也。魚與黃雀，化於何始於何終？他魚不化，而黃雀魚獨化，其必有故矣[57]。

黃雀和魚之間的變化，中間必有一種轉化的機制。《搜神記》卷十二〈五氣變化〉條有云：「千歲之雉，入海為蜃；百年之雀，入海為蛤；千歲龜黿，能與人語；千歲之狐，起為美女；千歲之蛇，斷而復續；百年之鼠，而能相卜：數之至也。春分之日，鷹變為鳩；秋分之日，鳩變為鷹：時之化也。」[58]這裡有兩個問題點，一為年壽長久，就有化為精怪的可能，其變化可以不同物種之間產生互化，如獸化為人。但為何年歲一久便會化為精怪？其出入時空的機轉，文中並沒有交代。而人如何在渾沌茫昧中識知到宇宙秩序的運作，並依此建立人類的文明，是原始神話注意的中心，學者龔鵬程稱之為「渾沌中秩序的建構」[59]。事實上，精怪幻想常以宇宙天地秩序為基幹，因此鷹鳩之間的互化，導因於時序的變化，

---

57 《廣東新語》卷二十二，頁 551-552。

58 見王根林等點校：《漢魏六朝筆記小說大觀》（上海：上海古籍出版社，1999 年），頁 369。

59 見龔鵬程：〈幻想與神話的世界 —— 人文創設與自然秩序〉，收入蔡英俊主編：《中國文化新論・文學篇一・抒情的境界》（台北：聯經出版事業公司，1982 年），頁 323。

那麼黃雀和魚這種鳥魚互化機制的發生，自然也在於物候的變化。物種之間雖有型體的差異，但因同樣有其生息的規律[60]，因此容易被人所感知。

然而，如果物種之間的轉化能夠按規則進行，順利無礙的互化是最理想的情況，但事情往往有許多意外的狀況。

> 交州記云，南海有黃魚，九月變為鶉，鶉，黃雀也，魚本黃魚而曰黃雀魚，黃魚本於黃雀，故曰黃雀魚，聞其名則知其為黃雀所化矣。然則黃雀先而魚後矣，然黃魚以黃雀為始，而黃雀不已黃魚終，則又何也？有秋風鳥，產雷州，亦魚之所化，化必以八月望前五日，從風而起，自南至北，中秋後則無之，故曰秋風鳥。

> 有海鰌者亦能化，歲二八月群至沙洲，移時化而為鳥，是曰火鳩。海人譟而驚之，化者十五，鱗鬐不開者不全化矣。食之自秋至冬，瀕海皆足，有以為饍者，發之，鳥首而魚身者二。客愀然曰，是欲化而不可得者也，無乃人離造化之情耶。尚忍食哉？命棄之。

秋風鳥和黃雀魚皆為魚所化，其變化皆有時序為依據，而海鰌則在二八月化為鳥，名為火鳩。黃魚以黃雀為始，而黃雀不已黃魚終的原因為何？藉由海鰌變化的情況可以做一解釋。當海鰌在進行物種變化過程中，因為受到週邊人們鼓

---

60 魚鳥的並出相親是生育繁衍的表徵，代表生命的延續與運動，因此鳥魚合化的信仰變為魚鳥互化的認識是自然的結果，魚化物也體現萬物有靈信仰的痕跡。見陶思炎：《中國魚文化》，頁72-73。

譟聲響干擾，能夠完全互化成功者約一半。而時序由秋入冬，當時有人發現有兩隻鳥首魚身者，而客表情嚴肅地認為，會形成這樣奇怪的形狀，肇因於變化不完全之故。

　　事實上物種在變化的狀態時，是不應該被騷擾的，自然萬物皆有其自然化育之道，這何嘗不是一種樂土的象徵？然而人的貪欲往往干擾了下層生物的化育，人類一面恣意選擇重新配置秩序規則，一面卻又希望回歸自然，展現追慕自然秩序的渴望。籠罩在如此的矛盾下，在這條目中，屈大均記載的是黃雀魚，然而行文中展現對生命的尊重，面對變化不全的生命，反而展現悲憫哀憐之心，一反多數僅想滿足口腹之欲者的行徑，若以今日眼光視之，何嘗不是一種進步的環保意識之省思？

2.鼠鮎烏賊

　　在卷二十二中，有則變化的故事非常有意思。在「鼠鮎烏賊」條目中記載，有鮎者，產于南海，每次都在沙灘上裝成離水而死的狀態騙老鼠。老鼠看到這種場景，走過去正準備要吃時，一不注意就被捲入水中，反而失去性命。另外，烏賊也用同樣的方法，浮在水上讓烏鴉以為烏賊已死，一過去想啄，反而也被捲入水裡。屈大均云：

> （鼠鮎與烏賊）二魚皆性點，為鼠與烏之賊。以高而
> 為下者所食，亦可以為貪而下求者之戒。或曰烏賊魚
> 相傳烏所化，烏所化還食烏，故曰烏賊。烏不賊烏，
> 化魚乃以賊烏，魚樂而烏苦矣[61]

---

61 《廣東新語》卷二十二，頁 552。

　　烏賊魚相傳烏所化，這也是魚烏互化的類型，然而有意思的是，作者紀錄這則故事充滿戲謔與諷刺之意，烏化爲烏賊魚結果反爲烏賊魚捲入水中，照理講物種互化後應不會成爲天敵才對，然而這則故事反而有一種烏賊與鮎者成爲勝利者之姿，因此作者最後言「魚樂而烏苦矣」。同時若按照常理思考，老鼠和烏鳥行動甚迅速，卻反而成爲受害者，因此屈大均認爲這是給「貪而下求者」的一種警惕。

3.鯊虎

　　在物種變化的故事中，鯊魚可變爲老虎。在「鯊虎」條目中記載，南海多鯊魚，其中有種鯊魚能化爲虎，牠的特徵爲「虎頭鱉足，有黑紋，巨者二百餘觔」，暮春時會到海山之麓，「旬日化爲虎，爲四足難化，經月乃成。」真正的虎與鯊魚變化成的老虎還是可以分辨，「凡炳炳成章者，虎之虎也。紋直而疏且長者，鯊之虎者。有見鯊之虎者，但擊其足則斃之。」[62]

　　諸如鱷魚亦可化爲虎，「鱷魚一名忽雷，秋時亦多化虎而三爪。」鯊魚是海中最兇猛的生物，老虎、鱷魚則是陸地上猛獸的代表，鯊魚和鱷魚變化成虎的辨別方式不難，二者分辨關鍵皆在身上的花紋和爪子。然而屈大均要談的是水族化爲獸，雖可怕但猶不足爲懼，他認爲「南海之虎類多矣，鯊與鱷之所化者，人猶能識之，人之所化者，未知何狀。或曰，今之世未見有人如牛哀之化虎者也，止見有虎之化人耳。噫。」最後仍是充滿諷刺意味，若回溯屈大均的生平與經歷，有虎

62　《廣東新語》卷二十二，頁 566。

之化人，或許亦是隱喻諷刺當日清廷對明遺民的迫害吧。

五、結　論

> 水鷺看人醉，風花逐客狂。蟹嫌雙跪少，鱸愛四腮香。
>
> 無用惟才筆，多情是酒郎。六旬猶處子，華首勝紅裝。
>
> 屈大均〈江邊獨酌有作〉[63]

　　《廣東新語》作者屈大均才氣橫溢，其詩尤享盛名。前引五律爲其晚年所作，在長期懷抱復明之志仍不可爲時，歸隱家鄉著書立說，日日得以把酒吃蟹享用美味魚鮮，感受生活的恬淡自得，然詩中仍透露出微微的惆悵之感。

　　《廣東新語》的內容包羅萬象，實與廣東民眾日常生活息息相關。屬於日常生活層次之事物，一般而言不會有太多的記載，正因爲常見，反而不會積極紀錄與重視。時至今日，其中有些物種當然繼續存在，有些則業已消失，此書首要價值就是保存紀錄這些乍看之下稀鬆平常的水中生物，使後人得見廣東地區當日的水族風貌，和時人對這些水族的認識與面對的態度。

　　對於《廣東新語》中的水族風貌，吾等可見書中羅列之水族超過百種，除了一般見之水中生物外，對於特殊物種的外貌型態與習性，作者詳細描寫之外，包括會飛的蟹，實引發讀者無限的神往。在水族的功能性方面，除了作爲食物的用途外，水族同時具備療效與占驗功能。值得吾等注意者，在於水中珍寶的價值意義往往在社會上產生負面作用，導致

63　見屈大均：〈翁山詩外〉卷七，歐初、王貴忱主編：《屈大均全集》（北京：人民文學出版社，1996 年），頁 527。

社會問題層出不窮，正本清源之道在於居上位者崇尚儉樸，
才可能端正社會風氣。

　　針對水族的傳奇式書寫，《廣東新語》中有許多傳說故事
非常生動，無論是具有超能力的魚族，或是延續傳統之人魚
故事和龍傳說，皆展現出文化意涵的傳承與發展，同時兼具
廣東地區的地方色彩。至於水族化生的傳說，經由時空的轉
換，不同物種彼此可以越界幻化，無論是鳥魚互化，或是烏
與烏賊的較勁，還是鯊虎、鱷虎乃至於對人虎的隱喻，除了
展現人與自然物種間的平等相待之外，也體現進步的環保意
識，人不應該屢屢干擾自然界運行的規則。同時在化生故事
中，吾等雖可以透過物種變化寄託理想，但無疑地有更多對
人事的關懷蘊含其中，一方面展現人們企求的生活理想，一
方面也藉以傳遞個人對事物的態度理念。故透過此書的豐富
性內容與多樣性的水族風貌，足見此書的價值意義，同時其
亦高度展現作者的識見與學養。

<h2 style="text-align:center">◎附錄：《廣東新語》紀錄之水族一覽表</h2>

編號/卷次	名稱/種類	產地	特徵	相關傳說	備註
1.（448）/卷十五貨語	貝	海砂中	1.磨盪既久，肌理滑瑩，皆做五色光怪。 2.（貝）淘汰日久，光采陸離，可以鑑照眉須，不減水碧金膏也。 3.海中可得貝類（三百餘）、贏類（五百餘）、蛤類		

			（二百餘）。其最精麗纖巧，如相思子、甲香、指甲蠃、石蠃、石蟹、石燕、硨磲、璚瑂等六十餘種。4.黑夜海中生火，蠃蜆之屬，一一負火行。陰火生於海中，為鱗介之文。	
2.（613）/卷二十二鱗語	龍	南海	1.新安有龍穴洲，每風雨即有龍起，去地不數丈，朱鬣金鱗，兩目燁燁如電，人與龍相視久之弗畏也。2.其精華在浮沫，是為龍涎。或謂龍涎者，多積於海上枯木，如鳥遺狀，其色青黎，其薌腥，雜百和焚之，翠煙千結，蜿蜒蟠空，經時不散，可以剪分香縷，然多不真。從番舶來者，出大秦、波斯，於雨中焚之，煏爆有聲則為真。蓋龍本純陽之精，故其氣絕香；又龍屬木，木之氣得太陽多者必香，故諸香以龍涎為最。3.海中苦龍氣，每	1.古時入水采珠貝者，皆繡身面為龍子，使龍以為己類不吞噬。2.嘗有人小遺潭中（龍潭），菴僧見之，使之蒲伏土上。俄有白氣千百道，從谷中起，迅雷乘風雨如注，海上舟船已破溺無數矣，人必蒲伏土上乃免。若在木石之間，必為龍所掣矣。4.又有人戲投巨石巖中，巨石左右砰擊，久而不下，龍驚以為雷也。即時白氣四起，雨點如盤盂，蓋龍與雷同類。5.新興有天露山，其頂有潭，歲旱，以石投之，聲震如雷即雨。又有井干	

			龍氣過，輒噓吸舟船人物而去，置之他所，然舟船人物亦無恙也。舵師知龍起，但擂金鼓，或焚鬻殼諸臭物，或灑青礬卻之。 4.海濱多高樓，樓角獸頭，每爲龍氣所擊，置兵器其上亦止，以龍性畏鐵，鐵辛，爲目害故也。 5.羅浮多龍潭。 6.龍聽以角，爲之聾蟲，故善驚。	湖，其深莫測，歲旱，以土掊擊之亦有雨，蓋亦驚龍之意。	
3.（614）/卷二十二鱗語	石龍	化州江中	身多竅穴，每爲風潮所激，則噴沙如雪，霏霏滿空。	有探其尾于急湍之下者，皆得古錢。或爲五銖，或爲開元，或古或近，或缺或全，紫碧交錯，青黃雜植，其爲數，歉不八九，盈不二十，雖百十人，各有所給。	
4.（615）/卷二十二鱗語	金龍	井		1.晉時有潘茂名真人者，以金鑄五龍納井中，自永嘉至今，每遇旱，高涼太守出五金龍祭之，雨立至。或謂金龍者，丹砂所成，然非能爲雨也，爲雨者祭金龍者也，然亦靈異。	祈雨作用。

			2.萬曆間，有太守嘗竊其一，行至中途，金龍飛入于水，今止存四。然大旱時，汲龍湫之水以禱亦得雨，不必定出金龍云。	
5.（616）/卷二十二鱗語	土龍		廣人亢旱，以水日雩祭于社而請雨。以土爲龍，身皆黑而尾白，長九尺，使丈夫八人，小兒八人，皆衣黑衣，丈夫舁龍，小兒謹呼曰，烏龍頭，白龍尾，小童求雨天公喜。自北而南，又自南而北，乃歸于社息焉。	
6.（617）/卷二十二鱗語	蜃氣	東莞合蘭海有龍窟	1.嘗有積氣如黛，或如白霧，鼓舞吹噓，倏忽萬化。其爲城闕樓臺塔廟諸狀，人物車騎，錯出於層峰疊巘之間，尤極壯麗，舟行其中弗見也。自外望之，變幻斯見，即之輒遠，離之復近，雖大風雨不能滅。2.或如旌旗戈甲，則兆其地有兵革，如倉廩，則兆其地豐登，居人每候之以知災祥。歲	1.海市多見於靖康場，當晦夜，海光忽生，水面盡赤，有無數燈火往來。螺女鮫人之屬，喧喧笑語，聞賣珠、鬻錦、數錢、量米麥聲，至曉方止，則海市也。2.或曰，海上有珊瑚之市，在虎頭門西，蓋即海市。3.或曰，其地固有沉洲，每月出輒有鬼物就海中爲市，所謂沉洲夜市

			正月初三四五日必一見，不見，則以爲怪，此蜃氣也。	也。
			3.蜃者千歲之雉所化，其爲物最神。蜃，龍類也。	4.靖康海市又與青州不同，靖康海市見於夜，青州見於晝。
			4.然蜃氣之起，大抵爲舟船多，爲樓臺者少，蜃氣多象舟船，亦南夷之氣所雜爲變怪也。蜃亦龍屬，故其氣與龍皆當春而發，至秋而收也。	5.番禺雜記云，海邊有鬼市，半夜而合，雞鳴而散，人從之多得異物，殆所謂狼〔月荒〕之民也。水經注，狼〔月荒〕之民，冥夜爲市，以鼻嗅金，即知美惡是也。
			5.蜃氣與海市不同。蓋南海蜃氣，有氣而無聲，海市有聲而無氣，以此爲別。	
7.（618）/卷二十二鱗語	海鰍	海上	1.海鰍晝噴水，爲潮爲汐，夜噴火，海面盡赤。海鰍非有意於吞舟也，其氣呼吸所致也，有海龍翁者，大如屋宇，亦知風。	
			2.海鰌長數百里或千里，穴居海底，入穴則海水爲潮，出穴則水潮退，其出入有節，故潮水有期，是名潮魚。	
8.（619）/卷二十二鱗語	怪魚		海上多怪魚，大小不一，開洋時，隨風鼓舞，往往飛入	1.有一魚長數十丈，其首有二大孔，噴水上出，遇

| | | | | 舶中，人不敢取。 | 舶則昂首注水舶中，須臾而滿。巫以鉅甕投之，連吞數甕則逝。有一魚嘴長丈許，有齟刻如鋸，能與力戰而勝，以救海舶。
2.有魚長二十餘丈，性最良善，或漁人為惡魚所困，此魚輒為漁人解圍。
3.大風雨食，有海怪披髮紅面，乘魚往來，乘魚者亦魚也，謂之人魚。人魚雄者為海和尚，雌者為海女，能為舶祟。
4.人魚之種族有盧亭者，新安大魚山與南亭竹沒老萬山多有之。其長如人，有牡牝，毛髮焦黃而短，眼睛亦黃，面黧黑，尾長寸許，見人則驚怖入水，往往隨波飄至，人以為怪，競逐之。有得其牝者，與之姪，不能言語，惟笑而已，久之能著衣食五穀，攜至大魚山，仍沒入水。
5.蓋人魚之無害魚人者，人魚長六七 |

					尺，體髮牡牝亦人，惟背有短鬣微紅，知其爲魚。間出沙汭能媚人，舶行遇者，必作法禳厭。海和尙多人首鱉身，足差長無甲。	
9.（620）/卷二十二鱗語	鱀魚	南海	1.大者長二丈餘，脊若鋒刃。嘗至南海廟前，謂之來朝，或一年數至，或數十年一至。若來數，則人有疫疾。 2.志稱南海歲有風魚之災，風，颶風，魚謂鱀魚也。有烏白二種，來輒有風，故又曰風魚。			占驗作用。
10（621）/卷二十二鱗語	潛龍鯊	南海	肉甚甘，諸骨柔脆，惟鱗堅不可食。			水族的食用價值。
11（622）/卷二十二鱗語	黃雀魚	惠州	黃雀魚八月化爲黃雀，十月後復化爲魚，魚與黃雀迭相化也。	1.交州記云，南海有黃魚，九月變爲鶉，鶉，黃雀也，魚本黃魚而曰黃雀魚，黃魚本於黃雀，故曰黃雀魚，聞其名則知其爲黃雀所化矣。然則黃雀先而魚後矣，然黃魚以黃雀爲始，而黃雀不以黃魚終，則又何		物種變化。

				也？ 2.有秋風鳥，亦魚之所化，化必以八月望前五日，從風而起，自南至北，中秋後則無之，故曰秋風鳥。 3.有海鰡者亦能化，歲二八月群至沙洲，移時化而爲鳥，是曰火鳩。海人譟而驚之，化者十五，鱗鬣不開者不全化矣。食之自秋至冬，瀕海皆足，有以爲饒者，發之，鳥首而魚身者二。客愀然曰，是欲化而不可得者也，無乃人離造化之情耶。尙忍食哉？命棄之。	
12（623）/卷二十二鱗語	鼠鮎烏賊	南海	鼠鮎與烏賊二魚性黠，爲鼠與烏之賊。以高而爲下者所食，亦可以爲貪而下求者之戒。烏不賊烏，化魚乃以賊烏，魚樂而烏苦矣。	烏賊魚相傳烏所化，烏所化還食烏，故曰烏賊。	物種變化。
13（624）/卷二十二鱗語	魚	池塘	1.廣州池塘多畜鰱、鱅、鯇、鯪、鯽。 2.鱅，不美。 3.鯇魚頭，鯉魚尾，鰱魚之腹甘且旨。		1、水族的食用價值，海魚勝過

| | | | 4.水軤土鯽，病人宜食。鯽食之可以實腸，軤食之可以行氣，鯽手而軤行，故以爲美也。5.黃白二花，其功補益而味甘，故美。6.貼沙一名版魚，亦曰左鮃，即比目魚也，一名鰈，一邊青綠一邊白，一目在青綠邊，亦有兩目合而爲一者。7.河魨以番禺菱塘所出者爲美，色黃而味甘，少毒。入秋尤宜多食，益胃煖人，可減一衣。產婦每以爲補，其腴在膏，即肝也，俗以爲八珍之一也。8.【魚午】魚狀如鱸，肉鬆少刺味甘。9.鱘魚以春時出浮陽，見日則眩，一曰鱘龍魚，魚之至貴者也。10.鮎魚以灘瀨中者爲美。11.鏡魚，肉厚而細，一脊之外，其刺與骨皆脆美。新安人每以奉客，味 | | 池魚。2、水族具備的療效。 |

| | | | 甘以平，食之肥健益氣。
12.鯊有犁頭鯊、劍鯊、斑點鯊、虎鹿鋸鯊，背鬣而腹翅。一名潮鯉，腹中有兩洞，以貯水養子，子必二，皆從胎生，朝出口，暮則入臍，其肉淡而鬆，以翅作銀絲菜稱珍品。
13.蠟魚似鯽而白，肉柔膩。
14.〔魚居〕魚一名狼藉，與〔魚昔〕、鰻二魚皆惠州出，脊骨美滑宜羹。
15.龜魚如小兒臂大，有腹無口，其足三十如筓簪。
16.章魚足有八，一名章舉。
17.石冷魚似蝦蟆而黑，倒挂魚鮮食醉人，宜鮓。
18.鳳尾魚一名馬鱭，其子宜醢。
19.葵鯉圓如葵扇。
（以上皆魚之美者大率出於海者十之七，出於江者十之三，然皆美於池塘者。）
20.其最微細而美 | | |

			者，曰鱠魚，狀似初化魚苗，宜乾之，食以薑醋，曰銀魚。 21.出於清明節者尤美，曰鷥毛魚。其氣味絕香，一曰香魚。 22.金魚，分鯉、鯽二種，蝦尾和芙蓉尾二種則魚之可玩者也。		
14（625）/卷二十二鱗語	魚花（魚苗）	西江	魚花以土鈴、〔魚廉〕、〔魚崇〕、草魚（鰻）等四種爲正。價則〔魚廉〕、〔魚崇〕貴，以易長而不費草也。		魚苗的經濟價值
15（626）/卷二十二鱗語	魚生		1.粵俗嗜魚生。 2.以鱸、以鯁、以鱠白、以黃魚、以青鱓、以雪鈴、以鯇爲上。 3.鯇又以白鯇爲上，以初出水潑剌者，去其皮劍，洗其血鮭，細劊之爲片。紅肌白理，輕可吹起，薄如蟬翼，兩兩相比，沃以老膠，和以椒芷，入口冰融，至甘旨矣。		1、水族的用食價值。 2、水族食用的方式。
16（628）/卷二十二鱗語	鱔（包括鰻鱺、金絲鰻		鱔屬水滋陰，故患痰火者宜食之。		水族具的療備

	鱅、白鱔、黃鱔、藤鱮、泥鰍、溫魚）				效。
17（629）/卷二十二鱗語	養魚種	九江鄉	魚苗又名魚花，亦曰魚秧。		
18（630）/卷二十二鱗語	魚牌（魚苗）		每阜分上中下，納稅于府，名曰魚牌。		納稅。
19（631）/卷二十二鱗語	龍蝦		巨者重七八斤，頭大徑尺，狀如龍，采色鮮燿，有兩大鬚如指，長三四尺，其肉味甜。		水族的食用價值。
20（632）/卷二十二鱗語	鯊虎	南海	1.南海多鯊魚，虎頭鼈足，有黑紋，巨者二百餘觔。2.有虎皮、白皮、料影三種。	1.（鯊魚）嘗以暮春至海山之麓，旬日化爲虎，爲四足難化，經月乃成。2.紋直而疏且長者，鯊之虎者，但擊其足則鼈之。3.鱷魚一名忽雷，秋時亦多化虎而三爪。4.南海之虎類多矣，鯊與鱷之所化者，人猶能識之，人之所化者，未知何狀。或曰，今之世未見有人如牛哀之化虎者也，止見有虎之化人耳。噫。	物種變化。
22（635）	飛魚	南海	1.文鰩夜飛而觸		水族

/卷二十二鱗語			綸。 2.飛魚有兩翅，飛疾如鳥。觸綸有光射潮，夜見漁火，爭投船上。烹之味甚美。		的食用價值。
23（636）/卷二十二鱗語	似嘉魚	四會烏龍潭	柔鱗肥甲如水晶，土人謂之似嘉魚，其味如鱘。其魚多野生，德慶之嘉魚，其種至此而變未可知。		水族的食用價值。
24（637）/卷二十二鱗語	鱘魚	順德甘竹灘、南海海目山	鱘魚美而甘，魚生以鱘魚為美，他魚次之。	相傳鱘乃鱘白所變，在海為鱘白，在江為鱘。鱘白於春，鱘於夏，其味皆美。	水族的食用價值。
25（638）/卷二十三介語	鱟	海中	1.鱟大者尺餘，如覆箕，其甲瑩滑而青綠。 2.眼在背，口藏在腹，其頭蜈蜋而足蟹，足蟹而多其四，尾三稜，長一二尺，其血碧。 3.其子如粒珠，出而為鱟者僅二，餘多為蟹為（虫寧）蝦麻蝦及諸魚類。鹹水之魚，多生於鱟，鱟乃諸魚蝦之母也。 4.鱟者候也，善候風，諸水族亦候之而出，故曰鱟。 5.性喜群遊，雌常負雄於背。背有骨	1.昌黎有〈詠鱟詩〉、〈詠蒲魚詩〉（蒲魚者鱄也），鱟魚與蒲魚與眾魚異，昌黎並言之。又〈南食詩〉中一曰鱟，二曰蠔，三曰蒲魚，四曰蛤，五曰章舉，六曰馬甲柱，詩曰「南食驚且怪」、「南烹多怪味」。 2.漁者殺（鱟）而賣之，中有清水二升許，不肯棄，云以其水同煮，味乃美。非水也，血也，以色碧，故不知其為血也。	水族的食用價值。

| | | | 如扇，做兩截，常張以爲帆，乘風而行，雌雄相積，雖遇驚濤不解，名曰蟹帆。
6.漁者持其雄則雌者不去，如持其雌則雄者去矣，然失雄亦不能獨活，故曰蟹媚。
7.取之多以夜。
8.蟹蟹之屬，緣行沙潬，亦一一有火花。水鹹成火，漁者每拾一火，則得一蟹蟹之屬。蓋海族多生於鹹，鹹，火之渣滓也，海族得水之清虛者十之三四，得火之渣滓者十之五六。介之類屬離，離爲火，蟹蟹者火之渣滓所生者也。
11.蟹，雌大而雄小，雌稍大，常負其雄。得其雙者乃可食，單者及身小名鬼蟹者，與尾有鋸刺者，不可食。 | | |
| 26（639）/卷二十三介語 | 珠鱉 | 高州海中 | 1.其背隆起者有珠，珠或從口吐出。
2. 珠鱉三足，有珠百碧，或云六足。
3. 味甚美。 | 伊尹云，魚之美者醴水之魚，名曰朱鱉。 | 水族的食用價值。 |

27（640）/卷二十三介語	玳瑁，一作瑇瑁龜，又名瑇瑁。	廉、瓊州	1.夜伏沙汀，注目上視，與月爭光月之精華因入焉，而為文介。比曉，其介文采益鮮明，因阤於沙而磨瑩焉。2.漁人捕得之，覆其背即不能去。3.自脊兩分，得十四版，以厚而黃多有物形者為貴。	蟕蠵，山巨龜也，介脆薄，文采亦晦。	
28（641）/卷二十三介語	龜（包括毛龜、六目龜、卜龜、巨龜、紅白二龜）	韶州、欽州、雷州、惠州、文昌北石井中	1.毛龜，大如錢，以水養之，其毛披放色碧綠，置之几案可辟蠅。2.六目龜，本兩目，其四目乃金黃花紋，圓長中黑，與真目排比，狀似六目，故名。3.卜龜，俯行者靈。4.巨龜，背生樹木，望之儼如洲渚，然不常見。5.紅白二龜，旱禱之，紅出則雨，白出則否，亦神龜也。		占驗與祝禱作用。
29（642）/卷二十三介語	蟹（包括小娘蟹、擁劍、進劍、飛蟹，為蟹之異者）	鹹淡水之間有白蜆之所。	1.其匡初蛻，柔弱如綿絮，通體脂凝，紅黃雜糅，結為石榴子粒。四角充滿，手觸不濡，是名奭蟹。未蛻者曰膏蟹。	1.每年四月八日，是日奭蟹尤多。2.得白芷則黃不散，得蔥及五味子同煮則色不變。	水族的食用價值。

			2.蟹率以秋深以盛寒而肥。 3.蟹以流水生者色黃而腥，止水生者紺而馨。 4.小娘蟹其螯長倍于身，大者青綠如錦，味與諸蟹同，新安人賤之，惟熟其螯以進客。 5.有擁劍，五色相錯，螯長如擁劍然，新安人以獻嘉客，名曰進劍，為敬之至。 6.有飛蟹，小者如錢，大者倍之，從海面飛越數尺，以螯為翼，網得之，味勝常蟹。		
30（643）/卷二十三介語	石蟹	崖州三亞港	1.石上有脂如飴膏，蟹食之粘螯濡足而死，輒化為石，是為石蟹。 2.或謂石蟹水沫相著所化，多生海潮出入處，隨風漂出。		
31（644）/卷二十三介語	蟛蜞		1.春正二月，南風起，海中無霧，則公蟛蜞出。 2.夏四五月，大禾既蒔，則母蟛蜞出。 3.其白者曰白蟛蜞，以鹽酒醃之，置茶蘼花朵其		水族的食用價值與食用方式。

			中，曬以烈日，有香撲鼻，稱爲珍品。		水族的食用價值。
32（645）/卷二十三介語	蠔	海中蠔田	1.色白而含綠粉，生食曰蠔白，醃之曰蠣黃，味皆美。 2.殼中有一片瑩滑而圓，是曰蠔光。以砌照壁，望之若魚鱗然，雨洗益白。 3.小者珍珠蠔，中甞有珠，大者亦曰牡蠣，蠣無牡牝。 4.生於水者爲天蠔，生於火者爲人蠔。		水族的食用價值。
33（646）卷二十三介語	（虫雷）	在鹹海中	1.比黃蜆而大，聞雷則生，故文從雷，〔虫雷〕者雷之所感。 2.〔虫雷〕與蠔、白蜆、蛴、蚶，雖生於天，亦恆生於人。蚶越大越嫩，嶺南炙之名天臠。	1.番禺每震雷，有大蛤從空而下，名天蛤，非也。而蛤多因黃雀入海而化，不可名天蛤。故謂〔虫雷〕曰天蛤，非也。 2.紅嬴，殼黑而肉微紅，味絕甘，生海中。其年若地震則不生，聞雷則死。 3.〔虫雷〕以天寒乃肥，其以仲秋孕者腹黑。廣人有釀〔虫雷〕之食，以白者爲貴。	水族的食用價值與料理方式。
34（647）	白蜆（包	生於海	1.歲二三月，南風	1.劉鋹時，取以自	水族

/卷二十三介語	括　　　黑蜆、黃蜆、金錢蜆、無耳蜆）	者曰白蜆，生於江者曰黑蜆、黃蜆	起，霞氣蔽空，輒有白蜆子飛落，微細如塵，然落田輒死，落海中得鹹潮之力乃生，秋長冬肥。白蜆多生於霧。2.外有黑蜆、黃蜆，一曰扁蠃，遇風雨亦輒飛徙。貧者以爲蔬，然味不如白蜆。3.金錢蜆者，生大海中獨珍。	奉，禁民不得採，亦曰金口蜆。2.無耳蜆，相傳送帝昺幸韋涌時，食蜆而美之曰，惜不令其無耳，至今帝泊舟處，蜆皆無耳，甘美異常。3.蜆之美可以解蟲，以爲腊，不能水土者宜之。4.蜆之利以白蜆塘爲最，豪右家擅奪海中深澳以爲塘，白蜆之所生，或多或少，視其人造化所至。	的　食用　價值與療效。
35（648）/卷二十三介語	蛤（又名田雞）	生田間	1.三月三日農以其聲卜水旱，聲小水小，聲大水大。2.田雞上晝鳴上鄉熟，下晝鳴下鄉熟，終日鳴上下其熟。	1.珠蚌亦名蛤，然非常食，一種肖田雞而無腰股，鳴長聲，俗呼爲〔虫另〕。	水族　食的　價用　值。值。
36（649）/卷二十三介語	璅蛣（一名共命蠃，又曰月蛣；一名海鏡，一名石鏡）	生白沙中	1.狀似珠蚌，殼青黑色，長寸許。2.有兩肉柱能長短，又有數白蟹子在腹中，狀如榆莢，合體共生，常從其口出，取之爲食，蓋二物相須。3.璅蛣清潔不食，但寄其腹於蟹，蟹爲璅蛣而食，食在蟹而飽在璅蛣，故一名共命	又有海鏡，二殼相合甚圓，肉亦瑩潔，有紅蟹子爲取食，一名石鏡，其腹中小蟹曰蚌蟹，任昉謂之筯。	水族　食的　價用　值。值。

			蠃，又曰月蚶。每多大雪則肥，瑩滑如玉，日映如雲母，味甘以柔，蓋海錯之至珍者。		
37（650）/卷二十三介語	蠃（包括香蠃、珠蠃、銀母蠃、九孔蠃、鸚〔母鳥〕蠃、指甲蠃、寄生蠃、蝓螫、多足蠃、神仙蠃、流蠃、甲香蠃、赤口蠃、車螫、海膽）	海中	1.香蠃，最上，大者如盤盂，其殼雌雄異聲，可應軍中之用。 2.銀母蠃，狀若蚌，內多小珠，而珍色不及，殼厚而瑩，可以截鑲器皿，其肉最珍而性寒。 3.指甲蠃，一名紫蚴。 4.馬甲柱，形如指甲蠃，殼薄肉少，味頗清。 5.寄生蠃，生鹹水者，離水一日即死，生淡水者可久畜。 6.神仙蠃，曾經仙人所囓，尾端盡破，味甚甘。 7.流蠃，大如小拳，一名甲香蠃，肉亦視月盈虧。 8.有蛤蜊生海濱土中，白殼紫唇，一名赤口蠃，以殼爲粉曰蛤粉，可入藥，此蠃肉殼並利於人。 9.有車螫者，似蛤	1.荀子，東海有紫絑。紞即蚴也，一名石蚴，味甘鹹，能利小水。江淹謂，石蚴有足翼，得春雨則生華。郭璞謂，石蚴應節而揚葩，是也。味絕鮮美，虛損人以米酒同煮最補益。 2.凡年豐，則白蜆、烏蜆多，凶則沙蠃多。沙蠃亦霧露所爲，霧露之渣滓爲白蜆、烏蜆，其精華爲沙蠃，故沙蠃不能多有。 3.凡河豚以三月從鹹海入者可食，以多十一二月從淡江出者不可食。食胡蔓草汁益其毒。其肝甚美，亦毒之所聚，不可不慎。	1.水族的食用價值與療效。 2.料理方式。

			蜖而大，甲厚而瑩，有斑點如花，絕水伴死，烏鳥信而啄之，輒爲所得。 10.有海膽，生島嶼石上，殼圓有粟珠，大小相串，粟珠上又有長刺，纍纍相連，取一帶十，如破其一，餘皆死粘於石上，殼破流漿，終不得起。肉色黃鮮，以作醬味佳。		
38（651）/卷二十三介語	蚌	川澤處處有之	1.狹而長者皆曰蚌。 2.廣而圓者皆曰蛤。 3.車白與蜆皆蛤屬，車白即車螯。 4.蜆老，則肉出小蛾而蜆死，小蛾復散卵水上爲蜆。	有諺曰，飢螺飽蜆，謂螺多則歲不熟，蜆多則歲大豐云。	
39（652）/卷二十三介語	蟚子	炎海	1.炎海之蟹不孕，子皆蟚子所化，九爲蟹，十一爲蟚也。 2.蟚者蟹之母，然獨炎海之蟹母之，他處無蟚，蟹之所生又異也。		
40（653）/卷二十三介語	白蜆	筊塘、沙灣二都江水	1.凡南風霧重則多白蜆，北風霧則否。 2.白蜆之生生於霧，霧味鹹，鹹爲		

			白蜆之生之本。始生時，白蜆之形如霧，自空而下，若無若有，人見之以爲霧也，漁人知之，以爲天雨蜆子也。		
41（655）/卷二十三介語	璕瑂		1.如龜，大者如盤盂，上有鱗，發之因見其文，有光輝，可作器，生帶之，遇有蠱毒，則其甲自動搖，每以爲驗。2.一種名脊鱗，大如巨黿。		占驗作用。
42（656）/卷二十三介語	弔	瓊州海口港中	1.蛇頭鼉身，水宿不棲，其膏甚輕利，貯以銅瓦皆滲出，惟雞卵盛之則不漏。2.以治諸腫毒，功同熊膽。		水族具備的療效。
43（657）/卷二十三介語	白鱟		可以愈痰火症，廣人甚珍之。	有口號曰，烏耳鱝，白腳魚，滋陰降火只須臾。	水族具備的療效。
44（658）/卷二十三介語	仙蟹	羅浮阿耨池旁	形大如錢，色深紅，明瑩如琥珀，大小數十，群行見人不畏，以泉水養之，可經數月，見他水則死。	相傳仙人擲錢所變。	
45（659）/卷二十三介語	鯪鯉（一名穿山甲）		似鯉有四足，能陸能水，其鱗堅利如鐵，黑色，絕有氣力，能穿山而行。	1.楊孚異物志，鯪鯉吐舌，螻蟻附之而因吞之，又開鱗甲，使螻蟻入之，	水族具備的療效。

				乃奮迅而舔取之。2.其甲灰可治蟻瘻，血入土則隄岸滲漏。	
46（667）/卷二十四蟲語	蝦、丹蝦、水晶魚	1.海中 2.惠州西湖	1.種類甚繁，小者以白蝦，大者以（虫寧）蝦爲美。2.出水則死。3.鮮者肉肥白而甘。4.丹蝦其色青，煮熟丹紅，絕鮮美。5.水晶魚長不盈寸，大不過分，其色瑳潔，八九月有之。	蝦的加工法：（1）.兩兩乾之爲對蝦，以充上饌。其次曰黃蝦、白蝦、沙蝦，最小者銀蝦。（2）.蝦醬以香山所造者爲美，曰香山蝦。（用鹽醃漬，「味大佳，可以久食」。）（3）.蝦春，非蝦之卵，爲水蟗之卵。終歲醃食之，或以入糟，名泥蝦。	料理方式。
47（668）/卷二十四蟲語	天蝦	西江	1.色白，狀如蛺蝶。四五月間，從空飛入水化而爲蟲。黃魚食之而肥，名黃魚蟲，漁人取其未化者炙食之，云味甘美。或以爲蝦所化，以其自天，故曰天蝦。2.大如燈蛾而多兩翅。	1.海間有飛蟲如蜻蛉，名繙紺，七月群飛閴天，夷人食之，云鰕所化。2.或曰，腐草爲螢，朽麥爲蚉。蚉爲蝦，天蝦者蚉之所化，未知然否。	1.水族的食用價值。2.物種變化。
48（669）/卷二十四蟲語	水母，一名海（虫宅）	海中	1.以鹹水之渣滓爲母，故曰水母，鮮煮之輒消釋出水。2.氣最腥，爲蟲之	乾者曰海蜇，腹下有腳紛紜，名曰蜇花。八月間乾者肉厚而脆，名八月子，尤美。	水族的食用價值。

			所宅，蟲者蝦也，水母以蝦爲浮沉，故曰水母目蝦。 3.性冷，能化物，不能自化，脾胃弱者勿食。		
49（675）/卷二十四蟲語	海珠，又名海珠母	海中，或海人多養於家，春種之瀕海田中。	1.狀如蛞蝓，大如臂，所茹海菜。 2.如墨魚，大三四寸。	1.於海濱淺水吐絲，是爲海粉。鮮時或紅或綠，隨海菜之色而成，曬晾不得法則黃，有五色者可治痰。 2.以點羹湯佳。	1.水族具備的療效。 2.料理方式。
50（694）/卷二十四蟲語	蝦母，蝦之母名曰水母	海中	1.五更出于淺水，天明潛于深淵。 2.塊然如破絮，黑色，有口無目，常有蝦隨之，食其涎沫。水母以蝦爲目，每浮水上，獲取之，欻然而散。	有曰蝦姑者，一名海馬，亦曰水馬，蝦類也。主催生。其扁如蜈蚣者，燒服，主夜遺	水族具備的療效。
51（443）卷十五貨語	珠、驪龍之珠、龍珠	合浦之海、驪龍珠產於歸善之筆架山。	1.珠者蚌類也，南珠最佳（亦有東珠與西珠），生珠優於養珠。 2.鮫人慷慨以泣珠，鯨鯢目即明月珠，朱鱉吐珠，蠔亦有珠。 3.珠本神物善徙，太守廉則珠復還。 4.土人謂珠比年皆他徙。	1.往昔富者以多珠爲榮，貧者以無珠爲恥，至有金子不如珠子之語，此風俗之所以日偷。明正德總制林富上疏，請罷採珠。 2.元時張惟寅上狀言，珠蚌生在數十丈水中，取之必以繩引而縋人而下，氣欲絕，則掣動其繩，舟中人疾	

				引而出，稍遲則七竅流血而死，或爲惡魚所噬。蚌逾百十，得珠僅能一二。乞申罷之，其言與林富相表裡，留心民命者，可不知之？ 3. 驪龍珠產於歸善之筆架山，歲大比，輒有大光如斗，上下峰間，一出應舉者一人，十出應十人。 4.因珠爲珍寶，人誤吞之，失其性失其身，故人不可不慎。廉州守危祐除外，爲無失其性者。	
52（446）卷十五貨語	珊瑚、烽火柏	生海中磐石之上。	1. 五七株合成者，名珊瑚林。 2. 夜有光景，常燁燁欲然，南越王以爲烽火樹是也。狀多如柏，亦曰烽火柏。 3. 在水直而奅，見風則曲而堅，得日光乃做鮮紅、淡紅二色。大抵以樹身高大，枝柯叢多，紋細縱而色殷紅，如銀硃而有光澤者爲貴，色淡有髓眼者次之。 4. 其色善變，可	誤爲「水之木也」。	占驗作用。

			以占災祥。 5. 其人有福澤， （佩帶珊瑚）則益 紅潤。		
53（627） 卷 二 十 二鱗語	漁具		鱭、〔魚邊〕、〔魚 盾〕三者味甘美。		水 族 的 食 用 價 值。
54（654） 卷 二 十 三介語	殺 鱷 魚 （ 鱷 魚 又 名 水 蟲。）	潮州	焚石驅之。	1.與韓愈〈祭鱷魚 文〉相關。 2.整理歷來處理鱷 魚問題之道	

浮槎仙鄉遇奇獸：金庸小說《射鵰英雄傳》和《倚天屠龍記》的海洋傳奇圖景

一、前　言

　　武俠小說是擁有最多華人讀者的通俗文學類型，金庸小說[1]凡十五部，其作品至今不僅讀者群眾多，亦不斷被改編成電視、電影劇本，其恆久性實為特殊，在文壇上亦有重要位置。大體而言，武俠小說或稱「武藝小說」，是以傳統武術為基礎，所形成一個習武用武的世界，相對於一般「尋常社會」，可稱之為「武藝社會」[2]。在武俠的世界中，無不以「俠情」做為小說主軸，儘管他們的學養、文筆有高下，偏好、專長

1　本篇論文使用的文本，採金庸：《金庸作品集》（台灣版）（台北：遠流出版事業股份有限公司，1994 年初版一刷），以下引文不另列出處。

2　見舒國治：《讀金庸偶得》，（台北：遠流出版公司，1987 年），頁 15。金庸曾自陳「武俠小說只是表現人情的一種特定形式。…我寫武俠小說，只是塑造一些人物，描寫他們在特定的武俠環境（古代的、沒有法治的、以武力來解決爭端的社會）中的遭遇。」見金庸：《金庸作品集·序》（台灣版），頁 1-2。

各不同，然而致力於俠義、人性（著重愛恨情仇之衝突）與
武功三方面結合的創作方法則爲其共同取向[3]。

若從小說類型的角度觀之，每一種小說類型皆有其隱藏
在千變萬化故事情節背後的基本敘事語法，而俄國學者普羅
普的故事類型研究，則區別出恆定因素與可變因素[4]，對我們
研究小說情節發展實有助益。事實上，作家創造的小說內容
遠比童話故事複雜許多，其中尚包括作者對小說進行藝術加
工，與展現審美價值的形式技巧。因此丁永強針對武俠小說
的論述敘事模式，曾提出十五種核心場面[5]：

　　（1）仇殺、（2）流亡、（3）拜師、（4）練武、（5）復
　　出、（6）豔遇、（7）遇挫、（8）再次拜師、（9）情變、

---

3 見葉洪生：〈武俠小說創作論初探〉，中國武俠小說國際學術研討
　會會議論文，（台北：淡江大學中文系、東吳大學中文系、漢學
　研究中心主辦，1998 年 5 月 28、29 日），頁 14-3。
4 普羅普針對所蒐集的俄國童話故事，歸納出「派遣和動身出發去
　尋找是恆定不變的因素，派遣者和出發者，派遣的緣由之類是可
　變的因素。」見（俄）弗‧雅‧普羅普著/賈放譯：〈神奇故事的
　衍化〉，《故事型態學》，（北京：中華書局，2006 年），頁 153。
　關於故事類型研究，亦可見同作者之《神奇故事的歷史根源》（北
　京：中華書局，1996 年）。學者陳平原認爲，普羅普搜集一百個
　俄國童話故事，經由分析得出的結局：故事中人物的年齡、性別、
　職業、身份及其他靜態特徵都可以變動，但在情節發展過程中所
　完成的行爲卻是一致的，即其發揮的功能是恆定不變的。可變因
　素使得每個故事講述人有可能發揮自己的創造才能，也使得故事
　有可能變得日益豐富精彩；恆定因素則使得故事講述人的創作有
　所依憑，也使得紛紜複雜的故事得以維持其統一性。見陳平原：
　《千古文人俠客夢》，（北京：新世界出版社，2002 年），頁 198。
5 見丁永強：〈新派武俠小說的敘事模式〉，《藝術廣角》1989 年第
　6 期。

（10）受傷、（11）療傷、（12）得寶、（13）掃清幫凶、（14）大功告成、（15）歸隱。

上述十五種核心場面中，我們所要深究之處，並非「仇殺」這種必然出現之程式化場景，而是分析解讀作者選擇何種方式去建構並成就一位英雄人物。

金庸作品與一般武俠小說的情節構成類似，也符合丁氏歸納的模式，但我們於其中卻發現極為特別之用心。在中國文學作品中，「海洋」往往成為遊仙主題或抒情感悟的對象，而金庸卻將「海洋」設定為武俠小說中部分重要的背景與情節，在海洋景觀的映襯下，透過由陸地到海洋，從穩定到變動的場域氛圍對立轉換，開展武俠小說之傳奇樣貌。觀其作品，他運用了洲島、傳說、潮汐、生物等概念與意象，建構小說主角的生活場域，並強化小說的情節張力。若依丁氏的歸納，作品中的海洋相關元素多半運用在小說的前半部，在結構部份集中在經歷仇殺、流亡與遇挫之後，「涉海」的過程成為小說主角蛻變新生的前奏。

本文以金庸武俠小說《射鵰英雄傳》與《倚天屠龍記》為討論對象，實因此二部作品對海洋以及相關元素運用較多且精采，論述重心著重於探討作品之海景描寫，以窺作者對海洋的認識與藝術造境；其次檢視作品中人、海與海中生物的互動所產生的趣味與恐懼；最後透過作品中的場域變化，探索其對武俠小說情節開展的重要性。

二、《射鵰英雄傳》和《倚天屠龍記》中 海洋意象的運用

人類最初都是在陸地生活，古人面對廣闊無垠、潮起潮落的海洋自然景觀，總引發無限想像。由於對自然現象的不瞭解，古人種種想像的詮釋，除了將海洋籠罩上一層神秘的面紗外，充滿驚悸與危險，卻又擁有豐富寶藏的海洋，因其神秘感與傳奇性，不斷魅惑眾人走向海洋。

自宋代以降，東南沿海一代航海活動漸漸普遍，在蘇軾的作品中，已見敘寫個人接觸海洋的經驗。如其著名的詩作〈六月二十日夜渡海〉：

> 參橫斗轉欲三更，苦雨終風也解晴。雲散月明誰點綴？
> 天容海色本澄清。空餘魯叟乘桴意，粗識軒轅奏樂聲。
> 九死南荒吾不恨，茲游奇絕冠平生[6]。

東坡從乘船夜航者的角度書寫，除了親身感受夜晚航行於海上的經驗，也描摹獨特的海上夜景，其中更包含個人從貶官瓊州之後，再度北返之感慨與愉悅交雜情緒。

元代重視海外貿易，海外交通益發繁盛，再加上漕運開放，因此元代文人作品中，海洋元素的運用逐漸豐富，特別是展現對大海的感知與深切體驗。張翥曾作詩云：「是邦控島夷，走集聚商舸，珠香雜犀象，稅入何其多。」[7]即針對當時

6　（宋）蘇軾：《蘇軾詩集》（北京：中華書局，1982 年），頁 2366-2367。

7　（元）張翥：〈送黃中玉之慶元市舶〉，《蛻庵集》卷一，（北平：中國書店，年份缺）。

海外貿易興盛，許多商船聚集，並帶進許多海外珍奇的現象
進行描寫。再如元代中期黃溍作品〈初至寧海〉[8]二首：

> 地至東南盡，孤城邑屢遷。行山雲作路，累石海為田。
> 蜃炭村村白，棕林樹樹圓。桃源名更美，何處有神仙？
> 縹渺蛟龍宅，風雷隔杳冥。人家多面水，島嶼若浮萍。
> 煮海鹽烟黑，淘沙鐵氣腥。停驂方問俗，漁唱起前汀。

黃溍當時初至寧海任官，對於當地的風俗民情進行觀
察。上引詩作中，他對該地的海洋特徵作了客觀的描繪，諸
如積石擋海為田，燒蜃殼作石灰，煮鹽掏沙等，可看出臨海
民眾生活與海洋息息相關。同時詩中敘寫面海的建築，如浮
萍般點漂浮海上的島嶼，與悠遠的漁唱點綴其間，似一幅寧
靜而幽遠的圖畫，特別是詩中提及的桃源與漁唱，更可見臨
海居民閒適恬淡生活之一斑。黃溍當時是在陸地上感知海
洋，但元代盛世之時，諸如貫雲石、金仁本、吳萊等詩人，
皆有親歷海上的冒險之舉。以吳萊為例，其詩作〈夕泛海東
尋梅岑山觀音大士洞，遂登盤陀石望日出處，及東霍山迴過
翁浦問徐偃王舊城〉[9]八首中之六寫道：

> 笑揮百川流，東赴無底壑。青天分極邊，白浪屹為郭。
> 卉裳或時來，椎髻亦不惡。投珠鮫人泣，淬劍龍子愕。
> 海宮眩鱗纕，商舶豐貝錯。盍不呼巨鵬，因風泝寥廓。

前兩句吳萊書寫親臨大海時慷慨豪邁的氣度，最後六句

8　（元）黃溍著/王頲點校：《黃溍全集》（天津：天津古籍出版社，
　　2008 年），頁 47。
9　（元）吳萊：《淵穎集》卷三（台北：新文豐出版股份有限公司，
　　1984 年），頁 95。

描寫島上民眾與物產，運用神話展現詩人無限的想像。從「投珠」與「淬劍」二詞觀之，這裡用了鮫人淚泣化為珍珠、清水淬劍足以斷蛟龍的典故，海洋的變幻莫測不僅啟發作者對海底龍宮的聯想，其情感性的「泣」、「愕」，與具備色彩性的「纁」、「錯」配合運用，無一不和展現海洋世界的絢爛奪目有所聯繫。最後結尾處仍不離海洋，運用莊子寓言，因鵬為鯤所化，深化了詩的審美意識，充滿浪漫的色彩。

作者將《射鵰英雄傳》與《倚天屠龍記》的時代背景，設定在宋元之際與元代。我們針對二部作品中的海洋意象，進一步探討作者融合自然海景的書寫策略。

（一）人物場景的設計

作者在《倚天屠龍記》的人物場景安排方面，先規劃了販賣私鹽的「海沙派」與海寇「巨鯨幫」，「海沙派」的總舵主叫「元廣波」，「巨鯨幫」的幫主名叫「麥鯨」，而明教四大法王中排名第一者，則是「紫衫龍王」[10]。小說中如海沙派使用的暗器就是毒鹽；巨鯨幫則在海上為寇，搶劫漁船；而「紫衫龍王」黛綺絲則從小在海邊長大，精於水性。因此無論是派別名或代表人物，甚至是擅長使用的暗器或行事風

---

10 小說中明教護法法王共有四人，分別是紫衫龍王、白眉鷹王、金毛獅王和青翼蝠王。其中「紫衫龍王」的封號肇因於黛綺絲在海中捷若游魚，「龍」在海中水族中位居首位，自古人們認為海中魚蝦是龍王的子民。當日在光明頂碧水寒潭一戰中，「紫衫龍王」代明教教主陽頂天與韓千葉在隆冬寒潭對戰得勝，故陽夫人贈此一美號，和鷹王、獅王、蝠王三王並列，三王則讓其位列四王之首。《倚天屠龍記》（三），頁 1206-1207。

格，皆與「海」有密切的關聯。

　　而《射鵰英雄傳》中，東邪黃藥師與女兒黃蓉二人住在浙江舟山附近的桃花島，黃蓉自幼在海中嬉戲，水性極高，因此能夠潛水至海底，將巨蚌拖上海面。同時因海中水族繁多，隨時能夠釣上幾尾魚，在洪七公身中蛇毒困於荒島之際，猶能飽食，甚至感受蚌肉海鮮的鮮美滋味。

　　當人們的視野轉向海洋時，第一印象就是客觀的自然潮汐的進退與波濤的起伏。作者對於「海潮」的變化，也有精釆的書寫，如《射鵰英雄傳》第二十一回中，黃蓉設了陷阱，讓歐陽克被懸崖上數萬斤的巨巖壓住。而潮水漲勢極快，轉眼便將歐陽克浸沒，困了一天一夜之後，黃蓉郭靖等人利用潮汐作用與規律，運用漲潮的浮力搬動巨巖，才讓歐陽克脫困。

　　《倚天屠龍記》第三回中則對錢塘海潮做了簡單的描寫：

> 只見天邊一道白線滾滾而至。潮聲愈來愈響，當真是如千軍萬馬一般。江浪洶湧，遠處一道水牆疾推而前[11]。

　　事實上，錢塘秋濤在歷史上總吸引許多遊客前來觀潮，小說中「武當七俠」排行第三的俞岱巖，奉師命至福建誅殺劇盜，任務完成後為了趕赴師父九十歲大壽，即自福建趕回，途經浙東錢塘江之南。在第三回至第四回中，金庸順勢插入一段描寫著名又壯觀的錢塘潮，當潮水排空而來，那種巨大的水勢，連巨鯨幫這些熟知水性的海盜都不免驚恐，「這時潮聲如雷，震耳欲聾，張翠山和殷素素所乘江船猛地被拋了起

11　《倚天屠龍記》（一），頁 95。

來。說話聲音皆掩沒。張翠山向窗外看時，只見巨浪猶如一
堵透明的高牆…」[12]透過小說簡單的文字描寫，即可令讀者
感受錢塘潮波濤掀天、驟然奔騰之勢。

至於在小說裡出現重要的交通工具就是「船」，因爲洲與
島、島與島間，都需要靠船的運輸才能到達目的地。在《射
鵰英雄傳》中，只要渡海，都是搭海船、漁船或是舢舨。《倚
天屠龍記》中與船相關的敘述，如天鷹教的帆船乘浪而至，
白帆上繪著黑色的大鷹，展開雙翅。而巨鯨幫的船，作者完
全依照鯨魚的實體樣貌加以描寫：

> 只見右首那船船身彫成一頭巨鯨之狀，船頭上白光閃
> 閃，數十柄尖刀鑲成巨鯨的牙齒，船身彎彎，便似鯨
> 魚的嘴巴。這艘巨鯨船帆大船輕，…[13]

在整部小說中，船出現的頻率極高，第二十八回中，趙
敏、張無忌和小昭爲了營救謝遜，趙敏要求縣官備船，結果
縣官爲了巴結，反而向水師借了一艘砲船，「原來海邊所停泊
的這艘海船船身甚大，船高二層，船頭甲板和左舷右舷均裝
有鐵砲，卻是蒙古海軍的砲船。當年蒙古大軍遠征日本，大
集舟師，不料一場颶風，將蒙古海軍打得七零八落，東征之
舉歸爲泡影。」[14]作者於此處夾敘蒙古軍東征的史實，以強
化故事的寫實性與臨場感。同時在第三十五回中，包括連蒙
古駐防在福建的水師奉命派出海船八艘，在閩浙粵一代尋找
張無忌等人。

---

12 同前註，頁 172。
13 同前註，頁 169。
14 《倚天屠龍記》（三），頁 1137。

> …梢公遵依張無忌命令，駕船東駛，直航入大洋之中，
> 一連三天，所見唯有波濤接天。謝遜料得趙敏所遣的
> 砲船必在閩粵一帶海面守候巡視，現下座船航入大洋
> 已遠，絕不至和砲船相遇，到第五日上，才命梢公改
> 道向北。這一向北，更接連駛了二十餘日…[15]

　　元代海運的發達，曾先後開闢三條南北海運航道，還有
福建通往江浙、廣東的航道與直沽通往遼東、高麗的航道。
而這些屬於元代交通發展與歷史史料，都被巧妙的運用在小
說中，增添小說的歷史感和營造時代氛圍。

（二）社會風物的呈現

　　當代社會與文化地景的展現，往往夾雜在小說敘事過程
中。《倚天屠龍記》第三回一開始，作者借武當派俞岱巖之眼，
先勾勒元代中期之後的鹽田景觀、製鹽過程與社會狀態：

> 靠右近海一面，常見一片片光滑如鏡的平地，往往七
> 八丈見方，便是水磨的桌面也無此平整滑溜。俞岱巖
> 走遍大江南北，見聞實在不少，但從未見過如此奇異
> 的情狀，一問土人，不由得啞然失笑，原來那便是鹽
> 田。當地鹽民引海水灌入鹽田，曬乾以後，刮下含鹽
> 泥土，化成鹵水，再逐步曬成鹽粒。俞岱巖心道：「我
> 吃了三十年鹽，卻不知一鹽之成，如此辛苦。」
> 正行之間，忽見西首小路上一行二十餘人挑了擔子，
> 急步而來。俞岱巖一瞥之間，便留上了神，但見這二

---

15 《倚天屠龍記》（四），頁 1262-1265。

> 十餘人一色的青布短衫褲，頭戴斗笠，擔子中裝的顯
> 然都是海鹽。他知當政者暴虐，收取鹽稅極重，因之
> 雖是濱海之區，尋常百姓也吃不起官鹽，只有向私鹽
> 販子購買私鹽[16]。

　　自漢以後，鹽業在國計民生中佔有重要地位，金庸借小
說人物之眼，除了展現鹽場風貌外，亦透過夾入地方生活風
情的敘寫，強化小說敘事的鋪排，以及故事情節發展的可信
度。

（三）情節高潮的營造

　　在《射鵰英雄傳》裡，作者屢次對自然海景進行書寫，
目的皆在開啟小說情節高潮。譬如在第二十回，眾人乘坐黃
藥師的新船，欲離開桃花島。周伯通、郭靖、洪七公與七八
名船夫侍僕上了船，船夫們起錨揚帆，乘著將船南風駛出海，
歐陽鋒與姪兒歐陽克則坐了另一艘船，緊跟在後。郭靖等人
所乘之船，原爲黃藥師在愛妻亡故後,命造船巧匠所打造,「其
特殊之處在於船的龍骨和尋常船隻無異，但船底木材並非用
鐵釘釘結，而是以生膠繩索膠纏在一起。泊在港中之時固是
一艘極爲華麗的花船，但如駛入大海，給浪濤一打，必至沈
沒。」[17]這是黃藥師的精心設計，但眾人並不知曉。小說的
另一波高潮自此而起，待洪七公等人發覺時，爲時已晚：

> 洪七公、周伯通、郭靖三人搶出船艙，都是腳下一軟，
> 水已沒脛，不由得大驚，一齊躍上船桅，洪七公還順

16　《倚天屠龍記》（一），頁78。
17　《射鵰英雄傳》（二），頁774。

手提上了兩名啞子船夫，俯首看時，但見甲板上波濤
洶湧，海水滾滾灌入船來。這變故突如其來，三人一
時都感茫然失措。……

當地離桃花島已遠，四下裡波濤山立，沒半點陸地的
影子，洪七公暗暗叫苦，心想在這大海之中飄流，若
是無人救援，無飲無食，武功再高，也支持不到十天
半月，回頭眺望，連歐陽鋒的坐船也沒了影蹤。遠遠
聽得南邊一人哈哈大笑，正是周伯通。

洪七公道：「靖兒，咱們過去接他。」兩人一手扶著斷
桅，一手划水，循聲游去。海中浪頭極高，划了數丈，
又給波浪打了回來。洪七公朗聲笑道：「老頑童，我們
在這裡。」他內力深厚，雖是海風呼嘯，浪聲澎湃，
但叫聲還是遠遠的傳了出去。只聽周伯通叫道：「老頑
童變了落水狗啦，這是鹹湯泡老狗啊。」……

洪七公與郭靖一見周伯通，都不禁失笑，只見他雙足
底下都用帆索縛著一塊船板，正施展輕功在海面踏波
而行。只是海浪太大，雖然身子隨波起伏，似乎逍遙
自在，但要前進後退，卻也不易任意而行。他正玩得
起勁，毫沒理會眼前的危險[18]。

　　透過上述文字可知，作者順著黃藥師個性，別有用心地
造出此船，利用船本身的狀況與惡劣海象相結合，一方面透
過三人的歷險來製造情節的高潮，另一方面亦藉波濤洶湧的
海象，展現武林高手之身手不凡，足以面對變幻莫測的大海，

18　同前註，頁 775-777。

並在危險的生死關頭，利用周伯通的自我解嘲，凸顯「老頑童」特殊的性格。

再者，小說在第十八回中提到郭靖與黃蓉回到桃花島，黃藥師出三個試題，存心將女兒許配給歐陽克，在第二道題目中，黃藥師吹奏「碧海潮生曲」，要求郭靖與歐陽克二人敲擊節拍，一較高下。

> 這套曲子模擬大海浩淼，萬里無波，遠處潮水緩緩推近，漸近漸快，其後洪濤洶湧，白浪連山，而潮水中魚躍鯨浮，海面上風嘯鷗飛，再加上水怪海妖，群魔弄潮，忽而冰山飄至，忽而熱海如沸，極盡變幻之能事，而潮退後水平如鏡，海底卻又是暗流湍急，於無聲處隱伏凶險，更令聆曲者不知不覺而入伏，尤為防不勝防[19]。

此段文字是一段對海潮充滿想像力的描寫，「碧海潮生曲」作者設定曲子本身於創作之時，就是模擬大海潮汐的變幻而寫成。然而進一步觀之，讀者似已站在岸邊觀浪觀潮，看著波濤洶湧，看著潮水平靜如鏡。作者形容海浪洶湧，連用魚躍鯨浮、風嘯鷗飛、水怪海妖、群魔弄潮等詞，目的即透過這些自然界海潮不同的面貌，加上偶爾出現海中巨魚、冰山漂浮、湧泉噴發，並結合海洋平靜無波卻隱藏凶險的概念，呈現「碧海潮生曲」從乍聽的悅耳到受樂音的牽引，不自覺的讓心神受到制約的特質，深化此曲作為武功內力修為的考驗。

---

19 同前註，頁 738。

　　這種概念與西方海洋文學名著《奧德賽》出現具有優美歌聲的「塞壬」（Siren）女妖，在奧德賽返鄉的航程中，意圖阻礙奧德賽的歸鄉路雷同。塞壬是一種人首魚身或人首鳥身的女妖，每當船隻經過時，她們專門用美妙的歌聲迷惑通過航道的水手，讓他們內心產生一種壓抑不住的渴望，想直奔歌聲的島嶼，至於被歌聲吸引而想當登陸的人，總遭到死亡的命運，而永遠無法返回家園。因此水手們經過這條航道時必須用蜂臘將耳朵塞住，並把手腳加以綑綁，以抗拒那清脆動人歌唱[20]。面對海妖的歌聲，水手們運用的方式是藉由外物「蜂臘」隔絕聲音入耳，如果抵擋不住受到吸引而聆聽，則須藉由「外力」同伴之力，更添繩索用力綑綁，直到離開海妖的居地島嶼為止。

　　試觀小說中，樂聲一出，郭靖就「盤膝坐在地上，一面運起全真派內功，摒慮寧神，抵禦簫聲的引誘，一面以竹枝相擊，擾亂簫聲。」曲子本身即是黃藥師內力的展現，主角則用自己的意志力與內力，和變化萬端的樂音相抗衡，毫無意外的，這又是一段情節高潮，這場郭靖與歐陽克的競賽，郭靖再度獲勝。

　　在《倚天屠龍記》第六回「浮槎北溟海茫茫」中，謝遜、張翠山和殷素素坐船離開王盤山島：

　　　　過了一會兒，他轉頭從窗中望出去觀賞海景，見夕陽即將沒入波心，照得水面上萬道金蛇，閃爍不定，正

20　《奧德賽》卷 12 第 39-200 行記載海上塞壬女妖的故事，見荷馬著/王煥生譯：《奧德賽》（台北：貓頭鷹出版社，2000 年），頁 270-276。

> 出神間，忽地一驚，：「夕陽怎地在船後落下？」回頭
> 向謝遜說：「掌舵的梢公迷了方向啦，咱們的船正向東
> 行駛。」謝遜道：「是向東，沒錯。」[21]

謝遜因得了屠龍刀，要到汪洋大海中，尋找人跡不至的荒島定居。為了不讓行蹤洩漏，因此強迫張翠山與殷素素同行。

途中謝遜等三人漂流在茫茫大海的過程，是故事進入另一個高潮的開端。當時謝遜、張翠山、殷素素在海上經歷了一場驚心動魄的大海嘯，這場突如其來的災難，確定了張、殷兩人之間的感情。

> 張翠山還沒走到舵邊，又是一個浪頭撲將上來，這巨
> 浪猶似一堵結實的水牆，砰的一聲大響，只打得船木
> 橫飛，這當兒張翠山一生勤修的功夫顯出了功效，雙
> 腳牢牢的站在船面，竟如用鐵釘釘住一般，紋絲不動…
> 三桅齊斷，這船在驚濤駭浪中成了無主遊魂，只有隨
> 風飄蕩。
>
> 張翠山大叫：「殷姑娘，你在哪裡？」他連叫數聲，不
> 聽到答應，叫到後來，喊聲中竟帶著哭音。…待那浪
> 頭掠過艙面，他懷中那人伸手摟住了他的頭頸，柔聲
> 道：「張五哥，你竟是這般掛念我麼？」正是殷素素的
> 聲音。張翠山大喜，右手把住了舵，伸左手緊緊反抱
> 著她，說道：「謝天謝地！」心中驚喜交集：「她好好
> 的在這兒，沒掉入海中。」在這每一刻都可給巨浪狂

21　《倚天屠龍記》（一），頁 211。

> 濤吞沒的生死邊緣，他忽地發覺，自己對殷素素的關
> 懷，竟勝於計及自己的安危。
>
> 殷素素道：「張五哥，咱倆死在一塊。」張翠山道：「是！
> 素素，咱倆死在一塊。」…張翠山扶著殷素素走進艙
> 中，船身仍是一時如上高山，片刻間似瀉深谷，但二
> 人經過適才的危難，對這一切全已置之度外[22]。

對古人而言，他們不一定了解什麼是海嘯，作者因此在文中夾帶近似說明的敘述，「這場狂風暴雨說來就來，事先竟無絲毫徵兆，原來是海底突然地震，帶同海嘯，氣流激盪，便惹起了一場大風暴。」只有經歷生死交關考驗，才能體現情感的真摯。這場海嘯除了展現自然界的驚人力量，和人與自然的搏鬥外，在最危難之際，面對正邪不兩立與門派的差異，種種的桎梏，就在這場突如其來的自然災難中，讓張殷二人終於有勇氣恣意的展現人性，倔強的追求屬於自己的幸福。也正因為二人的情深意重，未來在張三丰的百歲壽宴上，張翠山為殷素素傷害俞岱巖之事而自刎，而殷素素目睹丈夫為己自殺身亡，復見兒子無恙歸來，大悲之後，繼以大喜，然後自盡殉夫。

因為謝遜決定離群索居，進入北極海中的「冰火島」，讓張殷二人原來幾近不可能有結局的愛情，開花結果，卻也註定男女主角生命中的悲劇。這種安排無疑讓前半部小說的氣氛達到扣人心弦的最高潮，同時在這場高潮後作者順理成章讓整部小說重心開始轉向幼小的張無忌。

---

22 同前註，頁 218-219。

三、《射鵰英雄傳》和《倚天屠龍記》中 對海島的構思與描寫

　　《射鵰英雄傳》與《倚天屠龍記》中都出現幾座「海島」，「海島」位置相對陸地，多屬於邊陲，一海之隔的島嶼，自然可形塑不同於中原群雄的角色，以及建構截然不同的生活場域，故「海島」對在此二部小說的情節開展，具有重要意義。

　　《射鵰英雄傳》中的海島是「桃花島」，《倚天屠龍記》中出現的海島則有冰火島、王盤山島與靈蛇島。按照小說中書寫的篇幅與重要性，以下先針對書中各島表列如下，之後再進行比較分析。

表一：《射鵰英雄傳》和《倚天屠龍記》出現之島嶼

島名	地理位置	地貌景觀	動、植物特色
桃花島	浙江舟山北邊	南邊是海，向西是光禿禿的岩石，東面北面都是花樹，五色繽紛。	花香撲鼻，島上鬱鬱蔥蔥。陽春三月，島上桃花盛開。
冰火島	北極海	有萬載玄冰，又有終古不滅的火窟。	低丘高樹、青草奇花、梅花鹿、北極熊（白熊）、海豹、海魚等。
王盤山島	錢塘江口的東海中	荒涼、山石嶙峋無可觀處，東南角有港灣。	
靈蛇島	東海中	樹木蔥翠的大島，島上奇峰挺拔，聳立著幾座高山。島東端山石直降入海，無淺灘。	
其他	南海上	氣候炎熱	長滿與中土不同之矮樹花草、島上無兇禽猛獸，四下花香浮動，野果甚多。

　　《射鵰英雄傳》中出現的「桃花島」，是東邪黃藥師與女兒黃蓉的居住地，其地理位置在浙江舟山北邊。關於小說中「桃花島」的地理環境，作者是這樣描寫的：

> 船將近島，郭靖已聞到海風中夾著撲鼻花香，遠遠望去，島上鬱鬱蒼蒼，一團綠、一團紅、一團黃、一團紫，端的是繁花似錦。…黃蓉甚是得意，笑道：「若在陽春三月，島上桃花盛開，那才教好看呢。」…他焦急起來，躍上樹巔，四下眺望，南邊是海，向西是光秃秃的岩石，東面北面都是花樹，五色繽紛，不見盡頭，只看得頭暈眼花。[23]…

　　從上述引文中，我們可知作者從色彩與香氣著手，來建構桃花島的圖像。桃花島，顧名思義，因島上種了許多桃樹而得名。另一層次的意義，則是運用了與中國隱逸傳統有關的桃源意象。陶淵明在名篇〈桃花源記〉一文中，透過武陵漁人之口，創造出「不足為外人道也」的世外桃源，理想中自給自足的烏托邦世界。而在小說中，作者用黃藥師之口清楚陳述自己的性格：

> 黃老邪生平最恨的是仁義禮法，最惡的是聖賢節烈，這些都是欺騙愚夫愚婦的東西，天下世世代代入其彀中，還是懵然不覺，真是可憐，亦復可笑。我黃藥師偏偏不信這吃人不吐骨頭的禮教。

　　透過黃藥師自己的說法，作者無疑的也將桃花島視為一個避世的世外桃源，這種情節安排，復與黃藥師本身的個性

23　《射鵰英雄傳》（二），頁 652。

有關。在中國傳統文化中，士人與隱逸往往有密切的關聯，
諸如垂釣溪邊的姜太公、嚴光、諸葛亮等，隱居不僅展現自
我價值評判與認同，同時也是樹立不流於常俗的人格形象。
儒士是「道」的承擔者，也是道德社會的良知，對當代社會
具備典範作用，同時對當朝政統進行道德的制約。因此黃藥
師的避世，實展現其恣意自在，不受束縛的人格情懷。

　　《倚天屠龍記》中最重要的「冰火島」，是金毛獅王謝遜、
張翠山殷素素夫妻與張無忌共同生活十年的地方，小說為其
設定的地理位置在距離中原大地極北邊的海域。若將小說的
內容敘述視為線索，我們或許可將此極北的海域，依附在吾
等認知裡的北極海。

　　由於王盤山島位在東海，謝張殷三人乘船先往東再往
北，元代的木船是否真能完成這麼遠的航程？若從科學的發
展角度論，答案當然是否定。然而正因為它是一部武俠小說，
我們可推斷作者是有意要作此設定。那麼接著我們就可追
問，除了相對地理位置之外，還有沒有別的因素存在？

　　小說第六回全都描寫三人往北方海域前行的經歷，且該
回回目名稱為「浮槎北溟海茫茫」，「浮槎」一詞見晉代張華
《博物志》記載之八月槎神話[24]，為一凡夫乘槎浮海直上天
河的冒險行動，「浮槎」一詞同時也有流離不定的漂流意象。
而凡夫在浮海冒險的途中，也遇見「牽牛人」，即「牽牛宿」。
小說中當大海嘯停止後：

　　　殷素素抬頭望著銀河，說道：「說不定這船飄啊流啊，

---

24 見陳文新編著：《六朝小說》卷十（北京：文化藝術出版社，1997
　年），頁 42。

> 到了銀河之中，於是我們看見牛郎織女在鵲橋上相
> 會。」張翠山笑道：「我們把船送給了牛郎，他想會織
> 女時，便可坐船渡河，不用等到一年一度的七月七日，
> 方能相會。」[25]

金庸從這裡將「浮槎」神話與牛郎織女神話作勾連，進而加以轉化成為男女主角的對話，除了表現此行的漂流與脫困的渴望外，當下雖然正是濃情密意，然而面對有涯的生命，更是反襯出人世間的聚散是無法自主，更無助於情緣的信守。

至於「北溟」即意指北海，而「溟」與「冥」二字也通用。從神話的思維觀之，北方是一特殊神秘的空間方位，在上古神話中掌管北方的神是顓頊，又稱為北方黑帝，其輔佐神為玄冥。《淮南子‧時則訓》云：

> 北方之極，自九澤窮夏晦之極，北至令正之谷，有凍
> 寒積冰，雪雹霜霰，漂潤群水之野，顓頊、玄冥之所
> 司者萬二千里[26]。

這段記載展現北方的嚴寒，「凍寒積冰，雪雹霜霰，漂潤群水之野」，正與四季的冬天相對應。冬天動植物冬眠，大地不見任何的生長，呈現一片死寂狀態，而冰封的大地無數的生命蟄伏，期待雪融後重生，葉舒憲就認為，「作為自然生命週期的終結和萬物藏伏的冬季同死亡相聯繫，但作為新的自然生命週期的準備和萬物復甦之基礎的冬季，又同生命的孕育相聯繫。因此，北方模式的神話常常以死而復生為突出主

---

25 《倚天屠龍記》（一），頁 221。
26 （漢）高誘注：《淮南子注》（上海：上海書店，1992 年），頁 85。

題。顓頊這位神秘的北方多神，便是以死而復生爲其主要特
徵的。」[27]金毛獅王謝遜爲躲避眾人爭奪屠龍刀，於是渡海
往未知的北方前進，同行的殷張二人，則隨時想殺謝遜脫身。
然而越往北，天氣越寒冷，同時他們還遭遇海嘯、浮冰這些
大自然的阻礙，於是書中張翠山道：

> 「莊子」「消遙遊」篇有句話說:「窮髮之北有冥海者，
> 天池也。」咱們定是到了天池中啦。謝遜道:「這不是
> 天池，是冥海。冥海者，死海也。」[28]

這裡張翠山試圖想要讓氣氛輕鬆一些，因此舉《莊子・
逍遙遊》之語。「窮髮之北」，根據司馬彪注，位於北極之下
的無毛之地[29]，與當下張翠山所見相似。而「天池」，在小說
中則傾向仙境之意。但謝遜的認知則採相對「北冥」的象徵，
意同地底冥界概念，即將面臨死亡的消極面。

我們再從小說內容觀之。一開始時，船往北邊前進，逐
漸遇到浮冰，最後撞上冰山。「一座大冰山在月光下發出青紫
色的光芒，顯得又是奇麗，又是可怖。」[30]三人躍上冰山，
順風勢水流往北邊漂，越往北行白天越長，後來每天幾乎有
十一個時辰是白日，這裡描寫的正是北極圈永晝的自然現象。

> 便在此時，眼前一亮，北方映出一片奇異莫可名狀的
> 光彩，無數奇麗絕倫的光色，在黑暗中忽伸忽縮，大

---

27 見葉舒憲：《中國神話哲學》（北京：中國社會科學出版社，1992
　年），頁 93。
28 《倚天屠龍記》（一），頁 223。
29 見錢穆：《莊子纂箋》（台北：東大圖書公司，1989 年），頁 3。
30 《倚天屠龍記》（一），頁 224。

片橙黃之中夾著絲絲淡紫，忽而紫色愈深愈長，紫色
之中，迸射出一條條金光、藍光、綠光、紅光。謝遜
一驚之下，「咦」的一聲驚呼，鬆手放開了殷素素。張
翠山也覺得手掌上的壓力陡然減輕。

謝遜背負雙手，走到冰山北側，凝目望著這片變幻的
光彩。原來他三人順水飄流，此時已近北極，這片光
彩，便是北極奇特的北極光了。中國之人，當時從來
無人得見[31]。

　　作者這段文字透過對極光的描寫，進而豐富小說內容，
在面對前所未見的奇異景象時，三人受到的震撼讓他們暫時
忘記廝殺。他們共處冰山，終於漂到一座島旁，此島雖是虛
擬的島嶼，但作者強化其似有真實的存在，當時張翠山請謝
遜為此荒島命名，謝遜說「這島上既有萬載玄冰，又有終古
不滅的火窟，便稱之為冰火島罷。」

　　關於這座島的位置與環境，作者花了相當的篇幅形構：

說也奇怪，兩人處身其上的冰山，果是對準了那個大
火柱緩緩飄去。當時張殷二人不明其中之理，只道冥
冥中自有安排，是禍是福，一切是命該如此。卻不知
那火柱乃北極附近的一座活火山，火焰噴射，燒得山
旁海水暖了。熱水南流，自然吸引南邊的冰水過去補
充，因此帶著那冰山漸漸移近。

這冰山又飄了一日一夜，終於到了火山腳下，但見那
火柱周圍一片青綠，竟是一個極大的島嶼。島嶼西部

---

31 同前註，頁 226。

都是尖石嶙峋的山峰，奇形怪樣，莫可名狀。張翠山
走遍了大半個中原，從未見過。他二人從未見過火山，
自不知這些山峰均是火山的熔漿千萬年來堆積而成。
島東卻是一片望不到盡頭的平野，乃火山灰逐年傾入
海中而成。該處雖然地近北極，但因火山萬年不滅，
島上氣候便和長白山、黑龍江一帶相似，高山處玄冰
白雪，平野上卻極目青綠，蒼松翠柏，高大異常，更
有諸般奇花異樹，皆為中土所無[32]。

　　作者將屬於現代科學知識的極光、活火山、冰山的飄流、
北極圈的永晝等概念，與北極熊（白熊）、海豹、海魚等海中
生物放入小說中，為武俠小說的內容增添了許多可能性，亦
是在傳統武俠小說書寫基礎上的新創舉。

　　事實上，當殷素素初見這座島嶼，望了半晌，開心的以
為到了仙山、仙人島。見著梅花鹿，她更興奮地認為只要再
點綴幾隻仙鶴，就是南極仙境。往北漂流時，她曾和張無忌
說，「曾聽說東海上有仙山，山上有長生不老的仙人。」[33]這
裡作者也運用了海上蓬萊的仙鄉思維。

　　近代學者對於中國古代神話的看法，多半認為中國古代
兩大仙鄉系統為東方的蓬萊神話與西方的崑崙神話。顧頡剛
指出：

　　崑崙神話發源於西部高原地區，它那神奇瑰麗的故事
　　流傳到東方以後，又跟蒼莽窈冥的大海這一自然條件
　　結合起來，在燕、吳、齊、越沿海地區，形成蓬萊神

---

32 同前註，頁 236-237。
33 同前註，頁 221。

話系統[34]。

　　這兩個系統分處東、西方，一在陸地，一在海洋。《山海經‧海內北經》之「蓬萊山在海中」條，郭璞注云：

> 上有仙人宮室，皆以金玉為之，鳥獸盡白，望之如雲，在渤海中也[35]。

　　海上蓬萊神話從先秦兩漢發展至魏晉南北朝，其仙鄉的他界空間概念已十分穩定，並以海中「三山」神話（蓬萊、方丈、瀛洲）樣貌，寄託先民對於不死仙鄉的追尋。海島相對於陸地而言，因為海的阻隔，自然與俗世有所區隔。而水中「洲」、「島」的空間形式，亦成為另一種遙不可及、封閉的想像空間，繼而得以呈現出靜態性、懷舊、消極，強調放任、獨善其身之自由心靈的追尋[36]。仙鄉仙島本是隸屬於空間層次的虛擬他界，往往隱藏在現實世界的深山或大海中，具備與世隔絕的特質。歷經大海的浮沉與漂流，面對茫茫不可期的未來，因此殷素素與張翠山除了孤獨地承受突如其來的自身命運的愛莫能助，同時在無助中，依然編織著到達樂土的夢想，品味身歷險境的焦慮與浪漫。

　　其他出現在小說中的島嶼，還有王盤山島、靈蛇島以及其他不知名的小島。王盤山島是天鷹教的根據地，王盤山島

---

34 見顧頡剛：〈《莊子》和《楚辭》中崑崙與蓬萊兩個神話系統的融合〉，《中華文史論叢》2（上海：上海古籍出版社，1979 年），頁 31-57。

35 見袁珂校注：《山海經校注》（成都：巴蜀書社，1996 年），頁 378。

36 見高莉芬：《蓬萊神話 ── 神山、海洋與洲島的神聖敘事》（台北：里仁書局，2008 年），頁 107。

位置就在錢塘江口的東海之中，相對桃花島與冰火島，作者將其設定為荒涼的小島，因此地理景觀上，呈現山石嶙峋無可觀之處，向無人居。在東南角有個港灣，桅牆高聳，停泊著十來艘大船[37]。

其次是靈蛇島，此島是金花婆婆即紫衫龍王與蛛兒殷離的居所。關於靈蛇島的地理環境，作者描寫這裡是位在東海樹木蔥翠的大島，島上奇峰挺拔，聳立著好幾座高山。島東端山石直降入海，並無淺灘，但可停泊戰船[38]。

至於其他不知名的小島中，較為特殊者，在第三十一回殷離受傷高燒不退，在海上第三日，張無忌望見東邊海上有一小島。作者並未將島嶼命名，此島方圓數里，長滿矮樹花草。島上花草與中土不同，張無忌也多半不識。但島上並無兇禽猛獸，四下花香浮動，眾人亦可放心安睡。在空間位置上，此小島地處南海，氣候炎熱，野果甚多，隨手採摘即可食用。張無忌、周芷若與謝遜同住島上數月，情景頗似當日張翠山夫婦在冰火島成親的狀況[39]，亦可說是作者在情節安排上刻意的呼應，同時也進一步開展小說的懸疑性，基於周芷若與趙敏二人分屬漢、蒙族群的背景，對二人進行正與邪，善與惡的刻畫。

在二部小說中，作者在場景與情節安排部份，緊扣「陸地/海洋」與「山/島」的二元對立空間型態，海中島嶼在空間的概念中具備封閉性與孤立性，同時這種孤立又標舉著不

37　《倚天屠龍記》（一），頁 173、176。
38　《倚天屠龍記》（三），頁 1141。
39　《倚天屠龍記》（四），頁 1247-1261。

同流俗。正因為被海水環繞獨立於現實世界桃源想像，使得小說的主角可以藉由海水的阻隔逃離俗世，除了避禍，更可以展開新的生活。因為我們長期離水生活，對於海外的世界充滿幻想，卻也隱藏許多疑惑與未知。因此在二部小說中，只要是離開陸地遠居東海、南海等僻遠海島的特殊角色，一如東邪黃藥師、金毛獅王謝遜、金花婆婆等，武功與能力俱高深莫測，足令長期居處於中原大陸的武林門派產生極深的恐懼感。

四、《射鵰英雄傳》和《倚天屠龍記》中的　　海洋傳奇式書寫

兩部作品中，最令人讚嘆的部份，就是人與海洋生物——鯊魚、海豹、白熊的對決。

表二：《射鵰英雄傳》和《倚天屠龍記》中人獸對決情節比較

書名	海洋生物種類	參與者	情節特色	結果
射鵰英雄傳	鯊魚、鯨魚	洪七公、周伯通、郭靖、歐陽克、歐陽鋒	1.洪周郭三人徒手擊斃二百餘條鯊魚。 2.歐陽克垂釣，獲七八隻鯊魚。 3.歐陽鋒利用鯊魚互吃垂死同類的特性，用蛇毒餵鯊魚，片刻間海面盡是翻轉肚皮的死鯊。 4.老頑童周伯通馴服鯊魚，騎鯊追鯨，遨遊大海。	群雄大獲全勝
倚天屠龍記	白熊、海豹	殷素素、張翠山	1.殷素素力有未逮，長劍被白熊打落。 2.張翠山運用銀鉤、樹枝與長劍，擊斃二隻大白熊。	雖互有勝負，但最後二隻白熊死亡。

在《射鵰英雄傳》中，作者寫出富有傳奇性的一場人鯊大戰，與周伯通騎鯊魚徜徉海上的傳奇風景。

> 這時已有四五頭虎鯊圍住了周伯通團團兜圈，只是沒看清情勢，不敢攻擊。周伯通彎下腰來，通的一聲，揮棒將一條虎鯊打得腦漿迸裂，群鯊聞到血腥，紛紛湧上。
>
> 郭靖見海面上翻翻滾滾，不知有幾千條幾萬條鯊魚，又見鯊魚一口就把死鯊身上的肉扯下一大塊來，牙齒尖利之極，不禁大感惶恐，突覺腳上有物微微碰撞，他疾忙縮腳，身底水波幌動，一條大鯊魚猛竄上來。郭靖左手在桅桿上一推，身子借力向右，順手揮匕首刺落。這匕首鋒銳無比，嗤的一聲輕響，已在鯊魚頭上刺了個窟窿，鮮血從海水中翻滾而上。群鯊圍上，亂搶亂奪的咬嚙。
>
> 三人的武功卓絕，在群鯊圍攻之中，東閃西避，身上竟未受傷，每次出手，總有一條鯊魚或死或傷。那條鯊魚只要身上出血，轉瞬間就給同伴扯食得膪下一堆白骨。饒是三人藝高人膽大，見了這情景也不禁慄慄危懼。眼見四周鯊魚難以計數，殺之不盡，到得後來，總歸無倖，但在酣鬥之際，全力施為，也不暇想及其他。三人掌劈劍刺，拳打棒擊，不到一個時辰，已打死二百餘條鯊魚，但見海上煙霧四起，太陽慢慢落向西方[40]。

---

40 《射鵰英雄傳》（二），頁 777-778。

　　作者描寫郭靖、洪七公與周伯通三人，在海上和數百條鯊魚混戰的場景，這種天馬行空的想像，實為武俠小說吸引眾人目光之處。郭靖因為在大漠中成長，沒見過鯊魚，並不知道牠的特性，而鯊魚算是海中相當凶猛的生物，我們向來只聽過鯊魚咬人，卻從沒想過生活在陸地的人們，可以赤手空拳在海面上和鯊魚搏鬥，此段敘述實為小說中吸引讀者的關鍵。金庸在情節的構思方面，可謂別出心裁，他安排海中最兇猛巨大的生物與生活在陸地上武林中三位赫赫知名的高手，在海上進行一場生死對決。作者非常仔細的描繪三人面對鯊魚群充滿壓力的心理，一方面展現武林高手面對挑戰的無懼，一方面目睹鯊魚嗜血的特性，甚或同類相殘，強化海上危難的不可臆測。小說的背景是古代，而現在已是科技發達的二十一世紀，鯊魚群攻擊海邊泳客的事件仍時有所聞，周伯通用木棒，郭靖用匕首，三人只花不到兩個鐘頭的時間就可以打死二百餘條鯊魚，這種瞠目結舌的成就，正是金庸武俠世界迷人之處，除了在當今流行的電玩遊戲世界可以達成此目標外，無人能及。

　　周伯通在最危難時還有開玩笑的能力，當然這裡還要突顯老頑童周伯通頑皮的個性。他與洪七公鬥嘴慣了，用激將法打賭比賽看誰殺的鯊魚多，洪七公嘴上說著要認輸，但在有意無意間，已展現個人的實力：

　　　　…（洪七公）反手一掌「神龍擺尾」，打在一條大鯊身
　　　　側，那條大鯊總有二百餘斤，被他掌力帶動，飛出海
　　　　面，在空中翻了兩個觔斗，這才落下，只震得海面水

花四濺，那魚白肚向天，已然斃命[41]。

至於歐陽克和蛇奴也不遑多讓，用大塊牛肉作餌，掛在
鐵鉤上，用「垂釣」的方式片刻間就釣起七、八條大鯊。金
庸這裡讓所謂的武林高手們，各自用自己的方式面對鯊魚
群。作者依照角色的特質，讓公子哥兒形象的歐陽克，用一
派輕鬆略帶嘲弄的方式把鯊魚釣起，緩和了正邪之間對立緊
張的場面，也饒富趣味。接著歐陽克命人削幾根兩端尖利的
粗木棍，用鐵槍撬開鯊魚嘴唇，將木棍撐在上下兩唇之間，
將一條條活鯊魚拋入海裡。這種殘忍幾近虐待動物的行徑，
符合歐陽克的形象，也為後面更精采的情節安排留下伏筆。

更甚者為歐陽鋒，他利用鯊魚互吃垂死同類的特性，用
蛇毒餵鯊魚，片刻間海面盡是翻轉肚皮的死鯊。金庸針對人
物特性，面對群鯊，歐陽鋒用蛇毒透過血液流動的原理，展
現「西毒」用毒的獨到之處，不負美名。

面對群鯊，眾人相應的方式不同，從對付兩百多隻需花
上近一個時辰，到只花小半時辰，大隊鯊魚盡數死滅，時間
越來越短，方式越來越毒辣。人鯊對決，人們大獲全勝，鯊
魚盡被殲滅，強弱立判。這裡不僅是情節的高潮處，金庸也
為相關的角色建構一次展現實力的競技舞台。

第二十二回的回目名就是「騎鯊遨遊」，作者描寫周伯通
騎鯊魚的姿態：

> 只聽得海中有人哈哈長笑，…只見一個白鬚白髮的老
> 兒在海面上東奔西突，迅捷異常，再凝神看時，原來

---

41 同前註，頁 778。

他騎在一頭大鯊魚背上，就如陸地馳馬一般縱橫自如。郭靖又驚又喜，大聲叫道：「周大哥，我在這裡啊！」那騎鯊的老兒正是老頑童周伯通。

周伯通聽得郭靖呼叫，大喜歡呼，在鯊魚右眼旁打了一拳，鯊魚即向左轉，遊近船邊。

周伯通叫道：「是郭兄弟麼？你好啊。前面有一條大鯨魚，我已追了一日一夜，現下就得再追，再見吧！」…（周伯通）右手拉住鯊魚口中一根不知什麼東西，左手在大船邊垂下的防撞木上一掀，連人帶鯊，忽地從眾人頭頂飛過，落上甲板[42]。

人能夠在海上騎鯊，實為非同小可，難怪黃蓉聽得兩眼發光，充滿羨慕地說：「我在海中玩了這麼些年，怎麼沒想到這玩意兒，真傻！」周伯通騎的這條就是當日歐陽克用木條撐在口中，放還大海的鯊魚。周伯通興高采烈地告訴黃蓉，他把鯊魚完全當成自己的坐騎，不僅乖乖地他聽指揮方向，在大海上馳騁遨遊，甚至可以騎鯊追鯨魚。一見到魚，鯊魚追，周伯通用拳將魚打死，和坐騎一起分享獵物。此種想像實令人目眩神迷，神往不已。難怪透過周伯通自己說，「我才玩得有趣呢。」

至於謝遜、張無忌和殷素素三人搭船進入北極海時，先遇見一大群海豹。此時謝遜直接用狼牙棒擊死幾頭海豹，三人就將海豹皮披在身上，宛若皮裘，還有海豹肉可充飢，三人因此心情愉悅。一般人的印象中，或許認為海豹體型雖大，

---

42 《射鵰英雄傳》（三），頁 892。

但較為溫和，因此在小說中他們往北邊漂浮時，即以捕魚、
獵海豹維生。

　　而《倚天屠龍記》第七回中亦有一幕張翠山、殷素素與
白熊搏鬥，雖然篇幅並不長，卻足以和人鯊大戰媲美。

　　這幕人與白熊的搏鬥，雖然白熊的數量只有兩隻，不過
因身形巨大，讓人驚駭。張殷二人登上冰火島時，只見石洞
中衝出一隻大白熊，白熊熊毛長身巨，與大牯牛相似。一開
始是殷素素面對白熊，白熊直立起來，提起巨掌，便往殷素
素頭頂拍落。殷素素彎過長劍，往白熊肩頭剖去，雖剖中熊
肩，卻只輕傷皮肉，待得第二招迴劍掠去，白熊縱身撲上，
這一劍拍的一聲，已將長劍打落在地。之後張翠山接棒，躍
上去樹幹橫掃，正打在白熊左前足的膝蓋之處，樹幹折為兩
截，白熊的左足也折斷。白熊受重傷，猛向張翠山撲來。試
看：

> 張翠山雙足一點，使出「梯雲縱」輕功，縱起丈餘，
> 使一招「爭」字訣中的一下直鉤，將銀鉤在半空中疾
> 揮下來，正中白熊的太陽穴。這一招勁力甚大，銀鉤
> 鉤入數寸。那白熊驚天動地大吼一聲，拖得張翠山銀
> 鉤脫手，在地下翻了幾個轉身，仰天而斃[43]。

　　這一段落的描寫，我們看見自然界生物為了生存，都能
積極面對強敵直到最後一刻，而非坐以待斃，任人宰割。於
是白熊雖然是動物，作者描繪牠與對手搏鬥時刻，文字中展
現出誰也不能輕忽誰的氛圍，讓小說更令人驚艷。其次，從

43　《倚天屠龍記》（一），頁 238-239。

張翠山角度而言，本段展現他對殷素素的呵護外，面對宛若巨人的白熊，他不顯恐懼，反而沉著應對，施展其獨特又精湛的武藝，即使身處陌生荒島，仍能逐一解決危機，不負武當七俠盛名。

五、結　語

在《射鵰英雄傳》中，郭靖和黃蓉二人個性截然不同，郭靖長在大漠，個性憨厚耿直，相對生活在海濱的黃蓉，黃蓉性格多變活潑，古靈精怪，二人性格與行為的對比，基本上亦與陸地與海洋生活場域不同有明顯的關係。海洋變幻莫測，陸地堅實穩定，金庸掌握海洋與陸地的差別，對小說人物形象進行塑造。抽離「海洋」這個場域，黃蓉也許就不容易展現聰慧靈活，周伯通也沒法騎鯊馳騁海面，更沒有人鯊大戰的可能性。

而《倚天屠龍記》的寫作策略上，「海洋」是其中相當重要的故事縱軸線，如果沒有金毛獅王搶奪屠龍刀，與中原武林人士結仇，同時為了避禍，半挾持張翠山與殷素素二人到冰火島的奇遇，正邪立場對立的二人，就不可能順利地成婚。二人無法成婚，就不可能有張無忌的誕生，更無法開展接下來愛恨情仇的故事。之後張無忌與周芷若離開靈蛇島，到達一處荒島，一如張無忌父母遭遇的再現。如果抽離「海洋」，也沒有辦法設計明教與波斯總教間的曲折關聯，波斯的大船來不了中土，而趙敏也無法多次徵調海船，帶眾人逃離危難。

透過對《射鵰英雄傳》與《倚天屠龍記》二部武俠小說中與海洋相關事物的分析，實可見「海洋」的重要性。故從

海洋書寫的角度檢視這兩部武俠小說，可歸納出下列幾項特點：

首先，就開拓武俠小說的故事深度方面而言，作者選擇的視角實展現其眼光獨到之處。

其次，兩部小說在內容部分運用許多海洋相關知識，也有不少自然海景的展現，而書寫的時機多是為了開展小說內容的下一波高潮。

再者，作者在小說中構思的虛擬海島，無論是環境規劃或是精心的機關設計，實為對人世間難以追求的美好，進行短暫的理想投射。同時兩部小說皆承繼了傳統海上仙鄉的思維，島嶼成了避世隱逸重要的場域。

最後，兩部小說對於海洋意象的運用，皆具備濃烈的美感形式，讓小說情節富有傳奇性與想像力，引人入勝。

文學視域的海圖：論廖鴻基、夏曼‧藍波安與吳明益的海洋書寫

> 來到海邊，來到了陸地的盡頭。
>
> 海邊，是陸地的邊緣，海洋的盡頭。
>
> 來到海邊，也許是我們腳步的起點，
>
> 卻也是我們無窮視野的起點。
>
> ── 廖鴻基

一、前　言

　　台灣由於地理位置之故，整體生態環境受海洋影響甚鉅，與海洋有著密切的關聯性。海洋文化之所以產生，實因人類生活與海洋發生關聯，進而產生某些特定的生活方式與行為法則，同時人們也將海洋視為審美對象，並將其納入自身和歷史的思考中。學者方力行認為海洋文化的五大精神特質為：冒險犯難、開疆拓土、包容博大、善養萬物、創新求變[1]。論者多認為史前時代臺灣即具有典型的「海洋文化」性格，其所指涉的是「海島民族緣於地理因素，在經濟活動、歷史發展、族民文化性格等面向，都彰顯出開放性、多元性、

1　見方力行：〈海洋性格的文化，海洋內涵的教育〉，《研考雙月刊》24 卷 6 期，2000 年 12 月，頁 37-38。

包容性、流動性、吸納性與變異性等特質。」[2]

　　然而臺灣的海島文化性格並不明顯，由於傳統中國文化源頭屬大陸農耕型的文化思維，其特徵在於安土重遷、穩定少變動。自古以來我們比較關注人與海洋的關係，除了望海觀海的美麗想像外，更多的是對變幻莫測的海象望而敬畏，因此對海容易產生災難、厄運、恐怖、險惡、暴躁與無情的負面印象。學者李欷學曾指出：「中國人的政治性格以陸權為重……文學向來依附政治，所以邊塞詩可以是文類大宗，一個海岸線那麼長的國家，海洋書寫在文學的長河中卻幾乎付諸闕如。」[3]相對的，在西方商業文明的思維中，無論是好望角或是美洲大陸的發現，海上的冒險犯難，都是實現夢想的必經過程，越過一片海洋，美好的未來與未知的新世界都在等待人們的到來。故基於傳統中國的文化思維，根本不具備任何充當殖民地掠奪者的可能性，人們總站在岸邊觀海卻不怎麼有勇氣親海，遑論一如西方大航海時期的豐功偉業。

　　台灣四面環海，擁有縣長的海岸線與豐富的海洋資源，然而文學作品中的海洋氛圍卻很淡薄，學者彭瑞金曾說：

> 臺灣有山、有海，但臺灣的寫實小說迄今為止，卻只
> 開發及佔臺灣面積不到三分之一的「平地」上，如果
> 把臺灣四周、和台灣人民生活密切相連的婆娑之洋算

---

2 見楊翠：〈山海共構的史詩 ── 夏曼‧藍波安作品中繁複的「海洋」意象〉，陳明柔主編：《臺灣的自然書寫》（台中市：晨星出版有限公司，2006 年），頁 208。
3 見李欷學：〈海洋文學〉，《中央日報》副刊 2001 年 6 月 28 日第18 版。

進去，開發比例就更低了，何況所謂「平地」，開發的也只是局部的幾個角落而已[4]。

「海洋」議題長期以來被忽視，這種非主流邊緣化的結果，也影響到文學創作主題的選擇。彭瑞金認為，「在沒有海洋觀點的生活和教育之前，我們很難擁有海洋文學。…台灣文學沒有理由不發展海洋文學，海洋文學一旦貼近海洋文化，擁有無限的發展空間。」事實上海洋不是阻隔，而是通路，這才是海洋民族的思維。陸地的盡頭是海洋，廖鴻基認為「來到海邊，也許是我們腳步的起點，卻也是我們無窮視野的起點」[5]，唯有跨出第一步面對這片浩瀚的藍色通道，才有機會開始迎向世界，這不是一種想像口號，而是可以下定決心親身體驗的動力與成就的開端。

九〇年代前，日日見海的臺灣，似乎沒有所謂的海洋意識或自覺，七〇年代開始臺灣邁向經濟的高度起飛，因大規模的開發，社會上環保意識開始興起，當時重要的報導文學主題多以環保角度做呼籲。有意思的是，檢視當時的環保呼聲竟與海洋有關聯，如馬以工的《九孔千瘡》、《破碎的海岸線》，韓韓的《滄桑歷盡 ── 寫我們的北海岸》，皆以保護臺灣北海岸的自然景觀為主要訴求點。九〇年代開始，知識份子的立場開始轉變，他們選擇了利用專業知識和專業語言試圖影響決策部門，進而表達出屬於民間非廟堂式的社會良知

---

4 見彭瑞金：〈翻版的「老人與海」 ── 期待海洋文學〉，收入廖鴻基：《討海人》（台中市：晨星出版社，1996 年），頁 239-246。

5 見廖鴻基：〈來到海邊〉，《台 11 線藍色太平洋》（台北：聯合文學出版社，2003 年），頁 29。

力量。如果我們檢視九〇年代的海洋文化與文學作品，即可看出此時不同於以往的新論述方式與態度。

當今臺灣現代文學創作者偶有海洋相關主題的創作，然而有系統持續關懷海洋主題進行創作，並屢有佳績者，以廖鴻基、夏曼‧藍波安與吳明益等備受注目。這三位作家雖然背景不同，寫作手法不同，參與觀察海洋的方式不同，但海洋是如此地無邊浩瀚，其背後的思考、理解、想像與感受，透過文字，足以展現對土地的認同與關懷，並透過文學追尋往昔與現代美好價值精神的概念卻是一致的。

廖鴻基和夏曼‧藍波安是受到當今社會推崇的海洋文學重要創作者，他們皆因自覺而返鄉，先選擇以漁民作為職業，廖鴻基自陳這是一段「流浪、放逐和回歸的歷程」[6]，夏曼‧藍波安則說「四十歲過後的我，原來要實現我的夢想的，其實就是要靜靜的享受這一刻的寧靜，重新擁抱人與大海的平等關係。」[7]而吳明益則身兼學者與作家雙重身分，他在花蓮任教，創作與學術研究方面以「自然書寫」議題備受矚目。他認為在自然界行走是磨練自己不斷懷疑、思考的能力，他說：「我們對海的想像就是我們在心理所建構的海的形象，自有語言文字以來，我們就在故事與故事間調整並且訴說自己看待大海的方式。」[8]而他的步行是為了了解海岸、公路的歷

---

6 見廖鴻基：〈走一段海岸〉，《台 11 線藍色太平洋》，頁 5。

7 見夏曼‧藍波安：〈一個有希望的夢〉，《海浪的記憶》（台北：聯合文學出版社，2002 年），頁 18。

8 見吳明益：〈虛構時代〉，《家離水邊那麼近》（台北：二魚文化事業有限公司，2007 年），頁 129。

史、自然與現狀，「只要海灘還在，步行就永遠有接續的可能性。」[9]

　　基於這種立場上的轉變，我們發現相較於古代或較早期之知識份子臨海感懷或乘船抒發個人胸臆之作，或是面對自然海洋環境進行情境式的描寫，九〇年代關心海洋議題的作家不僅日益增加，他們早已不能滿足於僅站在大海邊抒發雄心壯志或讚嘆歌詠大海，他們選擇親海，甚而將生命投注於海洋。藉由書寫，他們體察海上生活的甘苦，並感知海岸生態的變遷，經由實際參與，進而認同海洋文化的價值意義。當人們的主體意識能夠開始反省與檢視傳統的人海關係時，海洋性格建立的開始將不再只是對立與傷害，反而擁有更多理性、同情與悲憫，這足以重新檢視建構人與自然共存的原則，進而建立和平、自由、平等的海洋文化性格。

　　因此本文以三位作家的散文作品為研究範圍[10]，結合人文地理學與敘事學的概念，進行海洋主題的討論，以期探索臺灣海洋文學更深層的內涵。透過作家之眼，勾勒出屬於文學面向的海洋風貌，並探討在冷海深處，生命湧動不息的究

9　見吳明益：〈步行，以及海的哀傷〉，《家離水邊那麼近》，頁 129。

10　本論文以廖鴻基之《討海人》、《台 11 線藍色太平洋》、《漂島》（台北：印刻出版有限公司，2003 年）、《漂流監獄》（台中市：晨星出版社，1998 年）、《領土出航》（台北：聯合文學出版社，2007 年）、《腳跡船痕》（台北：印刻出版有限公司，2006 年）、《來自深海》（台中市：晨星出版社，1999 年）；夏曼・藍波安之《冷海情深》（台北：聯合文學出版社，1997 年）、《海浪的記憶》、《航海家的臉》（台北：印刻出版有限公司，2007 年）；以及吳明益之《家離水邊那麼近》等作品為閱讀解析的主體對象。

竟是意志還是徬徨？孤島漂流時，回望人生的矛盾與困境，是否得以回歸心靈的海岸並得以救贖？即使步行於海岸，對廣袤的海洋進行自我內在的凝視，除了人與水之間的哲學思索外，面對這片遼闊無垠的大海，如何再現我們的敬畏與尊重？

二、海洋書寫的體式考察

廖鴻基、夏曼・藍波安與吳明益三者的海洋書寫，從形式到內涵、題材、語言、技巧，皆各有所長，唯經由梳理，可歸納出三者的共性，包括文類的跨越與交融，和敘述語言的創造與突破。茲依序敘述之。

（一）文類的跨越與交融

海洋文化是人類文化重要構成之一，而文學向來是文化最直接的體現。對於「海洋文學」是屬於一種獨立的文類，或是屬於「自然書寫」[11]的範疇，目前仍無定論。總體而論，

---

11 陳昌明在〈人與土地：臺灣自然寫作與社會變遷〉一文中，認為廖鴻基是一位以海洋為焦點的「自然寫作」者，見何寄澎主編：《文化、認同、社會變遷：戰後五十年臺灣文學國際學術研討會論文集》（台北：行政院文化建設委員會出版，2000年），頁60。吳明益也將廖鴻基的作品歸入「自然書寫」中，他認為廖鴻基在臺灣自然書寫史中是一位具有獨特意義的作者，「他是臺灣自然書寫中唯一以海洋生物為觀察與書寫對象的。其次，他與海洋的關係建立在其變動的身份上，其身分與環境倫理觀的對應，是自然書寫中值得探討的議題。」見氏著：《以書寫解放自然—臺灣現代自然書寫的探索（1980-2002）》（台北：大安出版社，2004年），頁544。

學者們大抵採廣義的看法，以海洋為題材，或書寫海上體驗，從而表達作者意識之文學作品，就可稱為海洋文學[12]。筆者認為，所謂的「海洋文學」是以「海洋」作為書寫題材或是故事發生的背景場域，描寫海洋的各種自然狀況、海洋的各種生物、人和海洋互動的種種情況，進而書寫船員、漁民、海軍、遠航等海上活動，或者將海洋生物透過情節安排加以表現的文學作品。除了創作主題需與海洋有密切的關聯之外，同時也必須展現其在理性、感性與意志方面獨特的海洋

---

[12] 見張高評，〈海洋詩賦與海洋性格──明末清初之臺灣文學〉，《臺灣學研究》5，2008 年 6 月，頁 1-15。楊翠認為「海洋文學」是指作品中具有「海洋」的各種繁複元素者──包括關於海洋的地理空間、歷史人文等知識的認知，在海洋及其周邊活動的生活經驗與體驗、對海洋的深刻情懷等等。見楊翠：〈山海共構的史詩──夏曼‧藍波安作品中繁複的「海洋」意象〉，陳明柔主編：《臺灣的自然書寫》（台中市：晨星出版有限公司，2006 年，頁 208）。其他相關說法如：黃聲威在〈淺探海洋文化〉（《漁業推廣》171 期，2000 年，頁 40）一文中認為「海洋文學」的要素有四：（一）、精準的海洋知識（二）、對海洋之豐富情懷（三）、對海洋之深刻觀察（四）對海洋之獨特體驗。楊政源在〈臺灣海洋文學鳥瞰〉（《臺灣文學評論》八卷一期，2008 年，頁 32-39）中提出「所謂的海洋文學是以海洋、海岸的環境及在其上所生成的人文活動為主題，並有明確海洋意識的文學作品。」葉連鵬在《臺灣當代海洋文學之研究》（中壢市：國立中央大學中文研究所博士論文，2006 年，頁 8-9）中，認為海洋文學可分成廣義和狹義，「廣義的定義為：舉凡以海洋景觀或海洋生物，抑或在海上工作的人為描寫對象的文學作品，都可以稱之為海洋文學。所謂狹義的海洋文學是除了廣義定義所述之外，更要求作品裡必須深刻展現海洋的精神，以及人與海洋生息與共的互動關係。」彭瑞金則認為「海洋文學應該是基於海洋是生活很重要的一部份，所創作出來的作品。〈翻版的「老人與海」──期待海洋文學〉，收入廖鴻基：《討海人》，頁 245。

意識與內涵精神價值。

　　以散文而言，運用詩歌、小說的表現方式作為一種寫作策略自古有之，如韓愈「以文為詩」的主張即是。在臺灣現代散文的發展上，散文詩或詩化的散文亦所在多有，如在名家楊牧、簡媜、林燿德、許悔之等作品中此現象極為明顯[13]。就目前三位作者的海洋書寫進行觀察，其主要的創作文類是散文，同時也有明顯的文類跨越的現象。如廖鴻基的〈鐵魚〉一文，獲得一九九八年時報文學獎散文類評審獎，蔣勳認為這一篇散文風格特殊。他說：

> 散文的可能性非常大，它有點界於小說和詩之間，可以像小說一樣鋪陳故事情節，也可以像詩一樣凝鍊出一種美學的心境。……
>
> 〈鐵魚〉顯然有寫小說的意圖，情節、懸疑、對話、戲劇性的張力，構成了這篇散文強烈的小說傾向[14]。

　　事實上，散文的寫作亦可使用上述技巧，其中的差異性在於小說具有虛構的本質，而廖鴻基的散文則是親身經歷之後的場景再現與重構。吾等試觀〈鐵魚〉一文，當作者與船長海湧伯在海上遇到鐵魚時，心情是亢奮的，舉動是謹慎的。

---

13 何寄澎認為，八○年代以後，楊牧所樹立之新美文風格，為世所肯認，故自此之後，散文出位乃成歷久未衰之風氣，幾成作者心中之典律。楊牧以下，詩化散文所在多有，唯彼此之間程度深淺有別而已。如簡媜筆下特富音聲辭采意象之美，固為詩化傾向之見證。見氏著：〈當代臺灣散文的蛻變：以八○、九○年代為焦點的考察〉，收入何寄澎主編：《文化、認同、社會變遷：戰後五十年臺灣文學國際學術研討會論文集》（台北：行政院文化建設委員會出版，2000 年），頁 25-26。

14 見蔣勳：〈鏗鏘擊撞的「鐵魚」〉，收入《討海人》，頁 247-248。

海湧伯讓船尖以最安靜的腳步躡近鐵魚身邊。

眼看著船尖就要騎上牠的身體，鐵魚睜開眼，瞪看船尖一眼，尾鰭甩動好像很不耐煩我們吵鬧了牠的睡眠。我從沒看過這樣大塊而且大方的魚體。……

船隻緩緩停靠在鐵魚身邊，鐵魚等著大眼仍舊翻躺著身體。海湧伯兩手挺鏢，如高舉一根鋤頭就要倒下泥地。……

海湧伯出鏢剎那，一陣北風吹打在我臉上。被鐵鏢刺中後，鐵魚翻身立起，高大的上尾翼緩緩舉出水面，溫吞吞搖擺兩下。海湧伯用淒厲的聲音大叫：「兩隻！」。我怔住顫抖了，為牠慵懶的逃生態度，為了我看到兩片尾翼幾乎平行貼住同時豎起。那可是兩條鐵魚一上一下疊躺在一起？就連中鏢翻身間，兩條鐵魚幾乎沒有距離摩擦著肌膚緊緊依偎在一起[15]。

　　廖鴻基試圖營造海上遇見大魚的氣氛，面對大魚，漁人思索該用什麼方式獲得最終勝利。這裡的敘述策略是漁人積極備戰和鐵魚無動於衷的場景交互穿插，一段敘述漁人的動作，後一段是描寫鐵魚的反應，再寫一段漁人的選擇最好的時機出鏢時，結果卻是出人意表，不僅是一隻大魚，而是兩隻同時相疊在一起，這樣戲劇化的場景如果沒有親眼看見，是很難虛構這樣的畫面。漁人當下所受到的震撼，透過文字亦讓讀者屏氣凝神，期待故事的發展。這樣的敘述方式與場景再現，既生動又寫實，已超越傳統散文書寫的樣貌。

---

15 《討海人》，頁 111-113。

具有情節，並富懸疑性的書寫策略，在夏曼・藍波安的海洋書寫中同樣俯拾可得。其作品最有特色的部分就是展現海平面下的書寫，如〈冷海情深〉一文中，他細膩地描寫在海底獵魚的場景，宛如電影鏡頭清晰呈現一幕幕的特寫。

> 浮在海面，強風吹得呼吸管發出口哨般的聲音，我注視著海底的魚，梭巡獵物。一尾單帶海緋鯉陪伴著一條約二公尺長的海蛇就在水底的海溝，我立刻彎著身子，頭下腳上的潛入水裡，魚槍瞄準著牠的頭，就在我射程之距離內，牠迅速的遊開。但我不慌亂地直接潛入水底裡的礁石上，趴在那兒動也不動地等著牠的好奇心。四、五秒的時間，在我頭頂前方，五顏六色的魚兒逐漸逼近著我，最後就在我頭頂上方有規律的，或上或下的，刻意擺個向我挑釁的姿態，有的乾脆啄著我的槍頭企圖自殺，但那些勇敢的小魚根本就是我放棄的獵物[16]。

夏曼・藍波安潛入海底射魚，漁人與獵物互相鬥智，漁人靜候出手的時機，而其他的魚兒好奇、挑釁兼有之，展現海底世界人類和魚群力量的強弱之別以及屬於海底世界的繽紛。

吳明益的海洋書寫，則是富含詩的況味，同時又穿插科普知識、繪畫技巧或歷史變遷，在行文過程間，早已超越報導文學的範疇，文學美感與生態知識交融，詩意與理性並存，其亦自陳這種書寫方式是有自覺、有計畫地經營「百科全書」

---

16 見夏曼・藍波安：〈冷海情深〉，《冷海情深》（台北：聯合文學出版社，1997年），頁23。

式的寫法[17]。如他對於海色的變化，是這樣說解的：

> 海適合「坐看」，海以有層次的顏色在你面前展開，絕
> 不重複。
>
> 雖然海水基本上無色透明，但光是顏色的啟示者，當
> 各種波長的光照射在海平面上，海於是出現了各種顏
> 色。波長較長的紅、橙、黃光，相對穿透能力強，也
> 容易被水分子吸引，海因此隨著深度失去這些暖色
> 光，而留下藍、紫與綠色。深度讓我們以為海不是一
> 種色澤：靠近陸地，較淺的海會散射出藍綠的色澤，
> 較遠較深的海就常是較純粹的藍色，有時則是更具戲
> 劇性的藍紫色。不，這麼說或許太過簡化了，因為海
> 中生物、海床形態與海流塵沙都會影響海的顏色河流
> 注入的淡水會局部改變海的顏色，日光的位置更容易
> 造成視覺上的魔幻效果……。這些變因的加總讓我們
> 擁有各種顏色的海：冬日像失去顏色的灰色的海，浮
> 滿微細綠藻的綠色的海，鋪滿紅藻與浮游生物的紅色
> 的海，表面形成凝結冰的白色的海，以及陽光跳躍的
> 金色的海（當然，那也可能是夜光蟲或膝溝藻這類帶
> 著磷光的微小生物所造成的）……。「外光派」的畫家
> 用畫筆上有限的水就能重現光與萬物交會的細節，海
> 理所當然更能做到這點[18]。

根據上述引文，閱讀者不難發現作者的文句中，隱約有

---

17 見吳明益編：《臺灣自然寫作選》（台北：二魚文化事業有限公
司，2003 年），頁 294。
18 見吳明益：《家離水邊那麼近》，頁 110-111。

光在眼前穿梭躍動，同時作者擁有大量的海洋生態相關知識，不厭其煩地以極長的篇幅，在適切的位置適當地堆疊，並且運用極爲流暢「獨白式」的文學筆法，還旁引繪畫技巧加以強化擬討論的「海色」，不僅在敘述方面層次井然，亦開創散文書寫的新風貌，這也是吳明益創作的特色[19]。

（二）語言的運用與突破

八〇年代以降，爲台灣散文藝術高度發展、成果耀目之時期，其語言、形式之成熟，絕無可疑[20]。檢視三位作家的海洋散文書寫，除了「詩化」的特徵外，各自亦有特色，無論雅俗、剛柔，抑或方言俚語的使用，皆能冶一爐而成金。

廖鴻基的作品迄今已有十餘部，從第一本《討海人》始，詩化的語言運用與風格變化越來越多樣。在《漂島》中他說：

> 常常走一段海岸後坐在灘上深望遠方海面，是否海天交界處橫著一道生命無法逾越的牆垣？是否生命所有無法透解的密碼在飛臨一定高度或穿刺海面後將會逐漸明朗？

---

19 陳芳明認爲「自然寫作的發展，到達吳明益這個世代時，已經脫離了純科學性的報導文學。他未曾放棄藝術要求的紀律，也未曾偏離生態關懷的立場。他依賴龐大的數據、紀錄、檔案、文件，但從來不做靜態的分析，而是進一步深入現場，以現實與史實相互印證。」見氏著：〈序一：光之舞蛹 —— 吳明益自然寫作中的視覺與聽覺〉，《蝶道》（台北：二魚文化事業有限公司，2003 年），頁 22。

20 何寄澎：〈當代臺灣散文的蛻變：以八〇、九〇年代爲焦點的考察〉，《文化、認同、社會變遷：戰後五十年臺灣文學國際學術研討會論文集》，頁 34。

書上說，海洋是先知者必經的荒野。

我試著從尋常生活中出軌，從陸地出航。

軌跡漸漸凌亂，一回首發現波痕所所搖曳韻漾，忘了季節的晚霞似乎特別燦爛。我發現，邊陲角落的花朵特別孤挺芳香。……

陸地上再怎麼邊陲角落總覺得與現實人生還存著一線穩固牽連，船隻一旦航入大海，大海中往往十數天遇不著任何一艘船，人煙都在千百浬外，如一片枯葉飄離母土，如一匹狼荒野漂泊，如一粒塵埃逸入太空，人世都在思念即使長了翅膀、即使生了魚鰭、即使化作奔走雲煙也無法近觸的範圍以外[21]。

「海洋」不斷地向廖鴻基召喚，在每一次的出航返航之間，探勘海洋與生命之間的奧義。作者以文學語言表述航行於海上的感受，同時蘊含對人生哲理的思索，因此格言式的語句也時常穿插出現。

在廖鴻基的作品中，「船長」、漁人與海的關係，也是其中重要的元素。在海上這些有經驗的老船長每每居重要地位，相對作者感性的想像，老船長則不斷加強陳述屬於漁人的本分與信心。

海湧伯一邊繫緊連身雨褲一邊說：「喫卡飽咧，等下戰風浪。」他背向曙光，雨褲颯颯飄動，我恍如看到一個穿盔帶甲準備衝鋒陷陣的將士[22]。

有時我們巡航一整天，一條魚也沒看到，空手返航途

---

21 見廖鴻基：《漂島》，頁 12、37。
22 見廖鴻基：〈戰風浪〉，《漂流監獄》，頁 77。

中，海湧伯總會嘆口氣解嘲似的說：「啊——又是清明。」
或者說：「啊——太平囉。」當別的鏢船看到魚、鏢到
魚而只有我們空手返回時，他會用責備的口氣說：「眼
睛全放在褲袋底，一趟白水！」[23]

鄉土語言的使用，強化了作品的力量，漁人不僅要「戰
風浪」，有時開口閉口的粗話，除了調適情緒，偶爾則是隱藏
內心的恐懼，「千萬不要跟海湧開玩笑」，廖鴻基利用生活語
言塑造出討海人的獨特魅力。

廖鴻基文字語言的魅力，往往也帶著幽默與詼諧，和屬
於船員生活場域的獨特。

餐桌上常聽船長「老鬼」或「二鬼」的稱呼同桌某人。
這張餐桌就船長、輪機長、大管輪、大副和我五人。
心想，「鬼」，不管拿來當綽號或俗稱，好像都不恰當；
何況在這遠離紅塵無比寂寥的大海裡。……是嗎，是
否他們工作地點都在不見天日的下甲板機艙裡，因而
有「鬼」自稱呼。……
輪機長說寧波話稱輪機長為「大軌」，大管輪為「二
軌」，二管輪為「三軌」，三管輪「四軌」；意思是機械
工匠。……原來，是同音字「軌」和「鬼」的誤會；……
眾「軌」們都在船隻水線下，如同船隻地下室般的機
艙裡工作。……以工作環境而言，那「軌」和「鬼」，
還真有點音、意相通[24]。

---

23 見廖鴻基：〈看魚〉，《漂流監獄》，頁 85-86。
24 見廖鴻基：《領土出航》（台北：聯合文學出版社，2007 年），
頁 91-93。

　　海上多變的場景、海上生活的陽剛氛圍與浪漫動人的想像組合，廖鴻基以航行者兼觀察者的敘述語言，展現其海洋書寫獨特的個人風格。

　　在夏曼‧藍波安的海洋書寫中，他對意象的掌握與比擬十分精準，任何可以入文的人事物，哪怕只是一時感興，雋永又深具民族智慧的語言表述，不停地順著文字流洩而出。

> 海是一張神秘的畫，裡頭藏著吃不完的、用不完的食物，並且可說是千奇百怪的水的世界；海是一張沒有道路的地圖，喜歡海的人便是它最親密的朋友。有時它溫柔得像嬰兒可掬的笑容，令人難以抗拒；偶爾呢，凶狠如敵人的匕首，要命得不講感情。……海的主人沒有雙眼，只有暗流、漩渦[25]。

　　對夏曼‧藍波安而言，在他筆下所描述認知中的海，富饒多變令人著迷，海洋具備繁複而多重的意象，卻也充滿著矛盾性，因為海洋實體本身即具有危險性，而「海洋」已成為達悟人日常生活與思想主體的一部分。他說：

> 在與耆老們談論共同的海裡經歷與經驗交換時，發現他們的長年勞動的生活哲理在面對我微笑的同時，卻是如此的令我感動。男人們的思維、每句話都有「海洋」的影子，他們的喜與怒也好像是波峰與波谷的顯明對比，倘若自己沒有潛水射魚的經驗，沒有暗夜出海捕飛魚，沒有日間頂著灼熱烈陽，體會釣 Arayo（鬼頭刀魚）寶貴經歷，那是不會深深迷戀海洋的，沒有

---

25 見夏曼‧藍波安：〈夏本‧米多力的故事〉，《冷海情深》（台北：聯合文學出版社，1997 年），頁 195-196。

這樣的愛戀，就不會很珍惜自己民族長期經營的島嶼，包括文化。當我說些海裡射到大魚的故事，老人們專心聽講的神情像是重複他們年輕時的經驗，於是他們聽的入神，說到精采的情節，他們像浪花宣洩了，大眾哄堂大笑。過了一會，耆老們便回憶起其當年的往事來回應我的故事，如此，我便逐漸地生活在母體文化之內，如胎兒般地吸吮母體的養份，充實自己[26]。

　　正因為達悟族是以海洋作為具體生活的地理空間，進而建構其文化精神，因此在夏曼‧藍波安的作品中屢屢藉與耆老的對話，並穿插運用傳統達悟古謠形式，展現其生活哲學。如在〈黑潮の親子舟〉一文中，作者與父親的對話：

　　「孫子的父親，今晚以後別再單獨一人潛水打魚，現在的魔鬼比我那個時代壞上千倍。」

　　「雅瑪，我每次潛水以前都會在岸上留二根的長煙，求我們魔鬼的親戚保佑我的。」我和藹的回答父親的話[27]。

　　這段敘述夾雜達悟族語，特殊的用語不僅讓敘述文字帶有動態的想像空間，同時讓整段文字增添不同的色彩與風貌。

　　屏弱的聲音宛如來自遙遠的海平線，隨著海浪一波一坡地飄進我的耳膜，闖入我的腦海。哽咽的聲音說：

　　從我膝蓋出生的兒子呀！

　　我唯一的兒子啊！

---

26 見夏曼‧藍波安：〈關於冷海與情深（自序）〉，《冷海情深》，頁12-13。

27 見夏曼‧藍波安：〈黑潮の親子舟〉，《冷海情深》，頁52-53。

> 你很輕了在我心中，
>
> 家似是沒有根的樹林，
>
> 我以為那一片雲不再飄失了。
>
> 你知道嗎？兒子，
>
> 我的身體很靠近鬼的家，
>
> 惡靈不斷地在我眼前顯影，
>
> 雖然我的靈魂很悍。
>
> 從我膝蓋出生的兒子呀！
>
> 你和孫子何時回來啊？……[28]

這一段引文則是夏曼‧藍波安的父親在千禧年來臨時，因為思念孩子與孫子，用達悟族特有近歌詩形式的話語，邊哭邊傳遞他思念的憂傷。父母對子女的情感向來是文學作品中重要的主題，然而藉由這種充滿象徵、譬喻的形式表達，讓思念之情更具象化，讀之引人動容的力量，遠勝過千言萬語的文字敘述。

關於吳明益的寫作理念，透過觀察自然，他思索，他想像，於是作者自己這樣認為：

> 我本就是以文學的姿態去書寫接觸生態後，自身認識世界的途徑與觀念的改變；我藉由文學不斷提醒自己，最終或許只能透過有限的文字與生命去瞭解這個世界，我只是告訴讀者我看到什麼，我感受到什麼。…我並非意圖寫一本關於記錄的書，而是一本關於思考與想像的書……在思考中理應會拋棄一些現實物事，

---

28 見夏曼‧藍波安：〈千禧年的浪濤聲〉，《海浪的記憶》，頁 59-60。

當然那些被拋棄的其實也已存在被書寫的部分裡，而
想像也需要剪裁。在這個以「非生物」的生境為書寫
對象時，我漸漸感受到人類這種生物是如何倚靠「非
生物」才得以孕育出文化，而在寫作中協調並呈現人、
人的文化、歷史及其與生物、生境演替的關係，對我
來說並不是容易的事。事實上每寫完一段，我就發現
背後還有太多未被寫出來的遺憾與隱晦的部分[29]。

作者觀照自身的書寫過程和表現方式，也明確地揭示個
人寫作的方向，他認為「科學也有詩意的可能性」[30]，如數
學家曼德布洛特曾提出「任何海岸線在某種意義下皆為無限
長。」因此作者進一步提出詮釋：「愈細節，愈漫長」。

如果我們能用想像力將自己縮小，就會像曼德布洛特
一樣驚異地發現，觀察或測量尺度愈來愈小的時候，
過去未曾暴露出的細節將一一展現：海灣和半島隱匿
著更小的海灣和半島，而更小的海灣和半島裡，隱匿
著更小更小的海灣和半島。……
一條河岸線是一個碎形，一條湖岸線是一個碎形，一
條海岸線也是一個碎形。碎形有涯而無涯。……風將
大海裡頭喪失生命的東西推向古老的岸邊，有時候是
魚的屍體，空的蚌殼，破的漁網，海底火山形成的石
頭，或深海的翁絨螺。若是一個海洋生物學家，肯定
可以從這些看起來像殘骸的東西裡看出隱藏的生態意

---

29 見吳明益：《家離水邊這麼近》，頁 9-10。
30 見吳明益：〈從物活到活物 —— 以書寫還自然之魅〉，《臺灣的自
然書寫》（台中市：晨星出版社，2006 年），頁 70。

義；如果是一個畫家，則可以從這些事物中提煉出諸
如美的荒涼之類的畫面；如果是一個神，祂將發現祂
所創造的一切，自己又創造出了無限的細節[31]。

　　藉由文字，他試圖呈現那無限延伸直到天際的海岸，透
過想像，創造出與自我相應，有意義卻無限的細節。他認為
在花蓮，無論是靈修者、觀光客、漁民、農民，以及海岸步
行者，「同時或不同時以那雙可以看到豐富色彩的雙眼望向
海，那是我們的太平洋，裡頭有全世界最深邃的地方。」[32]

　　在吳明益的作品中可見其擅長運用隱喻的修辭策略，而
這樣的書寫策略早在其創作《蝶道》時就已經出現，他說：「造
物主在他們的翅上留下謎語，我則重新咀嚼解謎者的提示，
編織我的說法。」[33]劉克襄認為吳明益的書寫，「文學的技巧
卓越，平淡的素材經過他的消化、轉換時，充滿了詩意的效
果」[34]。如他論及海是否也有記憶這樣的問題，順著瑞秋卡
森（Rachel L. Carson）的看法，「海的記憶是一種集體記憶，
留在地質變動與演化的每一項細節上；留在魚族、軟體動物、
海流或一枚石頭上。」接著作者就從一枚在海岸邊撿拾的黑
色石頭的岩理談起，岩理是石頭的記憶。

　　（三百萬年前）再後退後退後退後退，我們看到河流

---

31 見吳明益：〈碎形海岸〉，《家離水邊這麼近》，頁 106-107。
32 見吳明益：〈哦大海，那麼多吻，吻在我們可憐的目光上〉，《家
　　離水邊這麼近》，頁 106-107。
33 見吳明益：〈（後記）衰弱的逼視 —— 關於《蝶道》及其他〉，《蝶
　　道》，頁 277。
34 見劉克襄：〈臺灣特有種：一個自然寫作的新面向〉，吳明益：《迷
　　蝶誌》（台北：麥田文化出版社，2000 年），頁 29。

才開始流淌，島嶼的東部也還沒有現在你所站立的這
片海岸，與此刻唯一相同的景象就是海浪隨潮汐拍打
當時的海岸，晝夜不歇。彼時，這枚石頭仍在太平洋
的某個深邃不可知的角落，……人類仍在地球上的某
處嘗試直立，尚不了解用手撿起一枚石頭施力敲擊可
以造成這個星球多大的改變[35]。

綜觀吳明益作品在敘述語言方面，用語精練而純粹，情
感豐富而內斂，透過作者行雲流水般的書寫，作品中大量密
集地出現結合自然知識語彙的意象經營。

海草以及更深的海草形成森林吐出氧氣，魚群以鰓濾
過水流，激動呼吸。雄黃花魚黃昏時以魚鰾發聲，那
是一種愛的呼喊，而在世界最荒涼的海的角落，有孔
蟲以寂寞的儀式分裂，深海魷魚以吸盤愛撫海底岩
石。超過星空數量的海浪飛沫同時生成同時碎裂，海
決心把長出雙腳的人類趕回陸地、平原、浮起又沉沒
的土壤之上，而人們卻帶著土壤與鋼鐵以及有意志力
的憂愁，朝向大海航行。生者以力量抗拒海，死者則
順從海，直至擱淺。超過陸地山脈數量的航行者曾在
遠方滅頂，以海浪為墳丘，他們的肉體與陽光在最深
的海溝的海溝裡噎氣，洋流在那裡刷過地球最黑暗的
表面，發出一種沒有活著生物聽過的響聲，只有盲眼
的魚以側線聽見。海是幻覺、是傷害、是可見的時間，
海孤獨、悲愴、豐饒、古老，以至於陸地每天期待派

---

35 見吳明益：〈雖然我們遠在內陸，我們的靈魂卻有那不朽大海的
景象〉，《家離水邊這麼近》，頁 120-121。

潮[36]。

吳明益的作品充滿節奏感，時而輕快，時而緩慢，他開拓了文字閱讀的無限可能，不僅是平面意象，而是充滿空間感的立體型態。隨著時間的流逝，吾等不僅感受自然海岸環境的變遷，亦可從中感知人類與大海的緊密相連，在閱讀的過程中，讀者彷彿參與他的東海岸步行，感受他與自然間無止盡的對話與愛戀。

三、海洋圖景的想像與構成

屬於自然世界的「海洋」，並不會自動讓自己具有意義，因為為事物命名並賦予意義，向來是人類文化的特性，而此種取向的重要性在於使我們理解，人們和自然世界各種面向的關係，無可避免的是透過人類在特定時間和地方裡再現的範疇、技術和慣例的過濾。因此加拿大地景建築師威爾森（Alex Wilson）曾說：

> 我對於自然世界的經驗，不論是在加拿大落磯山脈旅行，觀看電視上的動物節目，或是在自家花園裡漫步，都是經過中介的。總是受到像是照片、工業、廣告、和美學等修辭的建構，以及像是宗教、觀光和教育等制度的塑造。（1992：12）[37]

---

36 見吳明益：〈海的聲音為什麼會那麼大〉，《家離水邊這麼近》，頁 159-160。

37 見 Cloke,Paul,Crang,Philip & Goodwin,Mark 編，王志弘、李延輝等譯：《人文地理概論》（*Introducing human geographies*）（台北：巨流出版社，2006 年），頁 10。

　　「自然」本身是人類想像的重要範疇，而「自然」並不是虛構，因此在「真實」和「想像」間，就需要實際地參與。透過參與的過程，每個人必然能夠選擇過濾所看到的事物，以及如何理解所見的事物。我們對海洋向來有許多想像，透過視覺與感知，進而得以產生衡量的尺度與相互對應身處的位置。

　　我們居住的島，為海所環抱。然而海，究竟是什麼樣貌呢？我們是如何看待這一片蔚藍？在航海事業不發達的年代，人們對於海洋的想像不外乎就是神秘奇詭的海外奇談，在傳統中國文學作品裡的大海意象通常是人們逃離現實世界的一方淨土，海上蓬萊神話從先秦兩漢發展至魏晉南北朝，其仙鄉的他界空間概念已十分穩定，並以海中「三山」神話（蓬萊、方丈、瀛洲）樣貌，寄託先民對於不死仙鄉的追尋。海島相對於陸地而言，因為海的阻隔，自然與俗世有所區隔，仙鄉仙島本是隸屬於空間層次的虛擬他界，往往隱藏在現實世界的深山或大海中，具備與世隔絕的特質。

　　趙君堯認為在中國古代的海洋文學作品中可看出古人面對海洋的認識與感受：

> 與西方海洋文學那種對海洋狂暴、嚴酷的描寫不同，中國古代人們對海的奇麗、海的溫柔、海的廣闊，對海洋帶給人類的豐富的資源，感到無比欣喜，對海洋帶給人類生命的源泉，感到無比的崇敬；對海的肆虐、海的狂暴、海的凶險，對海洋帶給人類生命的毀滅感到敬畏和恐懼；而對於勇於搏擊海洋的人類的多姿的生活和命運，則給予了深切的關注，並構築出許多令

人神往的美好境界，把海洋看成是神仙居住的地方，
想像出巨大的扶桑樹生長在海上，仙人在那裡洗足，
在那裡唱歌[38]。

吳明益則認為「如果有人編一部人類文明裡的隱喻詞
典，或許「海」這個條目底下將會是一連串彷彿海洋生物般
繁複的詞語，海草一樣糾纏的解釋。」因此對於「海」，他這
樣敘述：

啊那個飛魚飛行，藍鰭鮪穿越回歸線，信天翁永不降
落的海；那個深處隱藏著隨時噴發的火山，鼓盪海嘯，
生產暴風的海；那個摧毀城鎮，養育魚族，啟發好奇，
不可測度，不可逼視，露出島嶼或淹沒島嶼的海；那
個隨月球韻律膨脹，地球自轉帶動洋流而給予探險家
發現新陸地機會的海……我們以海明示或暗示廣大、
豐饒、難以想像巨大的時間回聲、寂寞、恐懼、難以
馴服的野獸、原鄉、異鄉、遠方、災難、無疆界或神
秘的疆界、憂鬱、深沉、愛、未被開發的荒原、潛意
識、反覆無常或者善變、時間的邊陲、冷冽、流亡、
流動、漫長的歷史、不可思議、神話的原鄉……[39]

在人文地理學中，時間和地方是詮釋現代性的具體面
貌，視為彼此關聯的故事和地圖（story-and-map）[40]。檢視

---

38 見趙君堯：〈論中國海洋文化與海洋文學〉，收入《海洋文學研
　究文集》（北京：海洋出版社，2009 年 4 月），頁 28-41。，
39 見吳明益：〈雖然我們遠在內陸，我們的靈魂卻有那不朽大海的
　景象〉，《家離水邊那麼近》，頁 127。
40 王志弘、李延輝等譯：《人文地理概論》，頁 219。

現代散文對於海洋所進行的書寫作品中，傳統中國文化所賦予的海洋奇幻神話與海外仙山的世界，固然提供創作者許多滋養，然而並未見到大規模的承襲現象，現代作家本身在身份識別與對土地認同感更加強烈，同時現代科技日新月異，我們對於海洋科學知識的認識也較以往深入，因此作家已不願只在海岸邊凝望或是讚嘆，他們開始運用自己的方式參與，親身感知，臨場見證，進而再現海洋。於是廖鴻基選擇步行海岸、登船出航返航；夏曼‧藍波安選擇潛入深海，具體接受海洋生產者的洗禮；吳明益則是維持一慣步行的姿態，從海岸邊走到出海口，用自己的雙腳閱讀沒有章節與頁數的海洋。故古代與現代的海洋文學，在內容表現和敘事方法上實有相當大的差異性。

（一）故事性與經驗談的互證 ── 追憶與當下

對於地景的研究，人文地理學家則描繪了獨特的地景，嘗試重構過去的地景，追溯生產與持續塑造今日地景的社會意義。地景不僅被理解為實體環境，還是思考地方、描繪地方，以及賦予地方意義的特殊方式的結果。地景也可說是一種觀看方式，是可以解讀的文本，或是社會於其中演出主流價值的劇場。當今的地理學家都認為，地景觀念是塑造世界及其意義的方式，其中文化地理學家最感興趣的是，地景觀念與其他有關世界及其組織方式的觀念的連結，尤其是人與人的關係，這些都表現於書寫或繪畫等文化形式裡[41]。

---

41 同前註，頁 290。

　　廖鴻基迄今十餘部的作品中，每一部都可說是他的海洋生活紀錄，蘊藏了動人的故事，也充滿著大海的聲音。學者彭瑞金論及廖鴻基作品時，曾認為其作品具有開啓臺灣海洋文學的可能性，「我們有很大的機會，建立海洋觀點的臺灣新文學，廖鴻基不妨做個開道先鋒。」[42]

　　在《領土出航》一書中，廖鴻基跟著陽明海運竹明輪參與航程四十七天的歐洲定期航線，途中經過紅海時，「還真是一道裂隙和傷痕；紅海，地球上鹽度最高的海，可是因為溶入了太多比海水更鹹的血水和淚水。」作者聯想到著名的聖經故事「出埃及記」，和過往發生於此地的歷史傷痛，這究竟是一條怎樣的航道，多年來不安與恐懼交織。他說：

> 海圖裡的紅海畫著不少航道；如馬路雙線道規劃，中央還設了安全分隔島。只是，抬起頭來看海，實際的海面一樣曠邈，哪來的雙向道，哪來的分隔島，這些規劃都只存在於海圖上。
>
> 航海，有時像是在虛擬的世界裡，想辦法證實自己存在[43]。

　　紅海與我們的距離太遙遠，無論是讀者或是作者記憶，這都是一個充滿哀傷故事之所，卻似乎又是一片充滿神蹟與神奇之海。海圖上的紅海畫滿航道，指引作者和竹明輪一起通過這裡，然而當年摩西率眾逃到紅海邊，那一片海與作者

---

42 彭瑞金：〈翻版的「老人與海」─期待海洋文學〉，《討海人》，頁 246。

43 見廖鴻基：《領土出航》（台北：聯合文學出版社，2007 年），頁 100。

親見的，彷彿都走到了天涯海角的盡頭。但紅海為什麼稱為
「紅海」？作者認為也許「紅」是「傷」的隱喻，或者只是
內在的象徵，思緒都繞著顏色打轉。

> 顏色由視覺分辨，竹明輪踩過的盡是尋常無異的藍色
> 海水；但閉起眼，「紅」遂幻成光譜：血流成海的海、
> 受傷的海、熱情的海、憤怒的海、紅葡萄酒淹成的海、
> 只允許晚霞溶入的海、共產黨的海、燃著火炬的海、
> 漂著紅罌粟花的海……[44]

　　透過這些對「紅海」之「紅」的聯想，實引發作者許多
遐思。但盡頭處的豁然開朗，原來所謂的「紅」，並不是紅澄
澄的海色，而是從岸緣看海，山的倒影將敷鋪出海面大片褐
黃。紅海是否真的張裂出現神蹟已不可考，然而透過作者的
親臨，形諸筆端的文字，得以再現不朽的紅海傳奇。

　　海洋密碼對廖鴻基有著無比的吸引力，召喚他不斷地出
航返航。《漂島》一書紀錄他參與一趟約一萬四千浬的遠洋魷
釣作業航程，就作者而言，這是一趟至為特殊的體驗。作者
隨著遠洋漁船，自高雄港西南向出發，航過南中國海，穿越
麻六甲海峽、跨越赤道、斜越印度洋、旁過好望角、橫渡南
大西洋……在阿根廷沿海漁場停留十四天之後……反頭在橫
越南大西洋於南非開普敦上岸，這一趟航程共六十二天。相
對人生歲月的長度，六十二天似乎不長，然而廖鴻基隨著遠
洋漁船的航行，從家鄉臺灣出發，面對海景、地景的轉換，
同時生活場域也從陸地轉向海洋，透過作品我們得以感受海

---

44 同前註，頁 96。

洋場景所映襯出的世故與人情，在時空環境轉換的過程中，我們從中體會船上人與人之間的互動，不同船長的領導風格，甚至是海與岸的隔閡、訊息中斷的孤獨感。所以作者在敘述中，往往穿插許多故事，是一種追憶，或是與現實呼應：

> 花蓮高中在花蓮港港口海岸上，教室裡，黑板如何也不比窗外的海洋廣闊，我的高中生活黑板是黑色的，但窗外的海洋和我的心情一樣是藍色的。船隻托長了船尾白沫，如粉筆在黑板海面畫下了湧湧溢溢的波浪。船隻離港，遠遠化為天際線上的一個黑點（粉筆航行到了黑板的邊緣），陽光點化遠航的船隻為一只幻化的亮點（教室裡老師的聲音漸漸沉沒、漸漸消散）。……
>
> 下課後同學結伴下去港邊看漁船出航，羨慕當一個站立船頭的討海人。……
>
> 許多年以後的一個清晨，漁船響著鏗鏘引擎聲犁浪出航，出海學做討海人，我站立船首頂立晨風，讓襯衫衣褾瀟灑飄在身後。……
>
> 四天顛搖的航行後，再過一晚，就要抵達新加坡了[45]。

廖鴻基擅長書寫海洋生物的姿態，因此當船隻到了阿根廷漁場時，他生動逼真的紀錄了釣魷魚的情景。

> 釣絲被魷魚機捲拉上來，成串假餌一門門碰擊網台上端的滾輪，「叮、叮、咚、咚」熱鬧響個不停，假餌上鉤掛著被釣上來的阿根廷魷魚，一條接一條列隊成串

---

45 見廖鴻基：《漂島》（台北：印刻出版有限公司，2003 年），頁 42-43。

的被拉出海面。

上鉤的魷魚不甘心被釣上來似的，紛紛扭動、抽氣，鼓脹了胴體，怨嘆似的一癟、一鼓，發出「咕嘰、咕嘰」誇張的喘出水氣，或一口口噴出墨汁。風勢不小吐喘的水霧迎風揚散，舷邊燈火燦爛，舷側一整排四、五十條釣絲一口氣拉上來數百條魷魚，一眼看去，魷魚水煙奪得燈光反照一片光霧迷離，如舷邊點放了炮仗煙火繽紛熱鬧。魷釣機從海裡拉上的不只是漁獲，也拉上來深埋在水面下夜暗海洋的繽紛光彩。…看著一串串魷魚如珍珠項鍊般的被魷釣機拉出水面，這漁場的肥沃與騷動似乎都埋藏在水面下[46]。

不同的漁場有不同的漁法，如果沒有這種實際的體驗，單憑想像很難勾勒出這種屬於特定漁場的特色，對魷魚被捕的當下狀態，同時兼具聲音與畫面，還帶點卡通味道的童趣。

在夏曼・藍波安的作品裡，故事性與經驗談往往互為表裡。他在〈大魟魚〉中談到某次潛水遇到令他感到害怕的大魟魚，「在我看見魟魚時，我立刻回憶村裡的前輩在談天時，所討論的有關大魟魚的故事。」過往聽聞故事的經驗，強化了作者的恐懼感。

有一回，我的堂哥及幾位好友去射魚，他被大魟魚包住，使他無法浮出海面換氣，由於牠的長相太醜，因此厭惡觸摸牠，加上牠的細細的尾巴有巨毒，使我的堂哥更為害怕。在保全性命的情況下，他唯有的防禦

---

46 同前註，頁 179-180。

> 能力與唯一的選擇是，用魚槍射大魟魚。這一槍一射
> 出，除了流大量的血外，大魟魚像發瘋的樣子，用兩
> 邊的翅膀重重的拍擊我的堂哥，他也像是被颱風之巨
> 浪沖到潮間帶的礁石，全身被尖銳之珊瑚礁刮傷、刺
> 傷滿身。……
>
> 我於是慢慢地攀著珊瑚移向岸邊，而牠特殊的、說不
> 上來的敏感和我相同的速度在移動。……[47]

作者順利地上岸，舒緩情緒，繼續射魚。當他射中一條鸚哥魚（女人魚）時，恐懼感又從心底浮現。他記起父親說過的話：

> 你在海裡打魚時，如果你的靈魂突然害怕的話，不要
> 猶豫；立即上岸回家，因那是不祥的預兆。

作者直言，一想到這句話，便掉頭游回原地。果然有三條腹部全白的大魟魚朝他游過來，為了性命安全，他趕緊游回岸邊。這三條大魟魚的前端雙眼底部，有兩片似是鐮刀型的垂肉，中間是嘴巴，看來至少有兩尺寬大，牠們並行游向作者，猶如挑戰復仇的姿態。作者雖然氣憤，忽然間他又想起長輩的話：

> 孩子，在海裡看到奇形怪狀的魚類，最好不要傷害牠
> 們，因為牠們的靈魂比正常長相的魚來得有靈性。

因為經驗與敬畏，在夏曼‧藍波安的文字裡，常再現過往族人的經驗談，而這些實際的經驗，深植作者心中，讓他能夠屢屢避開深海中的危險。

---

47 見夏曼‧藍波安：〈大魟魚〉，《冷海情深》（台北：聯合文學出版社，1997年），頁179-180。

　　夏曼‧藍波安喜歡潛水，即使是天候不佳或是黑夜來臨，都不能阻擋他想下海射魚的意志。

> 海浪從陸地上觀望，雖是很恐怖，像是要吞掉潮間帶所有生物似的，但她是外剛內柔，因海流平穩，並且海底裡的礁石與礁石間的縫隙又有我想要射的魚，內心是難以形容的喜悅。再潛兩、三次吧，我說。Bob…Bob…Bob…射穿魚身的聲音，鋸尾魚散了又聚、聚了又散，不畏死的任我選擇。連續射了三條，背後的網袋已比先前重了很多。再射一條較大的吧，我想，而後回家。……海裡幽暗的把所有魚的顏色染成黑色……再一條，我想，我不能貪到把現成所有的魚全射完，況且天已暗了，父母親鐵定擔心我的安危[48]……

　　在回家的路上，他心情非常複雜，「我的愛海徒增家人的困擾？」果然一回到家，這位「黑夜歸家的男人」就受到極大的責難。在沉靜的氣氛下，伯父說了一個年輕時和作者父親一起潛水射魚的故事：

> 我和大弟當時差不多與夏曼‧藍波安一樣年輕，兄弟二人一起潛水射魚，當時魚很多，所以我們只挑選好魚，游到下午時，我看到一條浮在水中的大魚，他逐漸靠近我，大弟在旁說：「一起射，比較好。」我們慢慢的潛，大魚和我們平行時，在射程之內按下開關的木炳，鐵柱咻……的直射穿大魚胸鰭上方的部位，大弟來不及補射一槍，我的魚槍便被大魚搶走。彼時，

48　見夏曼‧藍波安：〈冷海情深〉，《冷海情深》，頁28。

我們浮出水面換氣，弟弟二話不說，遍尋著那條銀白
色的大魚往外海追，他換氣，我注視著那條魚，同樣
地，我換氣，弟弟追魚，牠累了，我們也累了，但在
這個時候早已看不到海底，只有銀白色的牠在水中翻
來覆去，海底像是無底的深淵令人害怕萬分，當時我
們年輕，膽量又大，而且做好一支魚槍要浪費很多時
間，我們想。大魚逐漸軟弱了，血不斷地流。深度大
約在十五、六噚時，弟弟衝動的便潛下去欲補一槍，
我在水面看著弟弟的腳掌越來越小了，大魚不斷地在
掙扎，忽深忽淺。正值壯年的弟弟，迅速的補上一槍，
我看著他和大魚拼鬥，於是立刻潛入水中，弟弟由下
往上望，一個手掌，一雙腳掌抓住海裡的魚企圖浮上
水面，當我抓捉被大魚拉走的槍時，大魚已耗盡能量。
彼時，我們就稍微輕鬆的把魚拉上海面，呼……的長
音，吐出胸膛裡餘氣，換口新鮮的，哇！捉到了。我
們的興奮難以言喻……

　　透過大伯之口，我們可以看見同樣的情境，在每一代年
輕的達悟勇士身上重現，他們遺傳了擅於潛水的基因，因此
每個人都期待在海底的英勇表現。「我們愛祂（海），但不瞭
解祂。『夜歸的男人』是釀成悲劇的前奏」，因此重要的是不
可在下午時段單獨浮潛射魚，面對海洋需謙卑以對，射到大
魚不可驕傲。「我們三兄弟，還有哪種魚沒有吃過、捉過呢？
但不吃用生命作賭注射回來孝敬我們的魚。」經由文字敘述，
可知達悟族的長者擁有許多和海洋有關的英勇事蹟，但他們
不斷提醒需用謙卑之心面對屬於海洋的一切，這是海洋文化

的經驗傳承，也是海洋民族秉持的原則與價值。

　　吳明益因為任教學校之便，「我在花蓮的研究室和宿舍離水那麼近。太平洋在我朝餐廳路上的右手邊，時速六十公里十分鐘的車程，屢以步行觀察感知周遭的風景。」而促使他步行水邊思考之始，則在於他無意間步行了須美基溪，走過上游破碎的水泥化溪床，溪上有橋，天空飄雨，他彷彿見到橋上的台灣彌猴石雕掉淚。

> 那條哀傷、美麗的溪流，那道多雨、多陽光，陡峭，
> 隨時崩塌的海岸線，是促使我步行循水到來思考此地
> 與自身諸多問題的開始[49]。

　　因為用心，所以敏銳。在一次學校的演講過後，接待大陸作家李銳到花蓮海岸看海。李銳小說的場景多半是在內陸，特別是少雨乾燥的黃土高原，他並不曾在這麼近的距離聽海。海的聲音究竟有多大？吳明益以文字表達各種海洋可能出現的聲響，無論是細微的，或是巨大的。

> 海的聲音那麼大。有一億隻招潮蟹以步足在海與陸地
> 的邊緣走過；雨珠撞擊海面，濺裂成無數更細小的淡
> 的鹹的水珠，浪像心碎一樣顫抖。大翅鯨以鋸齒狀尾
> 鰭切過清水斷崖，達悟人對著海大喊 Amonmonb。數
> 千萬隻槍蝦開合他們的螯，形成「蝦爆」，從高山而來
> 的立霧溪與從赤道回來的黑潮交換彼此相異的鹽份與
> 溫度，以致於產生像夢境的聲音。……
> 海的聲音那麼大以致於不可辨識裡頭細微的音響或啟

49　見吳明益：〈代序〉，《家離水邊那麼近》，頁7。

示，海的聲音那麼大但梭羅曾在步行卡德海峽時遇過
一個老人，自稱可以從那裡頭分辨出海上的天氣。海
的聲音那麼大，就像一篇好小說。

我們站在被海汰洗了百萬年的礫灘上，不知為何來到
此的遊客撿起石頭打水漂，石頭沉到海底，見起連看
都看不到的細小微沫。我們離開海岸，空氣中充滿了
海的聲音，直到車門關上後很久，都還在我們的沉默
之間飄移、回盪[50]。

　　我們的居住地四面環海，而我們何曾仔細聆聽海的聲
響？作者引領我們傾聽各式各樣屬於海的聲音，因為海的聲
響絕不重複，他先揭示當下我們所聽到海的聲音，是由多樣
以致無以計數的生命所發出聲音的匯聚，作者認為這些聲音
必然有蘊涵其中的啟示，只是我們無法辨識。有經驗有智慧
的人或許有能力從中感悟，從真實的聲音到停留在心中，縈
繞耳際，從過去到現在以致於未來，在每一種情境中，海所
發出的聲響不僅不同，而且浪聲繁複得一如一架巨大手風琴
由遠而近的琴，值得一再地聆聽與閱讀。

（二）想像之海與意象空間的營造 — 虛構與真實

　　想像的靈動與意象的營造，是文學作品中兩個重要的成
分，亦是構成文學作品能夠吸引讀者，同時具備可讀性的重
要因素。

　　法國自然主義作家左拉（Emile Zola 1840-1902）曾說過：

50　見吳明益：〈海的聲音為什麼會那麼大〉，《家離水邊那麼近》，
　　頁 159-160。

我不把平凡作為規則，我不拒絕想像，更不拒絕作為
想像之最高和最強有利的形式的推理[51]。

徹頭徹尾捏造一個故事，把它推至逼真的極限，用莫
名其妙的複雜情節吸引人，沒有什麼比這更容易、更
能迎合大眾口味的了。相反，擷取從你自己周圍觀察
到的真實事實，按邏輯順序加以分類，以直覺填滿空
缺，使人的材料具有生活氣息——這是適合於某種環境
的完整而固有的生活氣息，以獲得奇異的效果，這樣，
你就會在最高層次上運用你的想像力[52]。

左拉在「想像」問題上有過人且深刻的見解，他認為真
正的想像不應該流於幻想的編造與誇張的杜撰，而應該「經
由生命的感覺返回生活的大地」[53]。因此左拉在文學敘事中，
提出「真實感」這樣的最高原則：

什麼也不能代替真實感，不論是精工修飾的文體、遒
勁的筆觸，還是最值得稱道的嘗試。你要去描繪生活，
首先就請如實地認識它，然後再傳達出他的準確印
象。如果這印象離奇古怪，如果這幅圖畫沒有立體感，
如果這作品流於漫畫的誇張，那麼，不論它是雄偉的
還是凡俗的，都不免是一部流產的作品，註定會很快
被人遺忘。它不是廣泛建立在真實之上，就沒有任何

---

51 見（法）左拉，〈論小說〉，收入朱雯等編選：《文學中的自然主
義》（上海：上海文藝出版社，1992年），頁244。
52 同前註，頁243-244。
53 見曾繁亭：《文學自然主義研究》（北京：中國社會科學出版社，
2008年），頁194。

　　　存在的理由[54]。

　　左拉反覆強調的「真實感」，「只是知識主憑感官印象創造出來的而這感官印象並非來自外物，而是來自知識主自己的經驗，即實用活動所生的感受、情感、欲念等等，經過心靈賦以形式而外射為對象。」[55]他認為文本應該呈現關於生活真實完整的意象，因此「真實感」應是主、客體融合的產物，「並不是那種絕對客觀的真實，也並非是一種簡單的主觀真實，而是一種排除了『前見』的、在主體與現象世界的遭遇交合中，『被給予』的、為我獨有的感覺體驗。」[56]

　　至於意象的營造，新自然主義美學的代表人物桑塔亞那（George Santayana 1863-1952）認為：「美，是一個生命的和聲，是被感覺到和消溶到一個永生的形式下的意象。……每一個意象就是一個以永生的形式被觀看到的本質。」[57]事實上在海洋書寫中，往往作家的想像力與意象的經營相輔相成，文學敘事的虛構與真實交錯，正因為作家親身體驗的真實感知，一但轉化為文字後，讓閱讀者深受文字建構的海洋世界吸引，久久不忍將目光移去。

　　流動的意象與敘事策略的掌握，是現代海洋文學很重要

---

54 見（法）左拉，〈論小說〉，收入柳鳴九編選：《法國自然主義作品選》（天津：天津人民出版社，1987年），頁780。

55 見朱光潛：《朱光潛美學文集》（二）（上海：上海文藝出版社，1982年），頁398。

56 曾繁亭：《文學自然主義研究》，頁196。

57 見（美）桑塔亞那：《審美範疇的變異性》，轉引自蔣孔陽、朱立元主編，《西方美學通史》（六）（上海：上海文藝出版社，1999年），頁90。

的特徵。廖鴻基的海洋創作中，其最擅長書寫海中生物，特別是人與魚之間的互動和對決，總是寫得細緻而從容，如果沒有真實的經驗，很難寫出海洋生活質量感兼備的作品。廖鴻基置身於船上，他從船上俯瞰海中，在船首眺望遠處，不同的高度映入眼簾的景物並不相同，於是他用充滿感性與對等的姿態看待魚族，用人性的角度揣測魚的智慧。對於人與魚的互動，他初初下海那年的夏天，他描寫了一趟追捕鬼頭刀的過程，充滿真實感卻又令人低迴不已。

在立霧溪海口，一條大魚咬中了船尾拖釣的假餌，八十磅的粗線及緩衝用的的內胎橡皮瞬間被拉成筆直，時空似乎凍結住了就等候斷裂的一聲巨響。作者幾乎是尖叫呼喊著，海湧伯示意著要他把大魚拉上來，但是在拉扯的過程中，鬼頭刀甩了甩頭輕易地扯斷作者手中的魚線。作者的悵惘，引發其在夢裡一遍一遍和鬼頭刀搏鬥，鬼頭刀倨傲桀驁的眼神經常出現在夢中，「我常常幻覺進入鬼頭刀牠的眼、他的心」。跟鬼頭刀纏鬥的意志不斷的在胸中累積，終於，同樣時間，同樣地點，同樣場景，作者再次遇到鬼頭刀，「大約在船後一百米處中鉤的鬼頭刀不斷的翻躍到空中，重重的摔在水面上。」作者真切地認為「決戰的時刻終於來了。」在充滿自信地收線過程中，突然出現不可思議的意外狀況：

> 已經收回了大約五十米線，牠再度躍出水面。我竟然看到兩隻鬼頭刀一起跳出水面，大概是眼裡的戰鬥火花模糊了我的視覺，用袖口抹了下眼角……沒有看錯，是兩條鬼頭刀幾乎是頭靠著頭一起躍出水面。這是什麼情況？在我牢不可破的戰鬥心情中，滲入了一

個問號。

並沒有放鬆我收線的手，再拉進了將近三十米線。兩隻鬼頭刀一起躍起，一起摔下，一起游在水裡。這樣的距離已經可以確定，中鈎的只有一隻，而另一隻是自由的。為什麼會這樣呢？第二個問號重重的打進我的意志中。

在拉近十多米，這場鬥爭似乎已接近尾聲。現在，我可以清楚的看到中鈎的是一條母魚，而陪她一起摔滾的是一隻公魚。母魚游向左方，公魚也貼著身游向左邊，那親密的距離彷彿是在耳邊叮嚀，在耳邊安慰。尤其當我看到那公魚的眼神，不再是記憶中的倨傲從容，而是無限悲傷、痛苦或者柔情。……

高傲美麗而多情的鬼頭刀啊！如果是岸上的鬥爭我絕不遲疑，因為在岸上的世界，溫情就是懦弱的包袱。

但，我心裡的這片海原本多情，為這美麗的魚和這美麗的情意，這場景畢竟人間少見，我捨不得閉眼[58]。

　　魚是漁人追尋的獵物，是財貨的象徵，但在廖鴻基筆下，魚象徵意義也包括愛情。類似的場景也同樣出現在〈鐵魚〉一篇中，對魚類情感的描寫更細緻動人[59]。鐵魚是翻車魚，

---

58 見廖鴻基：廖鴻基，《領土出航》〈鬼頭刀〉，《討海人》，頁 28-30。

59 吳明益認為廖鴻基的敘事策略「顯然不是觀察的，而是帶著戲劇化的」，他曾將〈鐵魚〉一文的段落結構分為十一段，而用「血」、「鬥士」、「紅色海水」、「霞紅雲彩」等意象，貫穿在這些敘事段落的夢境、捕魚過程中。其敘事結構是以尾應首，間或穿插回憶、夢境，形成一個封閉又時時逸出時間序以外的敘事模式。見氏著：《以書寫解放自然 —— 臺灣現代自然書寫的探

動作溫吞緩慢，體型巨大，隨波浪搖擺如沉睡海面的一張大搖籃，因為鐵魚會在大太陽及南風天浮出海面，像在海上作日光浴般翻倒平躺在水面上。就在海湧伯出鏢刹那，「我怔住顫抖了」，「為了我看到兩片尾翼幾乎平行貼住同時豎起。那可是兩隻鐵魚一上一下疊躺在一起？」

> 我回想擲鏢前後牠的溫吞模樣和瞑視眼神，牠可是為了用牠大片身軀作為保護傘、作為盾牌，來保護貼身在牠身體下的伴侶？
>
> 海上成雙成對出現的魚不多。…這是我第一次看到，毫無間隙緊緊相擁的一對伴侶。彷彿浩瀚大海無數生命中，牠們是彼此唯一的選擇，牠們珍惜相遇相知的情緣，這樣牢牢相守相貼[60]。

魚類之間的情感交流究竟是什麼狀況呢？萬物有情的想法，讓廖鴻基以充滿深情浪漫的文字書寫海洋。其所讚嘆的情緣，或許是他的內在想像，然而藉由文字展現這種宛若情人初遇的人魚關係，亦是廖鴻基作品中所獨見。對作者而言，雖然鬼頭刀在市場上的價值不高，但在作者心中意義非凡，「價錢的高低並不能絲毫減損牠在我心目中的價值。牠的價值表現在牠的生命上，就像牠美麗的色彩與藍色星點，在離開海洋離開生命後，即刻消逝。」廖鴻基感性的想像與追求自由的浪漫心情，明顯地成為作品重要的氛圍，但相對的當下是身為討海人的任務，人和魚終究必須對決，海湧伯說：「眼睛閉起來吧！如果當作是一場戰爭，就該忘掉眼淚……」資

索（1980-2002）》，頁 557-558。

深的討海人在最後一刻依然理性以對，於是真實與想像交織，浪漫與對決並峙，漁人用最柔軟的心情面對迎向最後的對決，每次營造的高潮形成廖鴻基作品中獨特的美學風景。

　　廖鴻基極為擅長書寫海洋場景映襯出的人情世故，《漂島》是作者跟隨遠洋漁船進行為期六十二天的遠航記實，作者自陳這趟航程中幾乎每晚有夢，海上多夢，或者「大海原本就是夢的倉庫、夢的淵源」？唯有入夢才能穿越隔閡，廖鴻基說：「原來海面下蘊藏了世間每個人一生一世所有的夢……航海人夢不完的夢，海風吹上陸地。」[61]他的書寫方式是敘述一段夢境，再回到現實的海上生活。

　　　熱帶海洋平靜得恍如仲夏悠悠綿綿的長夢。

　　　深入熱帶海洋，沒有椰子樹，沒有珊瑚礁，海水沉沉
　　　甸甸，無聲息，無止盡，感覺像是沉溺在虛無的懷抱
　　　裡，船隻的引擎聲可是這場虛無裡唯一的掙扎……不
　　　搭調的，空轉的……[62]

　　學者賴芳伶高度的讚美廖鴻基在《漂島》中的寫作手法，認為他的敘述極盡聲色之美。

　　　靈動如巫術般的語字，往往氤氳出某種譎幻的氛圍，
　　　一則則蒙太奇式的夢境斷片，看似無所關涉其實互通
　　　款曲地，夾纏於現實和超現實，意識和潛意識的多重
　　　介面，彷彿暗暗流淌不為人知的靈魂秘辛，紛至沓來

60　見廖鴻基：〈鐵魚〉，《討海人》，頁 112-114。
61　見廖鴻基：《漂島》，頁 28。
62　同前註，頁 101。

的變形欲望，更遙遙呼喚我們肉身存在的羞赧[63]。

透過作品，我們得見無論是海況或是魚群，科學資料與經驗佐證詭譎神秘的文學想像，讓廖鴻基的海洋書寫有了溫暖又多樣的風貌。

在夏曼・藍波安的作品中，海面下真實的人魚相遇場景，是最引人目光的場景。在達悟族的思維裡，海洋本身就具備自己的生命和個性，於是夏曼筆下的海洋風景早已超越的海色美不美，危險與否，以及海中生物的種類數量多寡的範圍，他突出達悟人在充滿生命力之海前，如何運用個人感官，體驗與海洋之間的關聯性。我們可以注意夏曼・藍波安在寫作策略面上的特點，首先他會直譯達悟語取代常見的漢語語法[64]，並以擬人方式進行敘述。

> 「孫子的父親，今天沒遇見人嗎？（沒有釣到鬼頭刀魚嗎？）」
>
> 「今天，孫子的父親，沒遇見人。不過有人探望牠（指鬼頭刀魚有游經船身）。」……
>
> 老人的魚鉤已不再銳利，順著潮水划，汪洋中船身下的鬼頭刀魚早已對老人不感興趣了，我即興創作精選詞句吟唱即心中徹底的尊敬在歌詞裡，最終海裡的大魚沒有被我精選詞句感動，偶爾游經我的船聊表一絲

---

63 見賴芳伶：〈（序）遠航似在人世間如煙隱去……〉，同前註，頁7。

64 關於原住民文學作品裡「文化翻譯」的面向，可參見陳芷凡：《語言與文化翻譯的辯証：以原住民作家夏曼・藍波安、奧威尼・卡露斯盎、阿道・巴辣夫為例》，國立清華大學臺灣文學研究所碩士論文，2006年7月。

心意，讓我瞬間亢奮地意識到牠們好像有聽到我的歌似的。我的心在流淚，然而又何奈呢[65]？

夏曼‧藍波安在作品裡的第一人稱敘述者往往是自己，「我」是一個學習者、傳承者，基於他受過漢語教育洗禮，他同樣肩負著文化傳譯者的角色。在他夜晚潛水晚歸之際，家族到齊，伯父用達悟特有的吟唱來教訓他。

> 我已經是個殘廢的老人/行動笨拙的人呀/小蘭嶼的海浪不曾威脅/我前往潛水射魚的慾望/激流駭浪不曾消耗/我潛水射魚的體力/海底裡的怪物不會令我恐懼
>
> 我已經是孫子的祖父了/洶濤駭浪的無情/有誰不怕呀/激藍碧海連天一色/有誰不愛呀/但/孩子呀，用你的智慧愛/我們這些老人呀[66]

夏曼‧藍波安說這首詩是為他而作的，是一種叮嚀。透過他的書寫，我們得以了解不同族群的語言表達背後的深意。他的長輩們說完過去自己與大魚搏鬥的過程後，斥責感消失，叔父肯定他的潛水射魚的能力，取而代之的是諄諄告誡：

> 我的要求是，在下午時段不可單獨浮潛射魚，其次，射到大魚不可驕傲，散播自己在潛水方面的能力，只有謙虛才會博得族人的敬仰。
>
> 海，是一首唱不完的詩歌，波波的浪濤是不斷編織悲劇的兇手，但亦為養育我們的慈父。我們愛祂，但不

---

65 見夏曼‧藍波安：〈望海的歲月〉，《海浪的記憶》，頁 68-70。
66 見夏曼‧藍波安：〈冷海情深〉，《冷海情深》，頁 36-37。

瞭解祂。「夜歸的男人」是釀成悲劇的前奏[67]。

對夏曼‧藍波安而言，父祖耆老的經驗與故事是他創作源源不絕的材料，而這材料的本身就具有獨特的族群與地方風味，只有親身親炙，才掌握精髓，因此真實的參與文化活動與生產後，再現於書寫，展現渾厚深邃的達悟文化風貌。海洋空間是達悟人生活的場域，也同時是一個文化記憶空間，透過故事的傳衍，得以產生文化內聚力，藉以深化族群歷史意識，而說故事成為達悟男人必備的品質[68]。

在達悟族人視野裡，海洋的形象是剛柔並濟，是萬物滋長之所，亦是死亡之終，站在這種矛盾天平的兩端，夏曼‧藍波安並不疑惑，學者孫大川即言，「如果你細細品味夏曼寫他在海底十幾公尺，閉氣與浪人鰺眼對眼對峙，或靜靜讓鯊魚擦身而過，你必然會同意夏曼不是坐在船上寫海，而是潛入海寫海。海不是對象，他被海圍繞，屬於海的一部分。海是宇宙的核心，海就是蘭嶼文化的全部。」[69]

吳明益認為人類所認識的海，是由想像力始，隨著科學的進步，慢慢從「虛構」轉向「務實」。他提到過去的海似乎充滿了巨大的海怪，以歌聲媚惑人心的美杜莎（Medusa），美貌又哀傷的人魚，尚未被發現的大陸。而這些在科學出現後就變成書裡的故事或傳說。他說：

有時候我會想，如果人類放棄所有從海洋獲取的，人

---

67 同前註，頁 41。
68 見楊翠：〈山海共構的史詩 —— 夏曼‧藍波安作品中繁複的「海洋」意象〉，陳明柔主編：《臺灣的自然書寫》，頁 228。
69 見孫大川：〈蘭嶼老人的海〉，《海浪的記憶》，頁 6-7。

> 類將會變得多麼貧窮、飢餓，無知而缺乏美感與想像
> 力？
> 我們對海的想像就是我們在心裡所建構的海的形象，
> 自有語言文字以來，我們就在故事與故事間調整並且
> 訴說自己看待大海的方式[70]。

我們從海洋獲取食物，獲取資源，同時也獲取心靈智慧。是故海洋是孕育想像滋養故事的場域，同時又具備各種力量使人無法忽視那真實的存在，虛構與真實交織，得以映照出屬於海洋深層意境的不朽。

（三）心靈海圖的建構 —— 流動與夢土

一提到廖鴻基的作品，自然就浮現許多海洋印象，關於漂流、出航、捕魚乃至於天涯海角，不斷突破陸地疆域的限制，在作品中展現海洋多樣的面貌與無限的可能性。廖鴻基是這樣形容出航的感覺：

> 當一個人在塵世需要太多解釋的時候，出航的時刻便
> 到了。
> 船隻一離開碼頭，這些長期積累的僵硬和倦怠如那遠
> 去的山崙暫時被攔在岸上，甲板如一處避難所，海洋
> 的寬敞提供了一個適宜逃匿的場所，船隻離岸鬆綁揚
> 長而去，岸上有負擔的話出航的感覺就會形同解脫。
> 不再只是開門或關門。……
> 海洋是一面湧動不息的鏡子，天光倒影流晃也許並不

---

70 見吳明益：〈虛構時代〉，《家離水邊那麼近》，頁129。

真實，但航行的距離吋吋實在，離岸多遠就逃離人世
多遠[71]。

海洋是廖鴻基在精神上遠離紛亂人事的出口，在其作品
中時常出現海洋是樂土的象徵。他這種積極追尋的動力，的
確也帶給他知識的啓迪與心智的磨練，感悟人類存在的有限
與渺小，學得平等尊重與謙卑樸素。因此一趟漫長遠航的《漂
島》之旅，讓廖鴻基從原本的體認陸地/海洋二分，證明他渴
望離岸與渴望歸返岸上的強度相等，「逃逸與回歸」其實是雙
重平行線[72]。

在《領土出航》中，廖鴻基再度想望成真，搭乘夢想的
貨櫃巨舶出航。在這一趟航程中，廖鴻基作爲參與者和觀察
者，他試圖爲參與「航海」所內蘊的：出走與回歸，做出解
釋。

> 我的世界因為航海而有兩個方向相反的箭頭：←→：
> 而這兩個箭頭之間，總是存在幾個問號：←？？？→。
> 不同方向的疑惑不難有兩種迥異的單向回答，而最難
> 的往往是如何雙向自我解釋── 為什麼再度出航？這
> 次打算怎樣的航行姿態？想得到什麼？又如何回來？
> 《白鯨記》裡以實瑪利一開場便說「岸上沒什麼教我
> 特別留戀的地方，還是航行去吧，見識見識陸地以外
> 的海洋……當我覺得嘴裡越來越苦，精神好像潮濕霧
> 濛的十二月天……讓我悄悄地上船去吧。」這段話是

---

71 見廖鴻基：《漂島》，頁 60。
72 見賴芳伶：〈穿越邊界 ── 廖鴻基流動的海洋書寫〉，《台灣的自
然書寫》，頁 159-160。

否已經暗示，航海是如以實瑪利那般流浪者自我放逐
的行為，或者，這只是梅爾維爾航前的自我解釋[73]。

面對再次的遠航，雖然有確定的行程，臨出門前不再像
短天期的出海那樣渴望逃離，反而有些猶豫。那麼這次出航
的意義在哪裡？依然只是為了自我放逐嗎？為了這次的航
行，「心裡頭的掙扎竟有點像受困脫身的過程」。他開始有點
留戀於陸地，卻又被遠航所引誘，再次投入海洋的懷抱。離
家一個半月，渴望回家，然而踏上陸地，依然不這麼真實。
他說，「出航若是島嶼盪出去的一波漣漪，回來是否意味著上
岸擱淺；是應該靜止了。那又為何此刻我的心裡波波漾漾盡
是漣漪。」在這一趟航程中極動人處在於作者不斷思索「岸
上之我」與「航行之我」間，所建構出來的自我意識與認同
感，其復以浪漫不失理性筆調，一一敘述航程間無限的海上
風光與人情故事，於是廖鴻基以「領土」隱喻陸地與家園，
走的再遠，終究逃離不了思鄉的召喚，「那將是可以倚靠的肩
頭，穩固的胸懷，蜂蝶的蜜源，倦鳥的歸巢」。

夏曼的作品幾乎沒有虛構的成分，從陸地到海洋再回到
陸地，一切都展現其對生命的至誠與熱情，因此勞動、生活
與文化，成為其作品中重要的議題。大海是達悟男人生命中
重要的殿堂，因此海與達悟人休戚與共，對海洋的感受力成
為他們獨特的能力，也是隱涵於生命中的記憶符碼。

我正與海洋熱戀，於是無言也無語無心答覆地逕自騎著
機車，騎向潛水的目的地。我明白也很瞭解不會在天黑後回

---

73 見廖鴻基：《領土出航》，頁 23。

到家的。無論是否有射到魚，只要泡在海裡一、兩個小時，
我便非常高興，滿面喜悅，彷彿凡事皆順暢無阻，在那一天
夜晚，有如此之感受，是這四、五年來不斷潛水射魚與海洋
建立起的無法言遇的特殊情感。海，固然是世上最無情的實
體，但也是人類最珍貴的朋友。如此兩極化的心靈感受，對
世居在蘭嶼的達悟族而言，小島的生活，祖先累積的與海洋
之情感的流動，猶如狂傲的急流未曾在達悟子民的血漿內凝
固死亡似的[74]。

　　這段文字展現他決定遠離台北，回到家鄉蘭嶼之後，重
新學習達悟人生活的技能。同樣的海洋，在每一輩達悟人的
生命中，都有不同相應的方式，進而安置自己的生命於場域
之中。他滿懷激越的情感與熱切的心情，鎮日與海為伍的生
活中，海洋成為他重要的寄託。「海，畢竟是我這一生的最
愛」，他明白的表示他的選擇與世俗的標準背道而馳，儘管如
此，「海洋的律動，潮汐的起與落陪伴著我的孤獨，也浪費、
充實我中年時的歲月。我盡情的享受海洋的魅力，沉溺於海
底世界的欣賞，但卻疏忽了家人需要的地方。」[75]海洋對夏
曼而言，已是他自在生活的場域，「不潛水就無法體驗到族人
與魚之親密關係孕育出的海洋文化，我是用這樣的經驗詮釋
給我們的子弟，讓他們明瞭族人在海洋世界裡的文化內容。」
[76]夏曼越來越融入父執輩所認知的世界，帶著對海的敬畏與

---

74 見夏曼・藍波安：〈無怨……也無悔〉，《冷海情深》，頁 207-208。
75 見夏曼・藍波安：〈關於冷海與情深〉（自序），《冷海情深》，頁
　　11。
76 見夏曼・藍波安：〈海洋朝聖者〉，《冷海情深》，頁 117-118。

仰望，在一次又一次的潛水射魚經驗中，探索海洋的智慧與真理。

對於大海的想望與追慕，吳明益認為這是與身俱來的能力，無論是否總想離開陸地逃離海上，人類的「戀海症」與「恐海症」是事物的兩面，我們與海的連結與記憶，他引瑞秋‧卡森的話語作了詮釋：

> 無論是魚類、兩棲動物、爬蟲類、溫血鳥類還是哺乳動物，每一種生物血管內所留的血液，都和海水一樣帶有鹹味，我們紅色的血液裡所含的鈉、鉀、鈣，含量與比例幾乎和藍色的海水相同。或許如此，在某個時刻，我們總會望向大海，若有所思，或若有所失[77]。

三位作家對於海洋圖像與想像的方式各有不同，然而，大海的廣闊與深邃，吸引著無以計數的人們出航返航，觀察感知。人與船的流動，魚的流動，探索不盡的海洋是實景與心靈共構的海角天涯，亦是文學與人生永恆的夢土。

四、自我反思與感受他者

在三位作家的海洋書寫中，我們進一步可以看出他們在觀察、思考與書寫的過程中，自我反思以及感受他者，皆是作品中重要的表現。吳明益論廖鴻基的海洋書寫時曾提出觀察，認為他與海洋的關係建立在其變動的身分上，他從討海人身分接觸海洋，之後轉為業餘的鯨豚研究者，後又成為保

---

77 見吳明益：〈雖然我們遠在內陸，我們的靈魂卻有那不朽大海的景象〉，《家離水邊那麼近》，頁 126。

育運動者[78]，近期他開始更積極推動海洋文化，進入學院授課、演講，成為海生館的駐館作家，不變的是，他每個階段的作品皆充滿靈動的文學語言，並展現出更豐富的知識性與科學性，文風也漸漸調整更著重於人海關係，以及透過航行探索自我生命風景。

越瞭解海洋就越憂心。如漂浮在海上的塑膠袋將會造成海洋生物的誤食，進而造成死亡。廖鴻基曾在一次出海尋鯨的途中，遇見一群瓶鼻海豚頂著塑膠袋玩耍，他有感而發，認為我們如果將海洋當成自己的領土、自己的家園，或許會去關心海洋環境問題，「可惜，海洋一直當作是化外之地，岸上都管不完了，誰會來在意海洋環境？」[79]他的呼籲並不一定有回響。

同樣的，廖鴻基與吳明益都曾關心「鐵魚」。「鐵魚」就是翻車魚，就是曼波魚。廖鴻基提到翻車魚被重新命名為曼波魚時，就註定了魚的憂傷。2002 年翻車魚成為花蓮縣政府推銷的地方特色，牠模樣巨大，性格溫柔，外觀呈卵圓形體，魚體往往數百、甚至達千公斤以上。花蓮海域翻車魚全盛時期最高一年可捕獲一萬兩千條，他們成為曼波魚季行銷的重點，全身上下都可料理成為熱門的菜餚，雖然並沒有數據證明一個活動是否造成資源的枯竭，然而近年來國際保育組織也建議將其列入保育，過去不曾出現在市場二三公斤重的小翻車魚，也頻頻出現在漁市[80]。翻車魚並非不能吃，而是吾

78　見吳明益：《以書寫解放自然》，頁 544-545。
79　見廖鴻基：〈塑膠海豚塑膠〉，《來自深海》，頁 159-160。
80　見廖鴻基：〈翻車到曼波〉，《腳跡船痕》，頁 167-178。

等應該改變對地方活動的態度，這牽涉到海洋資源使用的觀念。吃，不應該是唯一的重點，吳明益認爲「把某種特定魚種作爲觀光手段，在短時間內就會對他們形成難以想像的生存壓力，是明顯可見的事。」[81]

　　對於海洋資源，大家往往不甚愛惜，總認爲海洋資源取之不盡，用之不竭。達悟人的文化中，保有強烈的生態觀。「禁忌」的意義在於讓物種有喘息的機會，進而建立「次序」的文化，實踐「知足」的哲理。

> 飛魚季節只能捕撈飛魚，船舟浮釣尾隨飛魚魚群之大尾魚類，在四個月的時間嚴禁鉛垂沉底垂釣礁岩的底棲魚；當飛魚季結束後，同樣的，嚴禁捕撈飛魚，彼時漁撈的對象轉換成淺海或深海的五顏六色的礁岩底棲魚。這種觀念與習俗，正是達悟海洋文化的核心[82]。

夏曼‧藍波安提出達悟族的觀點，魚類在水世界有其生存的自然法則，達悟人以文化認定吃魚的次序與方法，進而建構其部落民族的海洋文化，雖然原始的生產技能不能捕獲大量漁獲，卻能確保魚類的繁殖不受威脅[83]。其次，對達悟族而言，由於所有的物質來源都必須靠自己耗費勞力獲得，無論是建屋與造舟，漁獲或是芋田。「在島上生存的驕傲的表現正式和自己的勤勞成正比」，因此他在一個半月上山砍伐造舟的材料的同時，學會敬畏山林，學會疼山愛海的本質，尊

---

81 見吳明益：〈柴薪流下七腳川〉，《家離水邊那麼近》，頁 42。
82 見夏曼‧藍波安：〈達悟族吃魚的文化〉，《航海家的臉》，頁 175-176。
83 同前註，頁 177。

敬完全使用體力勞動換來生存智慧的老人；他們會向大自然
山林、大海洋波濤低頭，但絕不會和自己有同等勞動力的族
人低聲下氣。在同品質的土壤上，作出良性的隱性或顯性競
爭；在同樣的海洋上競賽、傳授求生意志。「生存（環境）條
件的惡劣，最終教訓了雅美人謙卑的個性。」[84]這種思維與
現今漁業純以經濟面衡量，有重大的差異，這樣的生態觀對
達悟人而言不是口號，而是落實在生活中的行為表徵，我們
實需要在生態環境與文明發展中取得平衡法則。在〈敬畏海
的神靈〉一文中，夏曼·藍波安提到「當你越是潛水射魚的
高手時，你的漁獲就會越少，因你會選擇你要的魚而不是濫
射。」此為達悟智慧的生活態度。達悟人有許多禁忌，在夏
曼·藍波安的作品中不時出現。如：

> 在達悟民族的觀念，父母親仍健在的中年人，而且是
> 潛水射魚的人，要遵守夕陽落海前要回到家的不成文
> 的習俗。其次，避免單獨一人去射殺特大的魚[85]。

家裡的長輩要求他「遵守禁忌會讓你我心安理得」，夏
曼·藍波安進而認同這些禁忌，禁忌是確保生命的安全，「當
我把自己融化到傳統生計行為之母體血液後，我漸漸的認同
族人的原始信仰了」[86]。他認同的是背後的社會文化意義，
因為他們肩負撫養父母與稚子的責任。在傳統與現代思維交
會的時刻，夏曼·藍波安因為認同與理解，因而在傳統文化
精神中得以調和與落實，於是他的筆調越來越從容，適應並

---

84 見夏曼·藍波安：〈黑潮の親子舟〉，《冷海情深》，頁 52-53。
85 見夏曼·藍波安：〈冷海情深〉，《冷海情深》，頁 30。
86 見夏曼·藍波安：〈海洋朝聖者〉，《冷海情深》，頁 107。

全然融入達悟社會。

「我深深的體會到，有很多的智慧是從生活經驗累積下來的，而生活經驗如是一群人共同努力建構的話，那便是文化。」[87]讀者經由夏曼‧藍波安認識他們的族群和文化，同時他也找到了自己的歸屬與定位[88]。也許面對新一代的達悟年輕人時，他的經驗或許可以給眾人指引一個方向，成為持續維繫達悟族的文化觀而不墜的關鍵。

吳明益用步行展開他與海的「寫實時代」。身為島民，他透過幾次步行花東海岸的經驗，去感知與發現海岸的狀態，他選擇步行，是因為步行可以舒展想像力，生命過於短暫，不應浪費在速度上。在〈步行，以及巨大的時間回聲〉一文，他寫下步行清水斷崖時的感受：

> 這裡是清水斷崖被鑿穿的骨骼，隧道的後頭跟隨著隧道，外頭是古里馬 1882 年搭著馬卻沙號所見到高達一千多公尺「在可知的世界中最高的海崖」。在探險家的眼裡，這是可讚嘆的壯麗奇景，巨大、充滿皺紋的古老海崖接近垂直插入海中，這種肉體難以攀越的絕境，就幾乎類似宗教。但或許這種絕境在另一群人的眼中看起來是另一回事。在古里馬來到此地八年前，羅大春率軍受命開通北路（即蘇花古道），在有限的工具和技術下，可想而知這些不可能甘心將青春、生命

---

87 見夏曼‧藍波安：〈關於冷海與情深〉（自序），《冷海情深》，頁12。

88 見董恕明：〈詩意的天地，生命的海洋 —— 試論夏曼‧藍波安作品中的人與自然〉，《臺灣的自然書寫》，頁257。

> 葬送異鄉的士兵，是在什麼樣的心情下舉起鑿子、鐮
> 刀和鋤頭。走在峭壁邊緣，一閃神就可能墜海，當時
> 工作的士兵必無心思欣賞這樣的絕景，面對這連綿不
> 絕的山勢，肉體與精神上大概都充滿絕望感吧。山如
> 此有耐心，海如此殘酷，銀光如此刺眼，原住民如此
> 驍勇，大小清水斷崖對他們來說只是折磨，既不壯美，
> 也不神聖。
>
> 這條路在某個時代裡改變了島的歷史，而島的改變也
> 再回過頭來改變這段海岸。[89]

在蘇花公路清水斷崖這一處，吳明益試圖觀察解讀地景，追溯地景的過去與現在，並翻檢《台灣通史》中對羅大春開路的敘述，感知海、海岸、人與環境之間的變化，思考「打開」與「控制」二詞的意義重疊與差異。特別是社會發展時刻人與海洋的關聯性，進而反思「打開」的概念，是否因為經濟因素將從此改變當地民眾的生活節奏、價值觀跟數百年來與山海交心所形成的深層文化。

五、結　語

廖鴻基、夏曼・藍波安與吳明益三位是台灣當今備受矚目的作家，特別是在對海洋的關懷上。雖然吳明益與海相關的創作為數不多，然而因其長期致力於自然書寫，因此他的作品特色獨具，展現與前二位不同的觀察視角。

透過對三位作家之作品分析，在廖鴻基的作品中，人類

---

89 見吳明益，〈步行，以及巨大的時間回聲〉，《家離水邊那麼近》，
　　頁 147-148。

的捕魚活動其實也是一種高難度的生存搏鬥，足以體現人類在驚濤駭浪中的勇敢與智慧。同時在獵捕魚類的過程中，在合理與正當性的背後，我們也從中讀出作者重視海洋生物生命的不忍，並且具備清楚的辨別能力，在合理捕魚與重視海洋生態並存的基調上，標誌出屬於知識份子的道德與良知。

在夏曼‧藍波安作品中，我們看到一位潛入海底的狩獵者，一方面期待漁獲，一方面真心欣賞海中魚類優游的姿態，親近觀察深海魚類的特性，近乎以老朋友相見的心情與魚群相遇，並得以紓解陸地上的人事帶來的壓力與困窘。其次，在他的作品中體現達悟族特有的文化與審美價值，達悟族人崇敬飛魚，透過飛魚魚汛，展現達悟人在生產實踐過程中總結出對自然規律的認識，並建立屬於達悟人的生活行為規範。

至於從吳明益的海洋書寫中，我們見到不同以往的書寫策略，結合科學知識與相關的文學資料，將實體觀察與感受透過緊密細緻富有節奏的文字傾洩而出，於是美好的與殘酷的，繁瑣的與單純的，都藉由文字形構出一幅新的花東海岸風景圖。

此三位作家之海洋書寫各有所長，然面對大海，他們同樣謙卑，同樣選擇一再的親近與探索，試圖瞭解自然的奧義，以及人們該如何自處。在作品中三位皆展現心中的海洋故事與圖像，無論是追憶與再現，真實與虛構，走向海洋，海洋成為心靈的依歸，海也洗滌眾多的紛擾，海雖無言，卻展現最大的包容與救贖。透過這些海洋書寫，吾等可見對海洋的追尋與回歸是他們的共通點，海洋書寫已開始多元與深化。藉由分析三位的海洋書寫，似已隱約形成某些屬於海洋文學

內涵的必要條件，除了對海洋的抒情描寫之外，自我對於生態環境的反思，與感受理解他者無論是其他族群、環境，抑或是生物，都是眾所關注，或許假以時日，更多人投入海洋文學的創作，並期待產生與理解更深入的人海關係，進而得以形塑台灣的海洋文化。

然而，不可否認的是，在這些作品中多少帶有一絲作者的焦慮。因為深入，對於海洋生態環境的破壞與文化的流失，他們的感受勝過許多人，包括讀者。吳明益在評論廖鴻基的作品時曾說，他在書寫過程中「文學性有逐漸稀釋的傾向，廖鴻基筆觸中的直覺愈來愈淡，理論越來越強，略微失去了兼具柔性與剛性之美的文字特質。」[90]另一個問題是當迫切希望重視海洋文化的同時，「說教」的味道間或出現在文字中，就文學的審美角度而言，多少有些遺憾。同時也有些學者擔憂如夏曼・藍波安的創作是否會侷限於達悟族題材，對於文學的敞開性是會有些不足[91]？但我們從這三位作家的海洋書寫中，見到他們對於海洋的體認越來越深入，關懷面越來越多，感慨雖然不見得減少，卻可以透過他們的文字，引領我們一同追尋屬於自己心中的海洋。

---

90 見吳明益：《以書寫解放自然》，頁 571。

91 見邱貴芬：〈「原汁原味」的文化課題 夏曼・藍波安文字裡的原住民飲食文化〉，收入焦桐主編：《味覺的土風舞》（台北：二魚文化事業有限公司，2009 年），頁 210。

虛實交織的輝光：論台灣客語「蛤蟆薀」故事之流動與轉化

一、前　言

　　聽故事與說故事可說是人類共同的甜蜜回憶，也可說是人類的一種天性，每個族群皆能產生與環境或族群有關的故事，同時也因為每個族群居住生活需求，必須與週遭族群互動，在接觸的過程中進一步產生更多樣動人的故事，因此民間故事的產生與流傳，本身即有著悠遠的時光軌跡與意義。

　　民間文學由於透過口耳相傳的方式進行傳承，同一故事在不同的環境與時空背景流傳，基本的故事結構不變，卻會產生局部的變異，逐漸形成若干大同小異的文本。這些文本經由蒐集歸併，形成一種「類型」[1]，與之相關的另一個概念

---

1 所謂「類型」（type），是故事學研究者把基本情節相同的故事進行編排分類，而這些故事中包含一個或多個「母題」（motif），即在敘述情節中具有動機功能而反覆出現的特殊行為、實物、情況等。見〔俄〕李福清（B.Riftin）：《神話與鬼話 —— 台灣原住民神話故事比較研究（增訂本）》（北京：社會科學文獻出版社，2001 年），頁 13。中國最早進行民間故事類型研究者為鍾敬文，其 1931 年於〈中國民間故事型式〉一文中歸納整理出 45 種中國民間故事的類型，此文收入《鍾敬文民間文學論集（下）》（上海：上海文藝出版社，1985 年）。第一部針對中國民間故事進行類型

就是「母題」或稱之為「情節單元」[2]。觀於類型的確立和母題的解析，美籍學者斯蒂·湯普森（Stith Thompson 1885-1976）在《世界民間故事分類學》一書中提出這樣的概念：

> 一個類型是一個獨立存在的傳統故事，可以把它作為完整敘事作品來講述，其意義不依賴於其他任何故事。當然它也可能偶然地與另一個故事何在一起講，但它能夠單獨出現這個事實，是它的獨立性的證明。組成它們可以僅僅是一個母題，也可以是多個母題。大多數動物故事、笑話和軼事是只含一個母題的類型。標準的幻想故事則是包含了許多母題的類型[3]。

研究的著作是 1937 年由德籍學者艾伯華完成的《中國民間故事類型》，共收錄 246 個故事類型。見〔德〕（Wolfram Eberhard）著，王燕生、周祖生譯：《中國民間故事類型》（北京：商務印書館，1999 年，原書為 1937 年赫爾辛基版）。美籍學者丁乃通則運用 AT 分類法對中國民間故事進行類型分析，共得出 843 個類型。見〔美〕丁乃通著，董曉萍等譯：《中國民間故事類型索引》（瀋陽：春風文藝出版社，1983 年）。

2 「母題」的概念就民間敘事作品而言，通常被視為一種情節要素，或是難以再分割的最小敘事單元，由鮮明獨特的人物行為或事件來體現。它可以反覆出現在許多作品中，具有極強的穩定性，而這種穩定性來自其不同尋常的特徵、深厚的內涵，以及它所具有的組織連接故事的功能。見劉守華主編：《中國民間故事類型研究》（武昌：華中師範大學出版社，2002 年），頁 2。但「母題」這個譯名常常和「主題」混淆，因此學者金榮華就將「motif」的譯名改為「情節單元」，他認為這種改動對讀者而言，可使其涵義更為明瞭。見金榮華：〈「情節單元」釋義〉，《華岡文科學報》24 期，2003 年 3 月，頁 173-181。

3 見〔美〕斯蒂·湯普森著，鄭海等譯：《世界民間故事分類學》（上海：上海文藝出版社，1991 年），頁 499。

　　在世界民間故事中，「動物故事」是其中重要類型之一[4]，台灣地區流傳的客語故事也有不少屬於「動物故事」者，而其中有幾篇是以「蛤蟆」作爲主角的故事，「蛤蟆蕴」一詞在客語中即意爲「蛤蟆兒子」。基於「蛤蟆」、「蟾蜍」等蛙類動物屬於常見的水族生物，在俗諺、歌謠或是故事等客語民間文學中也時常出現，況且民間故事在眾口傳述的過程中，會衍生出一系列大同小異的故事，因此筆者嘗試蒐集此類客語「蛤蟆蕴」故事，試圖透過異文對照，一窺客語此類型故事的發展與演變。此外並希望透過與中國各地區民間故事中的蛙類故事進行橫向的比較，進而探究單一類型的動物型民間故事所展現的多樣面貌。

　　本文所使用之文獻資料，以目前可見已出版之採錄作品爲對象，主要有《苗栗縣客語故事集（一、二）》、《東勢鎮客語故事集（一、二、三、四）》[5]、《臺灣客家俗文學》[6]等。筆者在研究方法上，除了傳統的內容情節分析外，擬另外從「故事類型」研究的角度進行歸納和詮釋，藉由西方「敘事

---

4 在國際民間故事分類編碼體系中，都是把動物故事放在最前面，中國的幾部類型索引也是如此。丁乃通的著作蒐羅最廣，列出的動物故事類型達 150 個；金榮華就三部民間故事集成所作的分類編碼，動物類型爲 50 個。見劉守華主編：《中國民間故事類型研究》，頁 30。

5 見羅肇錦、胡萬川總編輯：《苗栗縣客語故事集（一、二）》（苗栗市：苗栗縣立文化中心，1998 年）、胡萬川等編：《東勢鎮客語故事集（一、二、三、四）》（豐原市：台中縣立文化中心，1994、1996、1997 年）。

6 見周青樺採編：《臺灣客家俗文學》（台北：東方文化書局，1971 年），故事採錄地點爲新竹地區。

功能」[7]的研究方式，對故事形式結構進行考察並確定其結構的規律性，除了希望運用不同方法探索客語故事的不同面向之外，也試圖在操作過程中驗證敘事功能研究對詮釋客語故事的可行性。

二、「蛤蟆孃」故事的分布地區與異文狀況

在中國民間故事中以蛤蟆爲主角的故事，學者鍾敬文將其定名爲「蛤蟆兒子」型故事。在中國民間故事中此類爲數甚夥，美籍華裔學者丁乃通在《中國民間故事類型索引》一書中統計與「蛙」相關故事計有編號 440A「青蛙騎手」共三十例[8]。另外在德籍學者艾伯華之《中國民間故事類型》中，動物故事第 42「青蛙皇帝」有三例，第 43「蝦蟆兒子」有九

---

7 1928 年俄羅斯學者 V.Ja.Propp（普羅普）在《故事型態學》一書中，首開民間故事結構研究之先河，並證明母題成分不單一，並不是不能分解的敘事單位。究竟用怎樣的方式才能對故事進行準確的描述？他認爲可根據角色的功能來研究故事，因爲角色的功能是故事的基本成分，所以角色的「功能項」，可以代替「母題」。其分析俄羅斯神奇故事，在初始情境之後的功能項共有三十一種，每個功能有各種形式。見〔俄〕弗・雅・普羅普著，賈放譯：《故事型態學》（北京：中華書局，2006 年），頁 12-59。學者李福清針對普羅普的學說加以說明，因爲「母題」可以分解爲許多人物行爲，對情節的發展具有決定性的影響。普羅普分析俄羅斯民間故事，注意到許多民間故事有類似的情節，但其中人物不同。因此他以爲人物的功能是一個故事類型中堅定的因素，無論是什麼人物完成這個功能，或怎麼完成的。其中功能數目是有限的，次序也是固定的。見〔俄〕李福清（B.Riftin）：《神話與鬼話 —— 台灣原住民神話故事比較研究（增訂本）》，頁 15-16。
8 見〔美〕丁乃通著/董曉萍等譯：《中國民間故事類型索引》，頁 47-48。

例[9]。學者鍾敬文在〈中國民間故事試探（二章）〉中，也蒐集相關故事記錄共十一則[10]。

　　由於此種以蛙類（青蛙、蛤蟆、蟾蜍等）為主角的故事在中國流傳甚廣，根據上述學者統計，故事流傳的地區以廣東、浙江、江蘇、青海、四川、雲南等地均有此類故事分布。此外筆者亦收集到三篇非客語青蛙故事，為《福建省民間故事集成》中，編號 420 的〈青蛙狀元〉（漳州市）、劉守華、黃守林編《中國民間故事精選》[11]的〈蛤蟆兒〉，以及《大安鄉閩南語故事集（一）》之〈蟾蜍子〉。至於台灣民間客語「蛤蟆蕴」故事較為完整者，目前計有四篇，分別為〈蛤蟆王子〉[12]、〈蟾蜍蕴〉[13]、〈蟾蜍皇帝〉[14]以及〈田螺子傳奇〉[15]。基於民間文學的變異性，〈田螺子傳奇〉故事雖然主角為田螺，但究其內容與蛤蟆故事雷同，其與民間故事類型中以田螺為主角的「田螺姑娘」型故事實有出入，因此筆者亦選此篇共同探討。

　　目前所見之客語蛤蟆故事分布集中在臺灣新竹、苗栗與東勢地區，再對照其他相關蛙類故事分布的地域，似以南方

9　見〔德〕艾伯華（Wolfram Eberhard）/王燕生、周祖生譯：《中國民間故事類型》，頁 81-84。

10　見鍾敬文：〈中國民間故事試探（二章）〉，《鍾敬文民間文學論集（下）》（上海：上海文藝出版社，1985 年），頁 218-234。

11　見劉守華、黃守林編：《中國民間故事精選》（香港：明窗出版社，1995 年）。

12　見《東勢鎮客語故事集（二）》。

13　見《東勢鎮客語故事集（三）》。

14　見《苗栗縣客語故事集》。

15　見周青樺採編：《台灣客家俗文學》。

較多，或許與南方氣候較溫暖多水鄉，適宜蛙類生長，同時蛙類亦是南方常見之生物，也可供民眾食用有關。

三、台灣客語「蛤蟆薀」故事內容分析

在歷代志怪筆記小說中，自然界的精怪變化凝聚著充沛的情感與想像，諸如「蛇郎」、「龍女」、「魚姑娘」等，其敘事型態富於變化，故顯其多采多姿。學者鍾敬文在其〈中國民間故事型式〉一文中，將所收集到的民間故事歸納成四十五種類型，其中「蛤蟆兒子」型故事可大別為兩類[16]。

（第一式）

1.有夫婦，老大無子，禱于神，但願得一個像蛤蟆那樣亦好。

2.未幾，得子，果如所禱求的。

3.兒子大，欲得一美女為妻。女家故出難題。

4.兒子完成其所要求之物事，得娶女。

5.結婚之後，兒子脫棄其皮，變成美少年。

6.妻以姑或母的話藏其皮，兒子遂不復化蛤蟆（異態：或因皮被毀，形骸立消，或日後得皮遁去。）

（第二式）

1.有夫婦，老大無子，禱于神，但願得一個像蛤蟆那樣亦好。

2.未幾，得子，果如所禱求的。

3.兒子長大，會國有兵事，他自請獻身手。

---

16 見鍾敬文：〈中國民間故事型式〉，《鍾敬文民間文學論集（下）》，頁 342-356。

4.破敵後，如約得尚公主。婚夕，脫皮變成美少年，
　與公主成婚。

5.國王聞其皮可以自由穿脫，因竊取穿之，卒變蛤蟆。

6.兒子得登王位。

　　若根據鍾敬文、丁乃通[17]、艾伯華的整理，吾等得出台
灣客語「蛤蟆蕴」故事較爲固定的內容主幹如下：

1.一對沒有孩子夫婦想要一個孩子，即使像蝦蟆也好。

2.他們果然得到這樣一個孩子。

3.兒子長大後

3-1.想娶一美女爲妻，是故女方父母出難題。

3-2.國家有難，要求上戰場。

4.完成任務後，根據約定娶得美女或公主。

5.新婚之夜脫下身上的外皮，變成一爲美男子。

6.達成目的後

6-1.皇帝聽說皮可以自由穿脫，穿上後結果變成青
蛙，青蛙變成人，成爲皇帝。

6-2.蛤蟆皮被藏或被毀，因此蛤蟆仍是人，或得到被
藏的外皮之後遁去。

　　民間故事本身雖有其傳承性，但在口傳的過程中，多少
會有變異的情況產生。因此以下根據筆者所收集的故事加以

---

17 丁乃通將「440A 青蛙騎手」故事情節主幹分爲五個部分：（1）
出生、（2）求婚者的任務和結婚、（3）其他冒險、（4）水落石
出、（5）一步登天。除了（1）部分之外，其他四點按情節繁簡
程度可細分 2 至 13 個情節單元。見〔美〕丁乃通著/董曉萍等
譯：《中國民間故事類型索引》，頁 47-48。

比較，除了先觀察四個客語故事的差異外，再與另外三篇非客語故事比較同異。

（一）客語「蛤蟆薀」故事情節單元之比較

1.故事的緣起：「蛤蟆」主角的出現

	蝦蟆王子	蟾蜍薀	蟾蜍皇帝	田螺子傳奇
主角	蛤蟆	蟾蜍	蟾蜍	田螺子
其他相關人物	兩兄弟，哥哥是地理師	老夫妻	員外夫妻	富翁鄭員外夫婦
主角出現背景	老弟的哺娘供到（按：生了）一隻羌，被老弟打死，過供到一隻蛤蟆。	老夫妻無子，一隻蟾蜍到他們家吃飯，結果畜到恁多十年。	無子，向註生娘娘求子。	夫婦向觀音娘娘求子，一連求了三十幾次求不到聖筊，又氣又急之下即使是癩蛤蟆、醜青蛙或是田螺子，隨便生一個都好。後玉皇大帝命田螺精投胎。
其他	無	無	丈夫非常失望，想要把牠丟掉，因母親勸阻才得以在家中長大。	被婢女傳出生田螺的消息，整條街的人都爭去吃彌月酒，看天下稀有的田螺子，員外不肯。因其中有個百歲婆，員外只好用籃子裝著田螺子示眾，大家驚奇不已。

以上四個故事在故事緣起方面，皆有一段關於主角出生的原因說明，經由表格可看出其中的異同。

首先在主角部分，除了一篇的主角是田螺子外，其他皆為蛙類（蛤蟆或是蟾蜍）。但在〈田螺子傳奇〉故事中，父母向神明祈求時即說「即使是癩蛤蟆、醜青蛙或是田螺子，隨

便生一個都好。」可見此處即出現民間故事些微的變異情形，同時由於民間故事的主角通常具有可變性，但無論是蟾蜍、蛤蟆或是田螺，都屬於民間常見的生物，此亦反映出無子嗣的父母希望上天能夠草草賜個孩子就好的卑微心態。

其次故事中的父母多半屬於有錢人階級的「員外」，相同的情況都是久婚不孕的夫婦生下蛙類。其中二篇皆是到廟裡祈求，祈求的對象則為註生娘娘、觀音娘娘等民間信仰中與民眾息息相關的神。

此外故事對於神為何賜子也有清楚而形象性的說明，同時也兼具人情。如〈田螺子傳奇〉中在員外夫婦的禱告後：

> 「被供奉在旁邊的城隍爺聽見了，城隍爺立即奏知玉皇大帝，玉皇大帝翻開簿子一看，看到員外夫婦倆前生罪惡深重，以致註定今生要絕後。不過，玉皇大帝又看見員外她們夫婦倆今生已不再作惡，而且行了很多善事，因此生出了憐憫之情，就令田螺精下凡去投胎。」

至於〈蟾蜍蕴〉這篇故事的蟾蜍，並非是老夫妻所生，而原本就是一隻蟾蜍，因在老夫妻家中「拈飯散」吃，長久以來的感情，於是在「畜（養）到恁多十年」情況下，「來討個晡娘分佢」，想幫牠娶個媳婦。雖是外來蝦蟆被撫養，這種情節是一種父母對子女的心情，即便不是正常的孩子亦然。而〈蝦蟆王子〉這篇的開頭也與其他篇不同，故事是由兩兄弟精采的對話開始：

> 老弟講：「阿哥，你都會給人看地理，啊做麼毋會看恩個。恩個也給伊做一門風水，蓋卡好個來。」啊佢講：

「好啦，啊毋過也係若晡娘供麼个，你就毋好同佢打
死喲！」

此對話爲下面故事的進行埋下伏筆，於是之後不管生出
什麼，都具備可能性。後來故事中是先生了一隻羌，羌被打
死後才生了一隻蝦蟆。不過令人相當好奇的是爲何是先生了
一隻「羌」，在諸多此型故事中，出現的主角多半是蟾蜍、青
蛙、田雞或其他較小的生物，「羌」的出現不免讓人覺得新奇。
同時在故事開始前有二兄弟對話的情節，哥哥還是地理師的
情形，實在非常罕見，或許在此處已經可以看見早期說故事
的人，爲蛤蟆的出現已設想了一個合理的理由。初始情境常
常會提供一幅畫面，這種伏筆，往往給接踵而來的問題提供
某種合理的理由或對照的背景。由於在開端初始情境部分交
代了蛤蟆來源的梗概，因此對蛤蟆只吃火炭，或是機智勇敢
的舉動，相對不會有唐突之感。

由上面故事緣起的比較，四篇故事基本上是大同小異，
且故事敘述的合理性在開始即被確定。

2.故事情節開展

（1）主角面對問題與應變經過

	蝦蟆王子	蟾蜍薀	蟾蜍皇帝	田螺子傳奇
事件發生	皇帝同番人戰爭輸了，貼出榜文，戰勝番人者，得娶公主	蟾蜍娶媳婦	西方番國出兵攻打中原，滿朝武將皆敗，文武官員建議貼告示，打敗番人者，可封大官，做駙馬	1.舅公向員外借錢。2.欲娶宰相之女，宰相出三個難題。
主角面對困難的表現	蝦蟆獨自到番國	無	蟾蜍看到告示，請父親「擎」告示，要求見皇	1.勸父親不要借，如果一定要借，就要讓田螺

			帝，爭討番國	子跟舅公一起去。同時田螺子並叫舅公買了許多布。2.面對三個難題。
他人的態度	懷疑	無	父親與皇帝皆疑惑	眾人感到相當驚訝。
主角處理方式及其他	站在一只大鼓上，把多年吃進肚子裡的炭，一口氣全吐出來，把圍在大鼓邊的番國士兵燒死。	無	只要求一個士兵抱牠，趁人不注意蟾蜍，跳進營區，把番人的油、火藥佈滿四周，放火，番營與士兵皆燒光。	1.幫舅公做生意賣布賺了大錢。2.利用寶葫蘆解決三大難題。

　　在故事最重要的內容開展方面，透過表格呈現可見與前述提出之「（3）兒子長大後：（3.1）想娶一美女為妻，是故女方出難題。（3.2）國家有難，要求上戰場」情節吻合。除此之外亦有若干部份增加內容情節，我們可以從幾個層次來討論。

　　首先在〈蝦蟆王子〉與〈蟾蜍皇帝〉二篇皆是為國家戰事自獻身手，細節上的差異則在於〈蝦蟆王子〉中蝦蟆是看到榜文，「自行前往」；〈蟾蜍皇帝〉則是蟾蜍看到公告，請父親去「撕告示」，並帶他去見皇帝，並希望「有一士兵能陪同抱牠前往」，在故事情境的營造上更為合理，也更符合邏輯。同時在二篇故事中，蝦蟆與蟾蜍表現在面對番國時，似乎是胸有成竹，兩個故事也都採取火燒方式，一篇是用積在腹中多年的火炭，一篇則是機智的運用敵營中的火藥與油。

〈蟾蜍薀〉與〈田螺子傳奇〉之情節,則是屬於「蛤蟆想娶媳婦」這種一般人認爲屬於異類通婚,實爲不可能也不被常理所接受的狀況。〈蟾蜍薀〉的情節較爲簡單,直接就跳到蟾蜍與美麗的新娘結婚。

〈田螺子傳奇〉情節相較其他三個客語故事來得複雜許多,故事開始經由其爲舅公賣布賺錢事,一方面證明主角的能力,一方面透過賣布所賺之錢,得以救海龍王之女鯉魚精,入龍宮得寶物—寶葫蘆,也在之後得以買下貓王,爲下一次娶宰相千金需面對的難題,埋下解決的伏筆。

此四篇客語故事情節相較之下,〈蝦蟆王子〉、〈蟾蜍皇帝〉與〈蟾蜍薀〉較爲貼近淳樸的民間口傳故事,並未有過多的修飾與補充,情節也比較單純。〈田螺子傳奇〉與其他三個故事不同之處,除了並沒有爲國家討伐番國的情節之外,尙雜揉了其他民間故事的情節。田螺子在回家途中先救了鯉魚精(海龍王之女),龍王爲了感謝田螺子的恩情,要田螺子選他喜歡的寶貝,公主暗地提示田螺子,於是田螺子選了最好的寶葫蘆。此處即衍化並移置了一段「龍女報恩」,田螺子遊龍宮的情節穿插其中。這種「遊龍宮」的故事情節在其他民間故事中經常出現,由於對龍宮的想像,龍宮歷險向來對民眾有相當的吸引力,丁乃通將這種情節歸爲編號 555*「善良的龍宮王子(龍女公主)」[18],而艾伯華則將其歸納爲「39.海龍王滿足願望」[19]。

18 〔美〕丁乃通著/董曉萍等譯:《中國民間故事類型索引》,頁65-66。
19 〔德〕艾伯華(Wolfram Eberhard)/王燕生、周祖生譯:《中國民間故事類型》,頁69-75。

　　由於得到這麼一件寶物，自然對後面故事情節的增添有所幫助。員外提出三個難題中的前兩個問題：「要十車的金和十車的銀做聘禮；還要從我家門口到鄭員外的門前，一路舖上金磚」，就是靠寶葫蘆（從寶葫蘆中取出）達成的。事實上〈田螺子傳奇〉故事著重在面對婆宰相女兒前的三個難題，他能夠順利解決考驗的故事情節，與學者丁乃通 440A「青蛙騎手」[20]歸納的情節相似，青蛙騎手故事中「求婚者的任務和結婚」情節的（c）項，即曾出現要求婚者「一條舖金磚的路」的情節單元。

　　可見在〈田螺子傳奇〉故事情節單元方面，透過融合其他民間故事的情節，進而滋養故事的血肉，或許也可推斷此篇實經說故事者潤飾，增加民眾喜愛的情節，相對於其他三篇故事，自然更具有吸引力與可聽性。〈蝦蟆王子〉、〈蟾蜍皇帝〉與〈蟾蜍薀〉則較為貼近淳樸的民間口傳故事，並未有過多的修飾與補充，情節也比較單純。

（2）主角目的達成後的情形

	蝦蟆王子	蟾蜍薀	蟾蜍皇帝	田螺子傳奇
皇帝／員外的反應	君無戲言，讓蝦蟆與公主在當晚成婚	無	君無戲言，皇帝讓公主和蟾蜍抱著拜堂成婚	員外答應親事
新娘的態度	無	結婚時女子沒看見新郎感覺疑惑。	1.先因嫁給蟾蜍而傷心痛哭，哭累睡著2.發現和美少年共寢，轉悲為喜	新娘看著床頭的田螺，傷心哭泣。

20　〔美〕丁乃通著／董曉萍等譯：《中國民間故事類型索引》，頁 47。

蛤蟆因應的方式	當下將蝦蟆皮剝下，變成一位英俊的男子與公主成婚	蝦蟆跳進房間，將蟾蜍皮脫下掛好，變成一斯文男子	白天是蟾蜍，晚上是美少年	三更時分變成美男子。
皇帝／女子見此幕之表現	1.先認為蝦蟆皮好用 2.偷偷試穿 3.穿上卻脫不下，也無法說話 4.變成一隻蝦蟆，一直跳到河邊，隨河水漂流。	1.新娘子將蟾蜍皮藏在竹籠裡 2.新娘子供蝦蟆讀書，考狀元 3.蝦蟆有了兒子	1.女兒告知事實，皇帝偷看驗證，對蟾蜍皮好奇。 2.試穿蟾蜍衣，卻脫不下來，變成蟾蜍。	1.告訴母親丈夫實為美男子。 2.丈母娘把田螺殼藏在樹林裡。
蛤蟆最終型態	仍然是人	因妻子把藏著的蝦蟆皮拿出來曬太陽，蝦蟆看見，穿在身上，就離開了。（變回蝦蟆）	蟾蜍因無衣可穿，就維持人形，並繼承皇位，成為皇帝。	1.田螺子驚慌托貓王找殼，找回殼後將殼收好。 2.努力用功，中了狀元。

　　這個部分故事的發展，首先針對〈蝦蟆王子〉與〈蟾蜍皇帝〉中的皇帝或〈田螺子傳奇〉中的員外來說，實為不可置信，但對蝦蟆來說卻是達成任務，所以如願娶回娶到美嬌娘。〈蟾蜍薀〉在這個部分則是省略了。

　　其次，四篇故事主角都是「脫了蛤蟆（蟾蜍/田螺）皮」後，變成美男子。皇帝的反應是「好奇」；蟾蜍妻子則是將皮藏起來，以免牠變回原狀；田螺殼亦先被藏起，後再由田螺子自行收藏。而兩篇故事中安排皇帝試穿蝦蟆皮結果變成蝦蟆，讓蝦蟆維持美男子人形，於是公主與蝦蟆有著新的人生。

上述四篇故事有三個不同的結局，〈蝦蟆王子〉中的蝦蟆與〈田螺子傳奇〉中的田螺皆變成人，安樂度日；〈蟾蜍皇帝〉則是因此而得立爲王；〈蟾蜍薀〉中的蟾蜍，則是得皮之後就離開。

再者，〈蟾蜍薀〉雖然沒有去征戰，但他去考狀元，並有了孩子；〈田螺子傳奇〉在故事的結尾也安排田螺子發憤讀書，考重狀元的結果。由此觀之，客語蛤蟆故事在內容呈現上，進一步安排求取功名的表現，這種更動在一般蛙型故事中相當少見，也可以證明此篇故事應該是經過後人增益，受到傳統士大夫觀念的影響，反而類似中國民間傳奇中「公子上京趕考」故事的情節。〈蟾蜍薀〉故事則是蟾蜍穿了蟾蜍皮就走，「就留个後代分該老人家」，蟾蜍留下一個兒子，亦是包含著傳統「不孝有三，無後爲大」的觀念。

此外，〈田螺子傳奇〉故事因田螺子救了鯉魚之後，繼而又救了一隻貓王，貓王對於故事情節的重要性，則在於面對最後的危難時，貓王的報恩，爲田螺子找到田螺殼。艾伯華將這種情節稱爲「動物報恩」[21]，一般故事大意就是有人曾幫助一隻動物，後來當他處於生命危險之際，這隻動物前來相救，這個情節的安排同樣是爲了增加故事的高潮起伏。

中國民間故事類型中有一類「田螺姑娘」型故事，是以田螺作爲故事的主角[22]，在這類故事中，田螺與蝦蟆變爲人

21　〔德〕艾伯華（Wolfram Eberhard）/王燕生、周祖生譯：《中國民間故事類型》，頁 29-34。

22　在鍾敬文、丁乃通、艾伯華三者的歸類上，都稱之爲「田螺姑娘」型，這種故事多半是田螺趁撿到田螺殼的男子不在家時，變成一個女子，爲他燒飯洗衣打裡家務。後來被男子窺見，娶她爲妻，過了若干時日，妻子找到被丈夫藏起的殼時，遂離去。

的方式相似，脫了殼就變成人，而且通常是變成美麗的姑娘。
台灣客語民間故事中有一篇「田螺姑娘」型故事—〈田螺殼〉
[23]，故事內容情節如下：

> 男子看到田裡有一隻又大又美的田螺殼，比一般田螺
> 殼大好幾倍，因為從來不曾見過，就把田螺殼帶回家，
> 放在客廳的餐桌上。
>
> 黃昏時一位小姐到他家門外，向其詢問是否有撿到一
> 個田螺殼。他謊稱把田螺殼槌爛了。
>
> 小姐傷心地說出自己原來是一隻修練千年的田螺精，
> 因為好玩而變成人形，田螺殼沒有了，便無法變回原
> 形。於是主動要求做男子的妻子。
>
> 男子趕緊衝進家中藏田螺殼。母親在當晚讓他們結為
> 夫婦，二人也生下好幾個兒女。
>
> 多年後，一天男子為了哄孫子，就把以前藏著的田螺
> 殼給孫子當玩具。
>
> 田螺精一見到田螺殼，馬上鑽入田螺殼中，一下子就
> 不見了。

〈田螺子傳奇〉與〈田螺殼〉二個故事雷同之處在故事
的後段：首先都是以田螺精作為故事的主角，其次在故事發
展過程中，二者皆出現田螺殼被藏的插曲。因為怕田螺精變
回原型，人們所想的方式都是將其藏起。但相較於〈田螺子
傳奇〉的內容，〈田螺殼〉故事是田螺經詢問是否男子曾撿到
殼而發展，但〈田螺子傳奇〉事從田螺子出生到殼被丈母娘

---

23 見《苗栗縣客語民間故事集（二）》。

藏起的過程中，尚夾有其他故事進行，因此在故事情節發展的類型上，〈田螺子傳奇〉與〈田螺殼〉並不是這麼相近，故無法完全視之為「田螺姑娘」類型故事。然無論在田螺故事或是蛤蟆故事中，只有〈田螺子傳奇〉提出「如果沒有殼，就不能在凡間存在」的說法，綜觀前述故事，失去殼或外皮，反而讓主角能夠保持人形。

　　經由對故事內容的細部分析，我們發現民間故事中每個情節單元相對穩定，如客語三篇「蝦蟆兒子」型故事在流傳過程中，故事的變化改動並不大。但在故事情節單元的開展方面，則視情況需要，像〈蟾蜍皇帝〉、〈蟾蜍薀〉、〈蝦蟆王子〉三篇情節單元的組合就有所不同。

　　基本上這三篇故事仍可算是單一型故事，但透過內容比對足見〈田螺子傳奇〉故事相對複雜，它不只具備「蝦蟆兒子」型故事，中間尚嵌入田螺子做生意賺大錢，再嵌入遊龍宮情節，最後亦出現「貓王」報恩情節。這幾種類型故事原本內在聯繫並不密切，但通過比較發現，在故事的流傳過程中，各種故事情節單元容易互相影響，尤其是流傳越廣泛的故事情節，越容易為其他民間故事所加以運用，豐富自己原本故事的血肉。是故〈田螺子傳奇〉可說是一種複合型故事，內容雖經過傳承過程的變動，但證明此類型故事充滿生命力，不是一種失去生命只能夠加以保存的故事。

（二）客語「蛤蟆薀」故事與其他蛤蟆故事比較

　　經過前述客語故事的比較之後，我們可以從中觀察四個故事的差異，筆者於此處進一步與另外三篇非客語故事故事

比較同異。

1.故事開端

	青蛙狀元	蛤蟆兒	蟾蜍子
主角	青蛙	蛤蟆	蟾蜍粗（阿粗）
其他相關人物	善良老實有錢且行善之夫妻	張員外夫妻	行善夫妻
主角出現背景	向觀音菩薩求子，哪怕一隻青蛙也心滿意足。	修橋鋪路蓋廟，希望行善可得子，後土地神與觀音老母讓善台童子化爲蛤蟆去投胎。	夫妻一生行善，因無子反被傳爲表面行善內心歹毒，因此二人向神明祈求隨便有個孩子就好。
主角出現時的異象	生了一隻大青蛙。	無	無
其他	因鄰居同天也生下兒子，且兩家關係好，故青蛙與鄰居之子玩在一起，青蛙喊其「同年」，他喊青蛙「蛙弟」。	因丈夫外出做買賣，蛤蟆精出生時並未見到父親。	因蟾蜍皮很粗，員外將其取名爲「阿粗」，又名「蟾蜍粗」。父母知道蟾蜍子睡覺時脫下蟾蜍衣，就是個「足水」（按：漂亮）的小孩子

　　以上三篇故事與前述〈蟾蜍皇帝〉、〈蟾蜍薀〉、〈田螺子傳奇〉故事的開端相似，都是因爲無子而向神明求子。其中台灣閩南〈蟾蜍子〉故事是在開始處說明因爲外人的閒言閒語，認爲他們無子的原因在於表裡不一，外表是好人，內心卻歹毒。傳言讓員外夫妻內心深感不安，員外娘甚至希望讓員外續絃來澄清謠言，但因員外不同意，因此二人只好到廟裡向神祈求隨便生一個就好。正因其祈求隨便生一個，因此神就讓他們生了一隻蟾蜍。

　　而〈蛤蟆兒〉故事是夫妻倆認爲無後是因爲沒有德行，因此員外貼出告示，要修橋鋪路、賑濟饑民、蓋廟等等，而

且故事中相當溫馨有趣而且實際的一段是：

> 張員外一有工夫就點化土地爺：「這些年我也多做善事了，沒有個子女怎麼過呀？」
>
> 土地爺和各位神說：「幾年來，張員外辦了不少好事，這陣財物都施捨光了，按我說夠上了。」
>
> 各位神說：「善台童子，去哇！」觀音老母給她穿了一身仙衣，他一穿上，變成了蛤蟆。

以上三個故事透顯出民眾的認知，認為有無子嗣的關鍵在於是否積德，已進一步加入價值性判斷。由上可見，民間故事在流傳的過程中細節逐漸清楚，情節愈趨合理化，無論是客語故事或是非客語故事這種傾向都很明顯。

2.情節發展

（1）問題的產生與解決

	青蛙狀元	蛤蟆兒	蟾蜍子
事件發生	1.先和同年一起上學讀書，又與他一起出外渡海經商，船到爪哇島國，青蛙突然縱身跳入海中。 2.欲娶張員外之女，張家出難題。	1.蛤蟆上京欲尋父。 2.欲娶王員外之女，王家推託。蛤蟆一氣之下把王家莊的輾盤給卡在井裡，王員外要求蛤蟆將其拉上來。	蟾蜍娶妻。
主角面對困難的表現	面對困難。	獨自面對。	無
他人的態度	認為此門親事毫無指望。	眾人嘲笑張員外養個蛤蟆兒，丟人現醜。	女方懷疑
主角處理方式及其他	1.青蛙從海中抱出許多石頭蛋歸來。 2.利用石頭蛋解決困難。	1.靠母親耳環信物與父親相認。 2.順利將井中輾盤拉上來。	無

　　與客語故事相較，相同處在於以上三篇故事的共同難題皆來自「娶妻」，同時蛤蟆皆獨自面對問題，並順利解決，如願娶回新娘。值得注意的是〈青蛙狀元〉這一篇，其與〈田螺子傳奇〉相當類似的地方就是同樣從海中帶回寶物解決問題，田螺子帶回龍宮的寶葫蘆，而此處青蛙是從海中抱回許多石頭蛋。青蛙的難題是「三天之內青蛙要送來四斗珍珠、瑪瑙、鑽石、碧玉」，結果石頭蛋敲破後裡面都是珍珠、瑪瑙、鑽石、碧玉。

　　再者，情節的發展方面較為不同的是，〈蛤蟆兒〉多了上京尋父、認父的情節，同時難題的出現在於因對方的拒絕，一氣之下把輾盤卡在井中，只好想辦法把它從井中拉出。〈青蛙狀元〉進一步敘述青蛙看上張小姐的有趣經過。元宵節青蛙上街看花燈，反而因為他會說話，成為大家關注的焦點。張小姐的丫頭也大聲呼喚小姐來看青蛙，結果青蛙說：「你嚷什麼，你將來是我的丫頭，對姑爺不能這樣沒禮貌。」及見到小姐，馬上向她提出要去提親之事。青蛙回家後就害了相思病，茶不思、飯不想，直到父母硬著頭皮請媒人去提親。此處的描寫增添故事的形象性與真實感，觀之與一般常人無異。

　　此處相當特殊且值得注意的一個情況出現在〈青蛙狀元〉，此篇故事出現一個情節是青蛙與同年出海經商，行經爪哇島國時跳入海中，一年後才帶著許多石頭蛋回家。「爪哇島國」這個地名的出現，與其他六篇故事相較之下實有其特殊意義。爪哇島位在印尼，本篇故事採集之地為福建省的漳州市，福建廣東自清朝以來即是我國重要的僑鄉，當日有許多

人到海外謀生，如到南洋地區經商或做工，對原鄉提供經濟上的接濟。這種「走番」的歷程，在客家民間歌謠中亦有類似紀錄[24]，如〈十勸郎〉：

> 一勸郎，莫想妹子在番邦，三年兩載有相見，嚼個日子都還長，噫知哀！半世秀才娘。…
>
> 六勸郎，郎在原鄉妹南洋，大海茫茫難會面，好似織女隔牛郎，噫知哀！緊想緊痛腸。…
>
> 十勸郎，莫話妹子無春光，番邦世界涯唔想，妹子生死轉原鄉，噫知哀！日夜在心腸。

　　將南洋經商的情節融入民間故事中，一方面可反映當時的社會狀況，至少此種情節為當地普遍的認知，另一方面則可推斷此部分情節並非是故事產生時即有，當屬於較後期的增益，同時也具備文化層次的意義[25]。

（2）主角成功之後，新難題的困擾

	青蛙狀元	蛤蟆兒	蟾蜍子
員外的態度	員外答應親事。	王員外許親。	女方認命。
新娘的反應	新娘打算自殺。	結婚後新娘與父母一起去看戲，見到一位俊秀男子，新娘回家歎氣不做聲。	1.歸寧時新娘表示蟾蜍睡覺時是一個小孩子。 2.家人要他把蟾蜍皮藏起。
蛤蟆因應的方式	要新娘拿剪刀向肚皮刺，幫他脫下青蛙袍，變成年輕小夥子。	蛤蟆脫皮，變成戲院的年輕男子，證明為同一人。	因蟾蜍皮被藏，沒有束縛，吹氣似的長大，成為大人。

---

24 關於「走番」類之客語民間歌謠相關之意義，見拙作：《土地與生活的交響詩 —— 台灣地區客語聯章體歌謠研究》（台北：秀威資訊科技股份有限公司，2010年），頁148-152。

25 見張奮前：〈客家民謠〉，《台灣文獻》18卷4期，1967年。

新娘的回應	1.新娘未告知父母真相，幫青蛙縫製衣袍。 2.婆婆偷看媳婦與一年輕男子坐在一起，以為媳婦害了青蛙，昏倒在房門外。	向母親告知好消息，母親要新娘把蛤蟆皮燒掉。	全家和樂融融。
蛤蟆最終型態	1.告知父母真相，恢復人形。 2.青蛙中狀元，並生了一個兒子，祖孫三代感謝觀音菩薩的恩惠。	1.告知新娘二人原是百日夫妻，蛤蟆皮燒了，蛤蟆就離開了。 2.十二年後，蛤蟆回到凡間要帶妻子和丈母娘回天上，但因丈母娘回來捉小雞，遲了沒上天，變成一隻餓鷺鷥。	1.蟾蜍一天幫鄰居搭帳棚，挖到一隻蟾蜍，因不忍心將其打死，經旁人告知其亦為一隻蟾蜍。 2.回家向妻子詢問，妻子告知真相，並把蟾蜍皮拿出，阿粗穿上後就不見了。

　　在主角成功解決難題後，無論是客語故事或是非客語故事的主角蛤蟆（田螺、青蛙、蟾蜍），皆順利完成心願，新娘的反應也是同為一度沮喪，但知道枕邊人實為一位美男子後，後續的反應多半是將蛤蟆皮藏起。

　　蛤蟆皮被藏起的舉動，又是新困擾的開始，如〈田螺子傳奇〉中田螺發現殼被藏在樹林，還被老鼠叼走，焦急萬分，最後是透過貓王才找回殼，自己收好才能安心生活。比較不同的地方在於〈青蛙狀元〉多了一段母親以為媳婦謀害青蛙兒子的情節；閩南語〈蟾蜍子〉故事則多了一段因幫忙鄰居喜事，而不忍心殺害蟾蜍，讓牠無意間發現自己的身世；〈蛤蟆兒〉則在蛤蟆皮被燒之際消失，十二年後要帶妻子與岳母

回天上，結果丈母娘因放心不下要回家捉小雞，結果遲了沒上天，卻變爲一隻餓鷺鷥的突兀情節。雖然三篇故事與客語故事相較有所增益，但是在基本情節方面不外乎是轉化爲人並考中狀元，或是消失不見等情事。

　　總體來說，客語「蛤蟆蘊」故事在情節上實較爲單純，另外三篇非客語故事，雖基本架構相似，但在內容情節上的敘述較客語故事多樣化，細節的描述也更爲仔細，也具備地方特色。由此可見民間故事載體的包容性，也證明民間故事在傳述過程中，大同小異的說法能在廣大的時空背景中生根，亦可看見民間故事發展的脈絡。

四、台灣客語「蛤蟆蘊」故事敘事功能分析

　　研究民間故事，除了從內容層面作探索外，如果能夠從故事的內在結構對故進行深入討論，也能增進我們對故事的掌握。因此吾等嘗試從敘事學的角度，針對故事中的「敘事功能」進行查考論。

　　西方學者嘗試用結構主義來觀察所有的故事，認爲千變萬化的故事中，必定隱藏一種普遍的敘事結構。結構主義在研究一種文化現象時，探索的是內在的語法和深層結構，儘管表面的文化現象林林總總，但必定蘊含一定的內在結構，經由一定的內在規律衍生出來，因此有限的結構規律可以衍生出無限的外部型態[26]。若從這個角度來解釋，那麼我們對

26　見羅鋼：《敘事學導論》（昆明：雲南人民出版社，1994 年），
　　頁 23。

於不同民族的故事中出現類同或相似的情況時，便不一定只
能依照地域之間流傳的影響這種判斷的方式而已。

在普羅普提出的概念中，認為在民間故事中有所謂「可
變」與「不變」兩種因素，其中角色的功能是故事的基本要
素，是不變的；而角色的身分、姓名則常常在變動。因此敘
事功能的作用不只是對人物性格進行分析，而是透過角色的
行動呈現對故事所產生的意義與作用。普羅普概括俄國民間
故事的敘事功能有三十一種[27]，此處將嘗試運用此種民間故
事型態學的研究法，對客語「蛤蟆韞」故事的敘事結構模式
進行分析探討。

（一）客語「蛤蟆韞」故事的敘事結構

客語「蛤蟆韞」故事的特徵，基本上是由一個主角和一
個行動（move）所構成。在故事開始的「最初情境」
（initialsituation）部分包括主角姓名、身世背景與家庭狀況
等，雖然它不是一種功能，但仍是一種重要因素，此部份已
於情節單元分析時列表說明，故此處省略。以下分別敘述之。

---

27 普羅普三十一種敘事功能項的定義分別為：1.外出、2.禁止、3
破禁、4 刺探、5 獲悉、6 設圈套、7 協同、8 加害、9 調停、10
最初的反抗、11 出發、12 贈與者的第一項功能、13 主角的反
應、14 寶物的提供與獲得、15 兩個空間的轉移、16 交鋒、17
標誌、18 戰勝、19 災難或缺失的消除、20 歸來、21 追捕、22
獲救、23 不被察覺的抵達、24 非分要求、25 難題、26 解答、
27 認出、28 揭露、29 搖身一變、30 懲罰、31 舉行婚禮。〔俄〕
弗・雅・普羅普著，賈放譯：《故事型態學》，頁 24-59。

1.〈蟾蜍皇帝〉與〈蝦蟆王子〉的敘事結構

　　〈蟾蜍皇帝〉與〈蝦蟆王子〉的敘事結構相似，故合併討論，表列如下。

	〈蟾蜍皇帝〉/〈蝦蟆王子〉	普羅普 31 種敘事項	備註
行動發生的理由（最初情境）	西方的番國攻打中原，眼看就要江山不保，因此皇帝貼出告示，如有人能擊退番國，就把公主嫁給她。		
功能 1-接受考驗	蛤蟆得知告示，要求就去征番國。	功能 2b：禁令的變相形式是命令或建議	民間故事通常是先「離家」，再涉及「禁止」，但事件的順序常常相反。
功能 2-派遣出發	經過父親與皇帝等人的質疑，被允許出發。	功能 9：調停	將主角引入故事
功能 3-動身出發	此處主角正式出發，這時候由一地到另一地，產生空間的移動。	功能 15：兩個空間的轉移	
功能 4-主角運用的方式	用火燒了番國/吐出腹中積了多年的火炭，燒死番兵番將。	功能 16：交鋒	
功能 5-得到勝利	完成任務，凱旋歸來。	功能 18：戰勝	
功能 6-主角被承認	允許結婚。	功能 31：舉行婚禮	
功能 7-主角獲新外表	脫下蟾蜍衣，變為美男子。	功能 29：搖身一變	
功能 8-處罰	皇帝穿上蟾蜍衣，結果脫不下來變成蟾蜍。	功能 30：懲罰	

功能 9-主角登上王位	繼承皇帝位子。	功能 31a：一 下子獲得未婚 妻和王國。	

　　〈蟾蜍皇帝〉與〈蝦蟆王子〉在敘事結構方面總計出現
九種功能項，其中災禍被宣告的方式中國與其他地方不同，
都是張貼榜文，蛤蟆撕下榜文的情節單元只有中國有，意為
撕下榜文之人同意完成榜文上的任務。和普羅普的功能項對
照，故事發生的順序出入不大，這些行動在敘事過程中皆有
一定的位置，若沒有告示，沒有皇帝的質疑，就沒有後續故
事的開展。在上述兩種故事中，敘事功能間的相互聯繫，構
成了基本的故事結構，表列的九個功能項，大致相當於普羅
普的 2b、9、15、16、18、31、29、30、31a 等項。

2.〈蟾蜍蘊〉的敘事結構

	〈蟾蜍蘊〉	普羅普 31 種 敘事項	備註
行動發生的理由 （最初情境）	老夫妻想為蛤 蟆取個媳婦。		
功能 1-結婚	蛤蟆和美麗的 姑娘結婚。	功能 31：舉行婚禮	
功能 2-主角獲新外表	脫掉蟾蜍皮， 變成斯文男 子。	功能 29：搖身一變	
功能 3-蟾蜍皮被藏起	妻子把蟾蜍皮 藏進竹籠裡， 不再拿出來。	功能 8（7）：造成某 物的失蹤	此一功能極為 重要，通過 它，故事的實 際運動才得以 展開。因為蟾 蜍皮被藏，可 以決定開場的 下一個因素？
功能 4-找到蟾蜍皮	因為已經生了 兒子，妻子就	功能 19（4）：所尋 之物的獲取是先前	

	把蟾蜍皮拿出來曬太陽，以免爛了。	行動的直接結果。	
功能5-主角獲新外表	穿上蟾蜍皮，就離開了。	功能 29（4）：合理化與幽默的形式。	

　　〈蟾蜍薀〉故事較爲簡單，這個故事最重要的關鍵在於「蟾蜍皮被藏起」，因故事全部的行爲皆發生在同一地點，就沒有空間的轉換情節。

3.〈田螺子傳奇〉的敘事結構

	〈田螺子傳奇〉	普羅普 31 種敘事項	備註
行動的產生（最初情境）	主角的父親不讓大家知道生出田螺子。		
功能 1-破禁	家中婢女傳出去。	功能 3：破禁	
功能 2-探問	有一百歲婆特地想見田螺子一面。	功能 4：刺探	
功能 3-展示	員外用籃子裝著田螺子給大家看。	功能 5：獲悉	
功能 4-匱乏	員外的舅舅來借錢。	功能 8：加害	通過此一功能，故事的實際運動才得以展開。
功能 5-出發	田螺子與舅公同行，因田螺子幫忙賣布，舅公因此發財。	功能 11：出發	
功能 6-空間轉移	田螺子救鯉魚精而入龍宮。	功能 15：兩個空間的轉移	去的地方屬於山高水深極遠處，從陸地到龍宮。
功能 7-接受獎賞得到一件有神奇力量的器物	田螺子得到寶物：寶葫蘆。	功能 14a：提供或接受一件有魔力的器物	
功能 8-空間轉移	田螺子回船上，又	功能 15：兩個空	從龍宮回到船

	救了一隻公貓，牠是貓王。	間的轉移	上，回到現實世界。
功能 9-匱乏	田螺子十八歲希望娶妻。	功能 8：加害	
功能 10-接受考驗	宰相出了三大難題。	功能 12a：贈與者考驗主人公	
功能 11-主角的正面反應	勇於接受難題。	功能 13a：主人公經受住考驗	
功能 12-補足欠缺	寶葫蘆幫助田螺子克服困難，自動出現田螺子所需之物。	功能 19f：運用寶物擺脫貧窮	
功能 13-解決	主角完成任務被認可。	功能 26：解答	
功能 14-結婚	田螺與小姐入洞房。	功能 31：舉行婚禮	
功能 15-主角獲新外表	請小姐忍耐到三更，田螺子變出人形，成為英俊書生。	功能 29：搖身一變	
功能 16-田螺殼被藏起	田螺殼被藏，若找不到便不能留在人間。	功能 8g：造成某物的失蹤	
功能 17-營救	貓王找回田螺殼而留在人間。	功能 22：獲救	

〈田螺子傳奇〉的故事較為複雜，經過敘事功能的分析，共有十七個功能項，這裡除了主角田螺子外，還有其他的人物涉入，只是這裡的人物是在故事中履行某種功能，如舅公，即透過他的舉動，才能進一步讓故事開展。

透過上述分析四個客語「蛤蟆蘊」故事，我們發現若運用在故事上，儘管故事的最初情境不盡相同，但其深層結構卻相當一致，實屬同一種敘事結構模式。他們皆是有一個主角，面對一次難題，因為順利達成任務得到賞賜。雖然在功

能項數量偶有增刪，有的功能也許省略，有些功能也重複使用，但實有固定的次序存在。普羅普三十一種行為功能並不一定能夠將客語故事結構完全歸納，況且其中某些行為模式能否這樣歸納，仍有商榷的空間，況且對於故事探討，仍須關注主角內心深層的心理層面、時空因素與因果關係，並不單純僅是聚焦於故事的形式結構而已。

　　但透過這種客觀的進行故事功能分析，我們可以對客語「蛤蟆蘊」故事中的行為與情節有更深層的理解，而且這種分析法的操作運用，可清楚呈現故事的功能表現，亦可見功能與功能的變化造就了故事的高潮迭起，如果任意失去其中一個功能表現，故事的氛圍也將有所差異。

（二）客語「蛤蟆蘊」故事的轉化

　　同時根據普羅普的研究，在故事情節（包括人物、背景以及各種情節中有意義的細節）轉化（transformation）的過程中，會出現了簡化、擴展、變形、強化與削弱、內在替換、現實替換、告解式的替換等情形[28]。我們探究客語蛤蟆型故事時，也可發現幾種轉化情形：

1.繼承/替代

　　綜觀上述表格中所呈現的結果，吾等可見台灣地區之客語故事對中國民間故事是有所繼承的，特別是在故事的主結構方面和中國民間流傳的蛙型故事差異不大。大體而言，蝦蟆、蛤蟆、蟾蜍、田螺皆是兩棲類動物，且多半出現在田間

---

28 見〔俄〕李福清（B.Riftin）：《神話與鬼話 —— 台灣原住民神話故事比較研究（增訂本）》，頁 14。

水邊，與台灣地區客家群眾分佈的地理位置與移民的路徑應
有些許關聯，從艾伯華、丁乃通、鍾敬文的故事資料來源多
來自廣東、福建、江浙一帶，即可得證。

　　其次，由於民間故事的口傳性，導致故事中替代的情形
屢見不鮮。在客語故事裡，細節的部分往往有所異同，如蛤
蟆的父母多屬於富人階層，也多是善人，難題則多半是女方
出的考驗。故事的相似點還有異類（蛤蟆等）立下功勞而得
到美女或公主，也可以變形為英俊書生。這裡的變形多是自
動的，而非他動的。再者蝦蟆、蛤蟆、蟾蜍都不出蛙的範圍，
但田螺的涉入與替代，就比較特別，而為了不讓已為人形的
蛤蟆再變回蛙類，故事中選擇的方式是將蟾蜍皮或田螺殼藏
起來，隱藏的地點則從竹籠到樹林皆可。而這些變換與替代，
往往只是簡單的改寫，對於人物與情節的發展，影響不大。
但這些以某種動物為主要角色的故事，可以形成某一種動物
的故事群，進而衍生出相關的其他小故事。足見民間故事在
流傳與繼承上帶有集體性的特徵，亦可見民間故事在不同族
群的流動與演變。

2.簡化/擴展

　　在客語故事中，主角蝦蟆/蟾蜍、田螺在迎娶公主/宰相
之女的情節時，是從較為複雜的「看到公告榜文，然後主動
為國家征討番人，成功之後得到皇帝許可，娶得公主（宰相
出了三個難題，完成之後被允許娶宰相的女兒）」這種完整的
形式，到〈蟾蜍薀〉中，就被直接簡化為「想給牠娶個媳婦。
娶了媳婦之後…」。在這裡故事的基本形式被簡化，「難題」
經過轉化，直接就消失了。當然這種簡化代表一種不完全的

形式，或許也是敘述者疏忽，如忘記了，卻亦可證明口傳故事與敘述者之間的關係是非常微弱的。

　　「擴展」／「簡化」完全相反，「擴展」是基本形式擴大和增加細節。〈蟾蜍薀〉中，面對「難題」的過程被消解，而〈田螺子傳奇〉故事中，在面對三大難題之前，田螺子先幫舅公賣布賺錢，以及能預知鯉魚精是龍王之女與貓王，然後救了二者的情節，是直接從舊有傳統故事中借來的，稍作變化，便自然融入故事中，展現主角的不凡。

3.強化/削弱

　　這是能影響人物行為的一種轉化，不同的行為會有不同的表現。從強化這個層面來說，主角被派遣去完成任務的情節，除〈蟾蜍薀〉一篇之外，是一個固定的元素。通過去完成困難的任務（或難以完成的命令）就許以報酬，普羅普認為有時是一種「暗地的驅逐」，如果刪去報酬，就僅剩下派遣與威嚇，在情節上是一種簡化，同時也是威嚇的強化。

　　客語「蛤蟆薀」故事就有這種成分，雖然並未刪去報酬的許諾，但宰相並不願意女兒嫁給田螺，皇帝不相信一隻小小蝦蟆／蟾蜍的能力，甚至帶有一種嘲諷的意味，告訴牠如果做不到會被殺頭等情節，皆可視為一種強化。而〈蟾蜍薀〉故事則可說是相對的「削弱」，故事中沒有報酬，進一步連威嚇與派遣都被省略，於是我們只看到蟾蜍變成人之後，就讀書考狀元，等到看見妻子拿出藏起來的蟾蜍皮，穿了就走，人物行為明顯被削弱，只留給老夫妻一個孫子。

　　普羅普的方式雖然簡單實用，但畢竟適用於形態較為簡單的民間故事，因為在操作過程中，當面對所謂主角內心的

思想轉折，或是較有獨創性的情節時，便會感到難以應付。事實上這套方式認爲功能比較重要，人物其次。若從敘述的觀點來看，若只重視敘事結構功能，容易產生過於簡化人們活動和思想的侷限。

　　故事的產生原本就源自於人類內在的需求，各種角色的產生亦有滿足個人欲望，或者是反映社會總體期待的情況，如上述客語故事，蟾蜍爲父母傳宗接代的傳統倫理孝道思想，或者是蛤蟆高中狀元，光耀門楣的情節，皆符合傳統社會的期望。同時故事若是在口傳敘述的過程中，不斷地被加入更多情節，故事的演變更爲多采多姿時，對故事發展還是得回溯到說故事者與閱聽者的心理層面討論，若只用普羅普這種方式詮釋，就會有所不足。

五、結　語

　　通過對台灣客語「蛤蟆薀」故事的探索，我們可以看出民間故事在發展過程中，慢慢加入許多故事的因子，主因在於說故事者希望吸引更多聽眾的興趣，同時在說故事的過程中，加入更多幻想與現實結合的層面，使故事內容更爲豐富。

　　透過內容比對與敘事功能分析，對我們研究客語民間故事有相當大的助益，除了深入了解故事的內容情節外，尙可看出客語「蛤蟆薀」故事本身就具備了程式化的情節，如解決難題、人獸通婚的概念，甚至是得到寶物或擁有特殊解決難題的能力，以及滲入動物報恩情節等等。此外，透過敘事功能的呈現，我們發現故事每個情節都具有意義，就算其中擴展某些情節，對故事的事件、情境、邏輯等方面，都有重

要的影響。

　　同時，透過與台灣民間閩南語蟾蜍故事，以及漳州地區的青蛙故事加以對照，可進一步看出蛙型故事有一個基本的原型架構，經由各地流傳，添加了屬於當地故事特有的細節，尤其是漳州的〈青蛙狀元〉，故事情節緊湊，對話生動，對人物內在思緒的詮釋栩栩如生，每個段落情節交代得合理詳細，亦可見民間故事受到文人加工潤飾的痕跡，也可說是經過傳述者不斷修正故事之後的合理性結果。

　　再者，客語〈蛤蟆蘊〉故事中的主角蛤蟆、蟾蜍或是田螺皆是以超人的能力解決問題，以這麼小體型的生物要面對人世間種種難題，尤其是要求出兵作戰或是各式寶物等連一般人都不一定能達成的任務，小生物一切竟然都像在掌握中，胸有成竹的解決。因此這類故事除了娛樂作用之外，也蘊含民眾對面對困難的勇氣與能力，實屬於民間故事的積極面。

　　民間故事本有屬於文化層面的精神，在客語「蛤蟆蘊」故事中亦展現三項文化意蘊：

　　第一、生活情境的反映。

　　在〈蟾蜍蘊〉中，蟾蜍是到老夫婦家吃飯「撿飯粒」，一方面是表現出民眾的節儉愛物，另一方面藉由老夫婦將蟾蜍當孩子般疼愛，還幫牠娶妻的舉動，除了能夠貼近民眾生活外，此種敘述方式的運用可看出民間故事隱含民眾共同的心態與慈愛的表現。再如〈蝦蟆王子〉開端，哥哥身為風水師對弟弟孩子的預言，也與一般民眾生活習慣很相似，面對未知，常求助於風水師或其他具有預言能力之人。

第二、民間故事在演變過程中，增強藝術活力。

在客語「蛤蟆薀」故事比較過程中，除了理解此一類型故事的穩定性外，同時經由異文的對照過程，吾等觀察到不斷增益的精彩情節與融入其他故事豐富內涵，如〈田螺子傳奇〉即是。同時在故事中，男主角由蛙形變成翩翩美男子的過程，把女子忐忑、由絕望到心生歡喜的心態描寫，以及主角面對常人好奇眼光或困難時的態度等等，實引人入勝，亦符合閱聽者心理。其他在傳統情節中注入新的情節單元，使故事情節由簡趨繁的過程，實增加口傳故事的生命力與活動力。

第三、世俗文化與宗教的融合與滲透。

故事裡求子的舉動，實為普遍的存在，一般大眾有的向天祈求，也有向月、向土地公許願者，故事中除了〈蝦蟆王子〉、〈蟾蜍薀〉外，一向註生娘娘求，一則向觀音娘娘求，後由城隍爺奏知玉皇大帝「員外夫婦倆前生罪惡深重，以致註定今生要絕後。不過，玉皇大帝又看見員外他們夫婦倆今生已不再做惡，而且行了很多善事，因此生出憐憫之情，就令田螺精下凡去投胎。」

上述行徑非常符合一般大眾想法，向註生娘娘與觀音娘娘（送子觀音）求子，本是民間的風俗習慣，〈田螺子傳奇〉中還夾有一段相當生動的敘述，就是員外夫婦為了求子去廟裡行香，員外怎樣也求不出一次「聖筶」，換妻子求了三十幾次也求不出來，太太又急又氣的一種形象性的敘述。況且聖筶與神明在故事中的出現，以及因果報應思想的融入，皆可見民間信仰的根深蒂固，亦反映出積善之家必有餘慶的共同

心態。客語「蛤蟆蘊」故事出現這些與宗教信仰相關的活動並不意味民眾對某一宗教的肯定，反而揭示透過民間信仰的活動，可彰顯更多屬於民眾自身的願望與積極的精神，也可說是一種豐富民間故事內涵的方式。

故台灣民間客語「蛤蟆蘊」故事極具豐富而多元的內涵，無論是文學層面或是文化層面，皆值得研究者關注與深入研究。

選擇與再現之間：現代文學
作品中的基隆印象

一、前　言

　　基隆，是台灣最北端的一個海港城市，北臨東海，爲一天然港灣。早在四百年前，歷史文獻就已有其重要的位置。由於海岸線曲折多灣澳，景觀壯麗，四百年來沿岸漁業活動盛行，因此成爲北台灣漁業重鎮並兼具觀光休憩機能。漫長的歲月建構出的空間場域，隨著時間的滌盪，實際的地理風貌固然有所改變，但透過文學作品的書寫，空間的象徵、想像與意義的涵藏，亦展現這座城市深層而獨特的審美創造。

　　任何一座城市的存在，都有其厚實的地理人文作爲滋養的土壤。凱文・林奇認爲「城市可以被看作一個故事，一個反應人群關係的圖示、一個整體和分散並存的空間、一個物質作用的領域、一個相關決策的系列或一個充滿矛盾的領域。」[1]雖然文學筆法並非能夠全然客觀地呈現區域現象，然而文學作品實能表達深刻的地方感與在地經驗。若能將文學作品結合史料與政經情況，進行人文詮釋，進而勾勒想像一

1　見凱文・林奇著，林慶怡、陳朝暉、鄭華譯：《城市形態》（北京：華夏出版社，2001 年），頁 28-29。

座城市，那麼在生活實踐過程中任何一次的事件衝擊與融合，都可能重塑空間的意義，或賦予一座城市普遍客觀的認知與新的價值面向。

在研究範圍方面，筆者以《閱讀文學地景》[2]、王拓之《金水嬸》[3]、《望君早歸》[4]、廖鴻基等之《台灣島巡禮》[5]、舒國治之《台灣重遊》[6]、林建隆《刺歸少年》[7]、謝冰瑩〈雨港基隆〉、向陽〈海洋的翅膀〉[8]、東年〈海鷗〉[9]等作家與「基隆」相關主題之文學作品，作爲討論之文本素材，試圖一窺基隆過去與現在的風貌。

本文以檢視現代文學作品中的基隆書寫文本作爲研究路徑，從空間的角度進行思考，結合人文地理學的概念，藉由個體主觀經驗所賦予的空間意象進行文本詮釋。先針對基隆進行歷史記憶的追索，其次透過文學書寫中的基隆地景，探索文學視野中的地區想像與再現區域風華。再從地誌作品中梳理代表基隆的文化符碼與獨特的人文意涵，最後就文本再現的地方特色探討書寫策略與土地認同間的關聯。

---

2 行政院文化建設委員會策劃主辦、聯合文學出版社主編製作：《閱讀文學地景》新詩卷、散文卷、小說卷（上、下）（台北：聯合文學出版社，2008 年）。

3 王拓：《金水嬸》（台北：九歌出版社，2005 年，典藏新版）。

4 王拓：《望君早歸》（台北：九歌出版社，2001 年）。

5 廖鴻基等：《台灣島巡禮》（台北：聯合文學出版社，2005 年）。

6 舒國治：《臺灣重遊》（台北：大塊文化出版社，2008 年）。

7 林建隆：《刺歸少年》（台北：皇冠出版社，2001 年）。

8 〈雨港基隆〉和〈海洋的翅膀〉二文收入林燿德編《中國現代海洋文學・散文選》（台北：號角出版社，1987 年）。

9 〈海鷗〉收入林燿德編《中國現代海洋文學・小說選》（台北：號角出版社，1987 年）。

二、方法學的思考：空間意象與敘事策略

我們該如何看待與想像一個地方，或一座城市？特別是具有歷史感和人文意義的基隆。

對文學研究而言，環境與地域的重要性，向來不及時間的流動與人事的變遷，因此透過書寫活動所展現在文本中的地景（landscape）風貌，也不常在文本詮釋脈絡中受到關注。學者鄭毓瑜即認為，「在一般文學研究裡，『背景』與『環境』常常只是聊備一格，或是以前言交代，或在注釋裡說明，與文本分析既難以密切相融，甚至容易限制解讀的可能性，而是文學僅僅流於地域史或建築史的補充材料，相對來說，文學以外的其他學門之研究成果也無法有效的運用。然而，當文學作品放回世界脈絡重新觀看，文本開放成一個交涉、協調的場域，跨領域的詮釋於是成為可能。」[10]

傳統的空間概念在 1970 年代晚期開始產生質變，不同學科的學者紛紛對空間觀念提出新的詮釋方法，文化研究領域對空間議題的重視與日俱增，也對文學研究產生衝擊[11]。人

---

10 見鄭毓瑜：〈抒情自我的詮釋脈絡〉，《文本風景—自我與空間的相互定義》（台北：麥田出版社，2005 年），頁 15-29。

11 「空間」可說是一個跨學科的語詞，1960 年代從空間科學（spatial science）著重普遍規律的空間模型、量化研究，進展至 1970 年代晚期人文地理學（humanistic geography）發展讓人重新評估研究地方的意義。以往的地方研究常淪為區域專題研究，只專注於特定地區中自然、經濟、社會、文化因素之間的互動，如今人文地理學轉換了焦點，針對人群與地方的關係提出更具洞察力的問題。見 Mike Crang 著，王志弘等譯：《文化地理學》（Cultural Geography，1998），（台北：巨流出版社，2003

文地理學者段義孚（Yi-fuTuan）談到文學書寫可以提供地理
學者三個思考面向：如尋找人文經驗及關係形態所構成的社
會空間；尋索如同藝術作品所透露的對環境的理解與文化價
值的鎔鑄；最後在地理分析中嘗試達到一種主、客觀的平衡
[12]。潘朝陽也認為「一個地方即是被主體我占有居存的空間，
在其中不斷生發存有意義，使此原本空洞、抽象的空間轉化
成為涵詠蘊具人文與生命意義的空間。」[13]

　　而「空間移動」在人類文化發展過程中，常成為推動文
明創造的動力，這裡「空間」既指「範疇」（category）意義
之空間，亦即「空間性的界域存在」，此涉及文化語境中人們
對於空間界域的認知與跨越，是一種流動的過程。這些詮釋
性的空間觀，從外在到內在，有形到無形，常形成空間移動
的越境與跨界，也成為身體、物質的具象跨越以及心靈、意
識的想像與流動。因此有關空間或空間移動的書寫自身，亦
形成一「文本空間」，創造出一內在想像的世界，其本身即具
有豐富的社會文化意涵。人作為書寫的主體，往往帶著這樣
的有關空間的記憶或想像，在不同的地域空間、文化場域、
權力結構、歷史情境之間游走、遷徙、甚至越界，而激發了
或拓展了作品中的意識流動與跨界想像。這類文本可視為一
種空間實踐（spatial practice），既是一種「空間的再現」（a

年），頁 133-157。

12 見段義孚（Yi-Fu Tuan）著，潘桂成譯：《經驗透視中的空間和
　　地方》（台北：國立編譯館，1998 年），頁 166-167。

13 見潘朝陽：〈空間・地方觀與「大地具現」暨「經典訴說」的宗
　　教性詮釋〉，《中國文哲研究通訊》10 卷 3 期（2000 年 9 月），
　　頁 178。

representation of space），也可說是一種「再現的空間」（a space of representation），是人真實情感經驗的反映，也是想像建構的結果[14]。然而無論是文本裡的空間，還是空間裡的文本意象流動，或是文本與空間彼此的變化關係，都影響著文學作品對於空間元素符碼的運用、想像與再現。文學面對與訴說一個變動的時代，實能表達深刻的地方感與在地經驗，並展現對應於變化的多元體驗及相關知識的方式，若能將文學作品結合史料與當代政經環境進行人文詮釋，進而勾勒想像一座城市，那麼在生活實踐過程中任何一次的事件衝擊與融合，都可能重塑空間的意義，或賦予一座城市普遍客觀的認知與新的價值面向。哈維（Harvey）就認為，地方常被視為「集體記憶的所在」─透過連結一群人與過往的記憶建構來創認同的場址[15]。

吳潛誠歸納出地誌書寫的三項特徵：

（一）描述對象以某個地方或區域為主，如特定的鄉村、城鎮、溪流、山嶺、名勝、古蹟，範疇大抵以敘述者放眼所及的領域為準，想像的奔馳則不在此限。

（二）須包含若干具體事實的描繪，點染地方的特徵，而非書寫綜合性的一般印象。

---

14 見王璦玲：〈導論：空間移動之文化詮釋〉，黃應貴總主編：《空間與文化場域：空間移動之文化詮釋》（台北：漢學研究中心，2009 年），頁 1-12。

15 見 Tim Cresswell 著，徐苔玲、王志弘譯：《地方：記憶、想像與認同》（台北：群學出版有限公司，2006 年），頁 101。

（三）不必純粹為寫景而寫景，可加入詩人的沉思默
　　　想，包括對風土民情和人文歷史的回顧、展望
　　　和批判。

同時他也認為「地誌詩篇具體的描寫地方景觀，它幫助
我們認識、愛護、標榜、建構一個地方的特殊風土景觀及其
歷史，產生地域情感和認同，增進社區以至於族群的共同意
識。而在地誌詩篇中，風景的每一條輪廓都隱含著社會及其
文學。」[16]地理學家 Mike Crang 曾指出文學作品在「地方的
書寫」上所具備的優勢和參考價值，文學不能解讀為只是描
繪這些區域和地方，「很多時候，文學協助創造了這些地方」，
並「主觀地表達了地方與空間的社會意義」[17]。

地方性書寫的蓬勃發展，與鄉土意識的強化，是近年來
在台灣不可忽視的文化現象。九〇年代後期，台灣各縣市政
府踴躍形塑區域特色，積極出版地方文獻，另有各縣市區域
性文學獎的舉辦，以及各種形式的文化活動與慶典舉行，這
些作為可說是凝聚地方意象並提高地區能見度的普遍性策
略。晚近文化建設委員會就出版了一套《閱讀文學地景》[18]，
可說是目前台灣第一套完整而深入的地誌文學選集，「地方
書寫不僅保留本土記憶、建構文化身分及原鄉與外地的時空

16 見吳潛誠：〈地誌書寫，城鄉想像—楊牧與陳黎〉，《島嶼巡航：
　黑倪和台灣作家的介入詩學》（台北：立緒文化事業有限公司，
　1999 年），頁 83-84。
17 見 Mike Crang 著，王志弘等譯：《文化地理學》，頁 58-59。
18 行政院文化建設委員會策劃主辦、聯合文學出版社主編製作：
　《閱讀文學地景》新詩卷、散文卷、小說卷（上、下）（台北：
　聯合文學出版社，2008 年）。

差異，同時可能將此種差異轉變爲同質化全球語境裡的地域顯著標地。」[19]

　　城市既是一個地方，也一個意義的中心[20]。然而，不是每一座城市都可以透過書寫活動在時間的洪流當中聳立，並以獨特又富有意義的姿態展現。這座城市仍須具備歷史與文化的厚度，在創作過程中，藉由空間意識所產生之地方認同，透過虛構與真實相映的書寫策略，以敘寫其心靈追尋與記憶過往的足跡，得以形塑與再現城市的內涵與樣貌。

　　台灣最北端的海港城市─基隆，古稱「雞籠」，以雨港著稱。《明史》對「雞籠山」的描寫如下：

　　雞籠山在澎湖嶼東北，故名北港，又名東番，去泉州甚邇。地多深山大澤，聚落星散。無君長，有十五社，社多者千人，少或五六百人……雖居海中，酷畏海，不擅操舟，老死不與鄰國往來。……嘉靖末，倭寇擾閩，大將戚繼光敗之。……而雞籠遭倭焚掠，國遂殘破。……至萬曆末，紅毛番泊舟於此，因事耕鑿，設闤闠，稱台灣焉[21]。

　　明朝天啓六年（1626 年）西班牙人入侵，佔領社寮島（今基隆和平島），並築聖薩爾瓦多城，作爲發展遠東貿易的據點，亦爲基隆開發之始。之後荷蘭人趕逐北部西班牙人，前後佔領台灣爲時三十四年（1624 年-1642 年）。到了鄭氏王朝

---

19 見范銘如：〈當代台灣小說的「南部」書寫〉，《文學地理：台灣小說的空間閱讀》（台北：麥田出版社，2008 年），頁 213-250。

20 見段義孚（Yi-Fu Tuan）著，潘桂成譯：《經驗透視中的空間和地方》，頁 166。

21 見（清）張廷玉等撰：《明史》卷三百二十三，〈列傳二百十一‧外國四〉（北京：中華書局，2000 年），頁 5611-5612。

逐出荷蘭人,自清順治十七年(明永曆十五年)至清康熙二
十二年(施琅平臺,二十三年在台灣設一府三縣),共統治台
灣二十二年(1661 年-1683 年)。清雍正元年(1723 年)漳
州移民入墾雞籠,並創建崁仔頂街,爲今日基隆市街之始。

基隆港爲一天然良港,清同治五年(1866 年)雞籠港開
禁建埠通商,同治十一年置海防同知,掌管海防,同年設煤
務司,從事官營煤礦。清光緒元年(1875 年)取基地昌隆之
義,改「雞籠」爲「基隆」。道光十五年台灣巡撫劉銘傳重視
基隆建港,然因工艱費鉅,未竟全功。晚清上海人姚鴻描繪
的〈基隆港市圖〉[22],展現在甲午戰爭前夕的基隆港原貌,
其中包括基隆的人文景觀,以及軍事據點,實彌足珍貴。畫
中之題款對當時的基隆地理與人文風貌做了簡單的文字說
明:

> 基隆為臺省北口險要門戶,叢山環海,萬木參天,澗
> 壑曲折深邃,富產金砂,山市瑞芳店位於眾山之奧,
> 山民麕集於斯,淘沙為業。

透過了解與解讀地景,可以掌握涉入其中的人群與故
事,這些故事對不同的人群而言有著不同的意義,這些意義

---

22 目前此畫收藏在台灣漢學研究中心善本室,索書號爲 307.2
9202/26258。學者陳宗仁曾針對此圖進行研究,認爲此畫是姚
鴻在 1893 年陪同南澳總兵抗法名將劉永福至基隆視察,在基隆
港西岸碼頭背後高地,舊稱「球仔山」(介於仙洞澳與牛稠港之
間)頂點軍營,由此處俯瞰整個基隆港灣,此一視覺經驗遂轉
化爲現存之〈基隆海市圖〉。見陳宗仁:〈洋務視野下的地理描
繪 —— 試析台灣漢學中心藏晚清「基隆海市圖」〉,《第二屆地方
文獻國際學術研討會論文集》(北京:國家圖書館出版社,2009
年),頁 223-233。

往往隨著時間流動而有所改變。基隆歷經道光中英、中法戰爭，在中日甲午戰爭之後，日人鑑於基隆位置重要，自光緒廿五年迄民國三十二年（1899-1943 年）共五次築港[23]。台灣光復後，國民政府即積極建設基隆港。基隆由於具備天然港灣地形，周邊計有正濱漁港、基隆港、八斗子漁港、外木山漁港、碧砂漁港等。正因漁港的條件比台灣其他地方更具優勢，除了礦業發展，居民多從事漁業及其相關產業，目前政府則規劃將基隆港的功能逐漸轉向觀光。事實上無論是城市、住宅、街道、河流，無一不能展現其歷史的積澱，經由各種再現的方式，進而散發其自身的當代價值。

藉由文學作品的主客觀描述，吾等得以嘗試理解與闡明空間現象的狀態，並勾勒某一段時期某一地的景觀樣貌與人文圖像，同時透過文學亦可形塑創造地方風貌。職是之故，吾等可將文學的表意視為人們對地理想像的一種再現的過程，透過對地方的想像性創造與真實的地理狀態作對映，進一步強化自我對於地方的參與和認同。以下筆者將從空間角度著手，透過文學作品所運用之虛構與真實、自我與全體、離散與認同等敘事策略，對「基隆」的人文風景進行觀察與詮釋。

三、家鄉的記憶敘寫與時空想像

透過文字展現的地景，一方面得以紀錄隨時間而來的變遷，紀錄文化的演變與遺留獨特的軌跡，累積形成有如不斷

---

23 見基隆市文化中心：《基隆開發史》（基隆市：基隆市立文化中心，1997 年），頁 11-12。

刮除重寫的羊皮紙（palimpsest）[24]。地景是隨著時間而抹除、增添、變異與殘餘的集合體，可豐富地塑造與被塑造顯示地方文化的演變與當地民眾生活的文化記憶，而這些地景的重塑與再現，進一步在變遷的空間中傳播，對應快速流動的時空，我們得以審視地方文化的意義與象徵。

出生於基隆八斗子漁村的作家王拓，是最專注以「基隆」作為書寫主題者。他的作品雖然不多，但《金水嬸》與《望君早歸》兩部小說，皆以基隆和八斗子漁村作為故事背景場域，迄今仍受到專家學者的高度重視。目前可見針對「基隆」進行書寫者，仍以籍貫為基隆的作家為最，除了王拓的作品，還有許德全的現代詩〈漁人的家 ── 詠八斗子漁村〉、林福蔭的散文〈憶刺丁挽〉、東年的小說〈初旅〉[25]、〈海鷗〉等，因為這種深刻的「地方感」，讓作家在作品中感受與創造屬於地方的經驗，不僅豐富了地方的表象，同時結合經驗與想像，再現地方的風貌。

蔣勳認為王拓是七○年代中期小說的「道德力量」[26]，其文學作品呈現對土地的情感主要是透過生活於其間的人的活動，非單純的僅依賴地方景觀書寫而已。基於王拓個人深刻的成長背景，他對漁村和漁民充滿同情，也正因為懷抱對鄉土的熱愛，王拓的作品以基隆一地的書寫數量最多也最集

24　見 Mike Crang 著，王志弘等譯：《文化地理學》，頁 27-32。

25　上引作品見《閱讀文學地景》。

26　蔣勳：〈臺灣寫實文學中新起的道德力量〉（1977），收入王拓，《望君早歸》，頁 13-25。

中，計有八篇描寫與基隆及其相關的生活、地景風貌[27]。因此在這些作品中，吾等所關注的層面在於這些基隆籍作家觀察基隆的視角選擇，以及基隆這個城市在他們的筆下所呈現的面貌，並探索他們建構「地方感」所運用的象徵符碼。

王拓曾說過，「所謂的『鄉土文學』是以鄉村為背景，以鄉村人物的生活為主要描寫對象，並且在語言文字上運用許多方言的作品。」[28]對家鄉感覺的創造，是文本中深刻的地理建構，因為「小說在本質上是具有地理學特質的，小說世界由地點與場景、場景與邊界、視角與視野組成。小說的人物、敘事者，以及閱讀之際的讀者，都會佔有各式各樣的地方與空間。」[29]作者對基隆「主觀」經驗的興趣與關懷，表現出對這個地方的理解，進而辨認出作品中人群與空間的情感，透過文學表意作用（signification）的過程，開創出充滿情感的人文意義。

（一）地景描寫的過去與現在 —— 象徵符碼論

在文學作品中最常被書寫提及的區域景觀，多集中在基隆市區、港區、基隆火車站與八斗子，這些都是具有象徵意義的地景。

---

27 此八篇分別是〈金水嬸〉、〈吊人樹〉、〈墳地鐘聲〉、〈海葬〉、〈蜘蛛網〉、〈炸〉、〈一個年輕的鄉下醫生〉、〈望君早歸〉等，前七篇收入王拓：《金水嬸》，第八篇收入王拓，《望君早歸》。

28 王拓：〈是「現實主義」文學，不是「鄉土文學」—— 有關鄉土文學的史的分析〉，收入尉天驄主編，《鄉土文學討論集》（台北：遠景出版社，1978 年），頁 115。

29 見 Mike Crang 著，王志弘等譯：《文化地理學》，頁 58。

　　東年的短篇小說〈海鷗〉[30]，在海面上帶領讀者一覽基隆重要景觀：

> 好一會兒，我們終於遠離海岸和吵鬧的人羣，在深海中隨波飄盪。
>
> 遠處，在水平線上，從左到右，我們可以看到和平島和八斗子礁岩崛峭的海岸，焊光閃爍的造船場，基隆港蒼白的防波堤和燈塔，堤外底艘錨泊的洋輪，協合發電廠的廠房、瘦長的煙囪和巨圓的油庫，再來就是離開的外木山漁村，以及眾多山褶間遠遠相離的另外兩個較小的漁村。
>
> 那兩個小漁村，小得只是幾家漁戶叢集。
>
> 外木山漁村是幾十家漁戶聚落：他們的紅色磚房，蜿蜒在山坳的彎折整齊的幾行排列著，其間點綴幾間水泥樓房和一家神廟，高高低低的像積木。村子依傍的山看起來也不再那麼偉峻，柔軟得像一抹翠綠，而岸上釣魚的或者海灘邊弄潮的人影，更是渺小得像一片錯雜的色點。

　　〈海鷗〉敘述兩個朋友，其中一位是畫家，一起划小船從外木山準備出海釣魚。引文的敘述，似乎就將週遭景觀營造成一張畫布，期待讀者以觀畫姿態，認識和平島到八斗子的自然海岸風景、造船廠→基隆港→協合發電廠→油庫等基隆重要的工業設施，還有防波堤和燈塔→錨泊的洋輪→廠房→煙囪等相關之人工造景，順隨文字書寫這些景致的流動，

30　見東年：〈海鷗〉，林燿德編《中國現代海洋文學‧小說選‧海事》（台北：號角出版社，1987 年），頁 101。

讓讀者初步認識屬於基隆與海港午後寧靜且富有詩意的一面。特別是對外木山漁村的描寫，宛如另一幅美不勝收，足以媲美外國電影場景的漁村風景畫。

　　林建隆則在《刺歸少年》一書中，寫下他的青少年生活記事。對於「刺歸」二字的象徵意涵，林建隆做了以下生動又富有象徵意義的解釋。

> 每個不良少年，都像一尾刺歸。刺歸是河豚的一種，在海中是悠遊自在的魚，美麗的珊瑚是牠的家鄉。但在陸上，牠卻變成自我膨脹的圓球，全身刺牙牙的，比陸上的刺蝟還要誇張。人們只要看見他那對被刺遮住的眼球，露出流氓般不馴的凶光，便想狠狠地加以壓制、懲罰，完全忽略牠那彷彿仍含著嬰兒奶嘴，稚氣的雙唇，忘了刺歸是不可能自己跳上岸的，牠是被人們撈上來的啊[31]！

　　由於故事的背景在基隆，因此基隆的場景隨處可見，也令在地讀者或對基隆有印象者產生親切感。

> 在基隆海岸極東的長潭尾，一處海蝕平台上，我們計議了半夜。……我們唯一的共識是先到「水產」──基隆魚貨中心，堵住刺歸再說。……
>
> 飆過望海巷、八斗仔、碧砂漁港和社寮島，前面就是正濱漁港了。我們將四匹野狼栓在「水產」大門邊，阿鐵、阿丁和阿炳在前，我殿後，魚貫走入鬧熱滾滾的漁市。對北海岸的討海人來說，仲夏是捕小管的季

---

31 見林建隆：《刺歸少年》，頁 6-7。

節，然而在「水產」這樣大型的漁貨中心，除了隨處可見一箱箱的小管，仍有從較遠的海域捕回的各類海產，有冷凍的，有活跳的，有深海的，有浮游的。……阿鐵不是基隆人，他十一歲時逃離孤兒院，隔年在田寮港邊認識我。他之所以跳火車到基隆，是因為聽說生母曾在基隆的酒吧上班……

從「水產」到西岸外目山這段路較近市區，……他們三人和我一樣，脖子上各掛著一只不透明塑膠袋，袋裡飼著仍不願恢復魚的原形的刺魻。我們十分低調地駛過安瀾橋、三沙灣、東岸碼頭，再繞過火車站旁的小艇碼頭，便進入了西岸港區。穿過港區的平交道，我們直接衝上流籠頭，那是上坡路。……

抵達外目山素卿甘仔店時，阿鐵三人早已等在那兒。……素卿甘仔店邊，通往目山澳仔的小漁港……[32]

　　這是章節一的部分內容，作者紀錄和同伴走過許多地方，其文化地景依然變化不大。諸如北海岸仲夏捕小管的漁業活動，迄今已成為每年固定的文化觀光「小管季」；碧砂漁港的魚貨中心，一年四季都販售各式各樣的海鮮。至於從望海巷→八斗仔→碧砂漁港→社寮島→正濱漁港，這樣的順序，地理位置符合現況。當然隨著時代變遷，人文與自然地景或許略有改變，但作者在全書中所敘述之與同伴所走過的基隆景觀，至今仍是基隆地區重要兼具歷史人文意涵的觀光景點。

　　基隆素有「雨港」的稱號，因此在〈金水嬸〉一文中，

---

32 同前註，頁 8-12。

王拓是這樣敘述八斗子的天氣：

> 一入了冬，八斗子的天氣就變得昏黑陰慘了起來，海浪「嘩—啊—」「嘩—啊—」地嘯叫，掀起小山般的浪頭，混混濁濁的。濕冷的腥鹹在強勁海風的吹襲下，毫不留情地鑽進每一個空隙裡，瀰漫了整個大地。雨接連地下個不停，日裡夜裡都是濕漉漉黏溚溚的，人像是活在一團潮濕腐敗的破布堆裡，寒冷、陰濕、愁慘。…
>
> 一大早，八斗子的天氣仍然又風又雨，海浪像一片灰色的鋼板掀起來又蓋下去，混濁冰冷，發出一陣轟轟的巨響。冷風向兩面鋒利的刀刃颳在臉上，直鑽進骨頭裡。但是，一到了基隆的街市，太陽卻又憨憨地露出臉來，照在港口一排排灰暗的屋頂與市街。空氣裡飛揚著灰濛濛的塵埃，使人感到一種大病後昏昏欲睡的倦怠。…
>
> 八斗子的天氣仍然一直是陰慘慘的，日裡夜裡，風雨嘩嘩叫。強風挾著海浪的濕氣和腥鹹，鑽進每一個空隙裡，冷得人們只好整天窩在棉被裡，連大門都不敢開。而短時間裡，風雨顯然沒有停歇放晴的跡象[33]。

小說中八斗子陰暗多雨的天氣，象徵著金水嬸因欠債還不出錢，面對債主接二連三地上門，深刻地煩憂與焦慮的心情。八斗子位於基隆市東側，最早只是一座孤島，日治時期才填平海溝使之成為陸連島，其位置三面環海一面臨山，地

理環境優越，築港前的八斗子海灣沿岸，漁產豐富，1975 年築港，八斗子的漁業資源也消失，漁民需要貸款才能建更大的船隻，或到更遠的地方補更多的魚，才得以維持生計[34]，1980 年代中期以後，基隆地區的漁業逐漸走下坡，八斗子的漁業發展也受到限制。

在王拓的書寫中，我們體認在 1975 年的八斗子是個偏僻的小漁村，三十多年後〈漁人的家　詠八斗子漁村〉[35]詩中，作者許德全則關懷屬於八斗子漁村平靜的生活風貌，以及生命與大海連結的漁夫回航：

> 失眠的魚蝦/是隨遇而安的漁人饕客/盍興乎來的珍饈美饌/執螯對酌/盡是龍吟虎嘯/再斟幾大碗愁緒滿懷/暢飲他一世的豪邁
>
> 與大海結褵的漁人/徜徉大過墳墓的汪洋/披戴著微風輕寒/駕著噗噗的艅艎/像一把鋒利的剪刀/清寂地劃破兩歇歌沉的活水源頭/滿載一船雲影天光

「八斗夕照」是基隆八景之一，而夕照之下的八斗子，如詩如畫，舒暢醉人，自然之性在文字流動中傾洩。

> 嶙峋石階如耆老的一口黃牙/參差堆壘/攀頂望幽/驚艷黃昏披著餘暉面紗//放一只風箏/無須執著是否斷線/讓浸沁感懷的心靈/如詩人的風/掠過山頭/村莊/與海洋/吟詠自我的歌聲軒昂

即使美好景致如此，隨者時間的流逝與經濟活動的變

---

34 見基隆市政府編印：《基隆漁業史》，頁 80。
35 許德全：〈漁人的家　詠八斗子漁村〉，《閱讀文學地景》新詩卷，頁 18-22。

化，八斗子的風華亦難再現，因此詩中寫道：

> 佝僂的老嫗/修綴遍體鱗傷的漁網/網眼越來越小/網罟
> 越來越沉/落日憮憮的一片白

　　漁村的沒落，人口的外流，往往導致漁村僅剩老人與小孩，此處書寫似有一種繁華落盡之滄桑感，寧靜中卻有著幾分淡淡地落寞。

　　至於王拓〈蜘蛛網〉一文中，作者則規劃讓閱讀者跟著男主角易東林和他憤恨不平的心情，對基隆的市街景象做了一場巡禮。易東林是個父母雙亡，沒有考上大學的高中畢業生，他和祖母一起生活，但長期和祖母不合，祖母對他二十歲不事生產的狀態也大表不滿。易東林走出房門，先沿著三沙灣彎曲的堤岸走著，試圖找份工作滿足祖母的要求，一路走到基隆港，再到港務局、基隆火車站和中正公園。

　　小說的寫作年份是 1971 年，三沙灣早在清代及稱為三沙灣庄，八尺門漁港未擴建時為基隆主要的澳港，在 1980 年代末期後為基隆港務局填平，拓寬為東岸碼頭及中正路，形成完整的市街。小說主角走到基隆港碼頭，見到一艘外國油輪進港，同時在港邊見到忙碌的碼頭工人和外國旅客，旁邊則是基隆港務局，這種情況迄今依然不變。當他走到基隆知名的中正公園時，從山上往下看基隆港，映入眼簾的港口風景是：

> 一條條龐大的輪船靜靜地停在港灣裡，船上的旗幟飄
> 呵飄呵，微微的風從海港那邊吹過來。兩條不知插著
> 什麼旗子的船，正在冒著輕煙，緩緩地向著港口相反
> 的方向移動。船尾拖著一條長長的水花，無力的、絕

望的樣子[36]。

悲傷的人見什麼都悲傷，當人對未來茫然而無力時，所有眼見的事物與對應的認知，都反映了當時的心境—無力與絕望。

至於東年小說〈初旅〉[37]，是一個孩子獨自出遠門，進而理解自我存在的成長故事。東年藉由孩童李立的觀點，觀察生活場域中想像與想像之外的世界。

> 「看到基隆港你就下車，火車站就在那附近，你記得火車站的樣子嗎？」父親這麼說：「嗯，就是那個中間有尖塔的黑色樓房。」
>
> 日本人留下來的那個火車站，是大型的木材構建，貼其車站的正面屋頂上高立有哥德式鐘塔，像印在耶誕卡那種外形優美的樓房；但是，整棟房子的外表塗了瀝青油，黑沉沉的。

這是作家借李立父親之口，敘述記憶中的基隆火車站，上述引文指出火車站的特徵：哥德式的鐘塔、黑沉沉。李立對火車站的地理位置毫無概念，他依侗父親的話語，努力地想要辨識基隆火車站。而基隆火車站大批旅客橫越月台的腳步聲總讓他「在學校音樂教室裡不經意望著漆黑的鋼琴，當低音的琴鍵咚一聲響的時候，他就會想起那些奇怪的腳步聲。」

李立坐在巴士上，從路旁的圍牆頂上「清清楚楚」看到火車站的尖塔，這是對話語的實際確認，接著映入眼簾的是

---

36 見王拓：〈蜘蛛網〉，《金水嬸》，頁 104-105。
37 見東年：〈初旅〉，《閱讀文學地景》小說卷，頁 61-69。

基隆港，「看是就要下雨的天氣，天空霧般均勻整片灰白，港灣灰沉沉的到處起伏黑色波紋，靠岸的輪船輕緩的隨波搖擺像是一個個酣睡的搖籃。」下了車，走近火車站，要等車時：

> 從欄杆間隔中越過兩個空曠的月台和幾道鐵軌，他望著一台漆黑的火車頭；這落單的車頭閒在那裡休息或待命，只在車頂煙囪噴口冒著一縷乳白色水蒸汽，像是一頭喘息的巨獸。……
>
> 一會兒，響過一陣尖長的汽笛聲，另一台漆黑的火車頭拖著一排黑色車廂衝進月台，閃晃的窗玻璃上印著一張張疲憊的陌生人臉孔，而霧般的蒸汽中他看到冷亮的車輪成串滾動。

東年所描寫的基隆車站景觀是早期的日式建築，對照現今已改建與台灣其他城市火車站外觀一致的基隆車站，以造型上而言，顯然過去的車站較富有建築的美感與沉重的歷史感。在李立眼中，沿途的視景「越來越灰暗，房舍和車站都積染了煤塵的黑影」，而「望著窗外兩堆金字塔般的煤山」，就可判斷到了當時以產煤聞名的瑞芳，於是少年李立的反應是「一邊好奇望著遠處兩個赤身裸背的人影；全身沾滿煤泥，他們看起來就像剛鑽出地獄的魑魅。」然而他的心情並不因為見到特殊的場景有一絲興奮，反而「滿天灰雲、雨水和煤塵所攪渾的景色，怪異得令他全身發冷」，當列車開出月台，小販在月台最後的叫賣呼喊，使他聯想音樂教室牆上懸掛那些「穿黑色禮服」的音樂家肖像。

基隆該是什麼色調的城市？灰沉沉的港灣、黑色的波紋、漆黑的火車頭、黑色的車廂、煤塵的黑影，加上黑沉沉

的鐘塔、黑色的鋼琴、音樂家的黑禮服，和沾滿煤泥的礦工「像剛鑽出地獄的魍魅」。這種灰黑色調的陰鬱氛圍，呈現出基隆雨港的潮濕與壓抑，也映襯了少年李立的早熟心靈。

　　凱文・林奇對於城市有其獨到的見解，他認為「城市可以被看作一個故事，一個反映人群關係的圖示、一個整體和分散並存的空間、一個物質作用的領域、一個相關決策的系列或者一個完滿矛盾的領域。」[38]上述的每一種表述都蘊含個體與歷史文化、政治經濟活動的交互作用。

（二）空間建構的記憶與認同 —— 城鄉對照記

　　面對屬於基隆的地景象徵，我們顯然無法只從物質特性的角度來看待這些地景，因為它們也同樣具有「文本」意義，需要而且能夠被閱讀、理解與詮釋。地景的內涵與意義並非永恆不變，有些也在日常生活被視為理所當然的事物，在觀察地景的同時，我們可以試圖尋找地景對於不同的人群產生不同的意義，以及這些意義是否轉變。

　　透過對文學作品的檢視，漁村風貌、基隆港、基隆火車站，幾乎可以說是基隆的代詞，也是書寫基隆時重要的記憶與認同的文化符碼。這些關於地方景物與風俗的描寫，多數是為了作品故事發展的需求，並非刻意有目的性的企圖提高地方能見度。王拓筆下的基隆樣貌，相較其他區域鄉鎮的書寫，輪廓較為清晰而且獨特，原因在於基隆本身臨海，港口生活特質相對於農村即是很大的差異，雖然其中或多或少有

---

38 見凱文・林奇著，林慶怡、陳朝暉、鄭華譯：《城市形態》，頁27。

一些特徵是台灣其他地區共有的生活縮影，但並無礙於對一個城市的認同與體悟。

後現代地理學家愛德華・索雅（Edeard W. Soja）認爲「空間在其本身也許是原始賜予的，但空間的組織和意義卻是社會變化，社會轉型和社會經驗的產物。」[39]在王拓的小說中我們得見此一狀態，基隆市相對於八斗子，可說是城/鄉的二元對比，然而當基隆（包含基隆市、八斗子以及濱海公路沿縣的瑞芳鎮、金瓜石等）被視爲一個較廣泛的生存空間時，往往在城鄉對照的經驗中，基隆反而是「鄉」，「城」的意義則多指涉台北。事實上，我們在王拓的作品中，並不容易感受基隆作爲一座城市的「都會感」，但透過文本，我們可以從中了解王拓如何感受地方與再現空間[40]。

---

39 見愛德華・W・蘇賈（索雅）著，王文斌譯：《後現代地理學：重申批判社會理論中的空間》（Postmodern Geographies：The Reassertion of Space in Critical Social Theory）（北京：商務印書館，2004），頁121。

40 空間理論重要學者列斐伏爾知名的空間「三元辯證」（trialectics）中，他將空間性分成三部分：空間實踐（spatial practice）、空間再現（representations of space）與再現空間（space of representations）。索雅（Edward W. Soja）進一步加以回應三元辯證，即：物質化空間實踐的感知空間（perceived space）；他界定爲空間之再現的構想空間（conceived space）；以及再現的生活空間（lived space）。第一空間視角和認識論，主要固著於空間形式的具體物質性，固著於經驗上可以描繪的事物；第二空間是在有關空間的觀念裡，在深思熟慮的將人類空間性再現於心靈或認知形式裡頭設想。第三空間則是界定爲另一個其他（an-Other）理解和行動方式，著眼於改變人類生活的空間性，一種獨特的批判性空間覺察，適應於空間性—歷史性—社會性之重新均衡的三元辯證所帶來的新範圍和意義。列斐伏爾的「再

　　對地方「歸屬感」的建立，人們得以找到自己的定位，同時地方感也是界定自我的方式。地方代表了一系列文化特徵；地方不只說明了你的住處或家鄉，更顯示了你的身份。每個地方都有地方特殊性，這些空間的過去與未來，將空間內的人群連結了起來[41]。

　　王拓的小說充滿「地方感」，特別是著重描寫土地上民眾的生活，這種寫作策略實可凝聚認同，並深化地方特質，特別當作者兼具實際地方生活經驗與記憶時，藉由書寫再現生活場域，進而能夠激發地方想像。

　　〈一個年輕的鄉下醫生〉[42]這篇作品敘述一個在台北工作的記者林進添回到家鄉採訪，同時探望回到家鄉執業的醫生好友義雄，並在這個過程中，感受到城鄉差異的衝擊。故事的開始，作者即透過進添仔之眼，觀察家鄉的變化。

> 　海風挾著強烈的濕氣和腥鹹，吹過鐵路沿岸和墳場，
> 使得滿山遍野枯黃的野草遂索索地愴惶抖顫了起來。
> 我的鄉親們臉上顯出一種頹黯悲苦、無奈的認命的神

現空間」同時包含了一切真實和想像的空間，是「直接生活的空間，帶著絲毫未損的桀傲不馴，是個延展跨越與之伴隨的意象和象徵的空間，是居住者和使用者的空間。」也是藝術家、作家和哲學家等居住與使用的空間，「是（語言的，但主要是非語言的）想像企圖改造改造和挪用的空間。它疊覆於實質空間之上，在象徵上使用其客體」，傾向「具一致性的非語言符號和象徵系統」。對列爾伏爾而言，再現空間充滿象徵，同時也是社會、歷史及空間性的意識和實踐。見索雅（Edward W. Soja）著，王志弘等譯：《第三空間（Thirdspace）》（台北：桂冠圖書股份有限公司，2004 年），頁 70-97。
41 見 Mike Crang 著，王志弘等譯：《文化地理學》，頁 136-137。
42 見王拓：〈一個年輕的鄉下醫生〉，《金水嬸》，頁 173-193。

色。

啊！這竟是我離別已久的故鄉嗎？

在我記憶中的童年的故鄉，有著一簇簇灰白的刈芒花點飾在火車站前的山坡上，在金黃色的陽光和溫暖的微風中搖呵搖呵，顯出動人的風姿；……那是充滿陽光和快樂的地方，曾在我十年外鄉生活中最寂寞、潦倒的時刻，溫暖、安慰了我。……在我的記憶和想像中，故鄉卻一直仍然是美麗和充滿歡樂的地方。

再加上十年來，我由於到都市唸書，之後又在報社做事，已經聽慣了報紙許久以來紛多的擾嚷：什麼經濟起飛啦！農村繁榮啦！特別我一向又是跑娛樂版的新聞，每天都追逐在那批穿戴得極為珠光寶氣、妖艷光鮮的電影、電視影歌星們的屁股後面，出入於台北各大觀光飯店、酒樓、夜總會和舞廳之間……讓我往往也以為我們的社會真的已經繁榮到滿地都是黃金的地步了。那麼，我的故鄉也能分享到一點經濟繁榮的成果吧！

上述引文中，藉著進添仔的口，說出家鄉十年前與十年後的變化，當然十年前的故鄉在孩童的記憶中存在的都是美好的景色，十年後從都市化最高的台北返回家鄉，竟感受二者強烈的落差，當時普遍認知都是社會經濟快速發展，家鄉的鄉親並未能感受，因為「（南仔寮）不但一點都沒有進步，反而因為煤礦已經漸漸挖光了，而顯得比以前更為冷落了。」「討海也是一樣的，沒有錢造大船，結果總是艱苦異常……」「南仔寮的每一條街巷和每一間房屋，我都太熟悉了，這一

切除了更加老舊外都和十年前沒有兩樣。」家鄉是人們心靈的避風港，並使人們從中感受親切性和凝聚感，也是情感價值的核心，因此從「家」這個空間往外延伸至「鄉土」鄰居間的社交往來，對土地的認同與危機感，往往強化文學作品中的地方感知。

「人情味」向來是城市與鄉土之間比較的一種明顯指標，進添仔初回到家鄉遇見阿木伯，彼此的問候讓進添仔油然而生「一種在臺北的生活中所不曾經驗過的親切溫暖的鄉情遂深深地感動了我。」

然而當進添仔和醫生義雄走在一起時，這股溫暖頓時消失，此時村里的人稱呼醫生叫「陳先生」，進添則被稱為「林先生」，那份原本屬於鄉里情感的熱絡，瞬間轉化為迎接都市遠來客人的生份，進添心裡不禁沉重起來，「一層無形的厚厚的障壁」，使我感覺到一股悲涼的心緒，記憶中童年所有的親切的溫情已經在我們之間消逝了。」

貧窮而偏遠的鄉村，因義雄考上台大醫科，整個鄉里為之興奮，南仔寮終於有了一個醫生。義雄自台大醫科畢業之後，就回到故鄉開設醫院，因為當年義雄與進添的老師不斷地鼓勵幫助他們，同時不忘提醒「故鄉的人需要你們，不要忘記了！」義雄的眼眶泛淚，拼命搖著黃老師的手，沒有說一句話。因為家窮，義雄能完成學業，是黃老師把積存的錢供給他讀書。小說裡進添說：

> 當年，他辭謝了臺北私人大醫院豐厚的薪酬，放棄了教授替他爭取到的美國大學優厚的獎學金，而竟於畢業的時候，毅然地、滿懷著熱情與愛心回到我們那個

　　沒有醫生，既是礦區又是漁村的貧困落後的故鄉了。

　　義雄擁有如此美好而動人的情操，並以行動履踐對黃老師的承諾。然而當長期面對地方貧窮的現實窘境，理想與意志的消磨，讓義雄逐漸失去服務鄉梓的熱情。義雄對自己的選擇產生了疑問，如果理想與犧牲換來的是尊敬與貧窮，人性的掙扎與困境總在現實環境中毫不猶豫的低了頭，落實在行為上，就是義雄對鄉親態度的轉變。這種轉變敏感的鄉鄰極為容易察覺，因為「我只多收了他們一些醫藥費，他們就擺出一張張苦哈哈的臉孔給我看，沒有錢啦沒有錢啦地嚷嚷。」這種壓力著實影響鄉里人情的互動。

　　對義雄而言，心境轉變之後的忿忿不平，總在望著黃老師的遺照，眼淚沿著臉頰滾落下來。義雄並不是沒有良知，也沒有忘記初衷，但是「我的同班同學都在臺北開起大醫院了，我卻還在這種困窮的地步。」義雄和進添表示，自從疼愛他的黃老師過世之後，就沒人理解他。

　　「我好懷念台北的朋友。」……

　　「但是，在這裡。」

　　他深鎖了雙眉，黯然地、沉鬱地：

　　「唉！連一個聊天談心的對象都沒有。」「……」

　　「連聽一次音樂的機會都沒有。」「……」

　　「連最起碼的生活水準都沒有。」「……」

　　工商業的發展，無遠弗屆地改變了台灣的社會，也改變的台灣傳統社會質樸的人情義理，取而代之的，人與人的關係被簡化只剩金錢與物質關係。城鄉的差異與比較的心情，王拓是如此寫實地在義雄身上表露，心境該如何調整？如何

尋得平衡？午後的咖啡館、愉快的音樂旋律、演講與座談會、美麗富有的女朋友，這些都是屬於「城市」台北的符碼；然而基隆漁村與礦區的鄉間，貧窮與困苦的民眾與生活，則是地方風貌的基調。城鄉的差異處於天平的兩端，截然不同的生活與生命情境，是如此的巨大而顯明。作者深刻體驗家鄉與台北城市的差異，他運用林進添與義雄之間的對話，呈現面對城鄉差異的矛盾與心境上的無所依歸。特別是讓進添從城市想望家鄉，讓義雄在家鄉渴望重返城市的心情互為映照，無力改變現況，只好在各自的位置上努力而卑微的生活著。

對於城鄉的差異，王拓極為敏銳，在其小說內容與情節上屢見不鮮。如〈海葬〉（1971）[43]裡的賴水旺，年輕時認識一個戲班女子秋桂，彼此有點情意，秋桂鼓勵他看看外面的世界。

> 賴先生，你實在應該出去外面看一看，少年人留在這種地方沒前途。外面的世界那樣寬，那樣闊，你要怎麼飛都可以。……
>
> 外面的世界不知道怎麼樣，給她講起來，倒真像個好所在：有機會，能發展，可以賺錢。……
>
> 那是另外一種生活，她這樣說，生活不能只過一種，就像吃菜不能只吃一種一樣。你們八斗子的男人的一生就是這樣：夏天捕魚、冬天賭博、逛茶室。女人就只知道生孩子、燒飯、洗衣服。

---

43 見王拓，〈海葬〉，《金水嬸》，頁 71-86。

　　水旺雖然動了心，然而和父親大吵一架之後，同時因為父親遭遇船難，「結果，他就這樣被留在八斗子，像那隻祖先遺留下來的船，被海水所浸漬腐蝕，即使破了、沉了、完了，也還是要浸在海裡。在海上追逐，也被海所追逐。」就認命地屈服在家庭責任的桎梏之下。

　　「討海人的一生便是這樣；在海上出生、長大、老去、死去。像那些描在船身上的蟲魚飾畫，打死了也都在那裡，任海水浸漬、脫落、消失。」身為世代的討海人，賴水旺是有掙扎的，特別是面臨自己的孩子海生只願讀書不願討海繼承家業的時刻。當年他和父親的衝突，多年之後，同樣的場景再次重現。

> 阿生如果到外面去讀書，他還會回來討海嗎？還肯回來討海嗎？即使讓他在外面賺了錢，他還肯跟家裡住在一起嗎？養兒子就是為了老來有個依靠，萬一他真的心腸硬起來，要找他都難囉！⋯⋯
>
> 他讀了書，心裡已經沒有祖先、沒有父母，只有他自己了。如同三十年前那一次一樣，說不定比三十年前的自己還更強烈，更狠更硬。他讀過書，他讀過十二年的書，他絕對不肯討海捕魚了。這條船他看不上眼，他已經見過八斗子以外的世面了。

　　王拓一系列以八斗子漁村為背景的作品中，以討海為生的主角們，都得面對大海的無情與貧窮的考驗，環境迫使他們無法離開大海，即使時代進步，他們依然掙脫不了這種宿命。就算對下一代有期待，但這些新世代願意克紹箕裘嗎？真的得以依靠嗎？這個世代的主角們是如此困惑，也如此無

助。

同樣的情節也在〈金水嬸〉得到印證，在小說中，我們清楚感知城鄉的差異。金水嬸在八斗子這個偏僻的小漁村沒有人不認識。金水嬸前後生了六個兒子，大兒子叫阿盛，已經當了銀行經理；二兒子叫阿統，在稅務處做專員；三兒子叫阿義，在遠洋漁船上當船長；第四個兒子在商船上工作，已經當大副，據說不久就可以考得船長的執照；第五、六個兒子還在唸書，四個較大的兒子都在基隆市建立了小家庭。她在貧困中把孩子撫養成人，孩子曾是金水嬸的成就，也是小漁村中眾人曾經欣羨的對象，八斗子人無不豎起拇指打從心底稱讚她。

> 妳怎麼不好命？兒子六七個，做經理的做經理，當船長的當船長，不像我們討海人，要風平浪靜才有錢賺，你怎麼不好命？…
>
> 唉！艱苦一輩子，現在終於給她等到出頭天了。兒子六七個，做經理的做經理，當船長的當船長，個個都成才，還怕老來不好命嗎？天公祖的眼睛光閃閃，好人才會有好報…

然而，就在兒子們小有成就時，金水反而有點怕自己的兒子，「他從來沒去過兒子辦公的地方，怕自己鄉下人沒見過世面，出醜。」金水因兒子阿盛的緣故把蓄積多年的老本拿出來參與投資，結果投資失利，陷入困境。在八斗子被債務逼得走投無路的金水嬸，決心到基隆市找兒子們想辦法：

> 走入一棟公寓三樓。…隔了半天沒有人應。…
>
> 「大概出去買菜了！」她自言自語，把大衣脫下來，

看看自己衣服下擺那些長短不齊的衣襟，遂大把大把往褲頭塞進去，塞了半天，仍然有一大團堆在腰間。於是又懊惱地通通把它拉出來。

她感到很疲倦，於是就靠著門邊，坐在地上將布包攤在膝蓋頭。外面有太陽的地方飛揚著灰撲撲的塵埃，裡面有一種陰暗的清涼和寂靜。聽得見街上陣陣汽車的喇叭聲和輕微的人聲，有點怪異，像來自另一個世界的聲音。

上了年紀的母親，如此卑微無助的鼓起勇氣尋求殘存的一絲希望，走在城市裡的金水嬸，展現出的是全然不相稱，連自己都手足無措的風景，這是鄉下婦人進城的惶恐不安與悲哀。

好不容易到了兒子家，金水嬸和兒子媳婦的矛盾，也是新舊社會價值的矛盾。試看金水嬸從八斗子帶自己曬的魚乾去看兒子，媳婦說：

阿母，妳怎麼每次來都要這樣麻煩？帶這帶那的，這種乾魚脯這裡的菜市場也很多，這樣帶來帶去做什麼？要吃我們自己會去買。

當金水嬸不小心在客廳滑倒時，媳婦說的是：

阿母，你要小心一點，電視機上的花瓶是日本帶回來的，不要打破了！

金水嬸接著去找在合作金庫當經理的大兒子財盛，體面的兒子一見到母親，訝異與憤怒交雜：

「什麼人叫妳來這裡找我？」

「這包乾魚脯是我今年夏天曬的 —— 」

「到底是什麼人叫妳到這裡找我的啦？我在這裡忙得連吃飯的時間都沒有，妳拿這些乾魚脯來這裡給我做什麼？妳不會拿到家裡去啊？」

金水嬸這才看到兒子滿臉不耐煩的急怒的神色。她心裡突然一沉，雙手捧著那包乾魚脯，怔怔地愣在那裡，像做錯了什麼大事，嚇得變了臉色。

「妳要來也要穿得體面一點，穿得這樣黑墨墨破落落的，給人看到叫我要把面皮放到哪裡去？」他似乎極力在壓抑著激怒的心情，以低啞而急促的語言責備她。

兒子將母親從後門送出，就在這一天，王財盛視金水嬸為極大的恥辱，而金水嬸站在那個後門口，心裡感到無比的惶恐和茫然，「她心裡疑疑惑惑的，不懂為什麼兒子長大了都會變得這樣。她簡直不相信這是真的，倒像是在作夢。」事業有成的兒子極力撇清當初鼓勵投資的錯誤，他們在城裡裡過著富足生活，對深陷困境的父母萬般逃避。讓老父親氣憤過世辦完喪事後，在眾人面前，面對過往的花費和投資失利的債務，這些孩子和媳婦彼此卻非常計較。

阿盛的女人說：「我們一個人賺錢五六個人吃飯，你們賺錢的人比我們多，吃飯的人比我們少，應該要怎麼辦由你們憑良心說好了。」…

「但是，究竟是誰有錢誰沒有錢呢？」阿和的女人說：「你們都有房地產，我們卻還在租人家的房子住，每月還要繳一筆房租。」

「哎喲誰不知道你們錢飽飽在借給人家生利息。」阿統的女人說：「我們買房子也是向別人借的錢，都還沒

還完呢！」……

「不是我們用去的錢當然與我們無關，總不能你們用的錢，叫我們還債！」

「有關也沒辦法，我們剛買了房子，家裡的彩色電視機、洗衣機、電唱機、熱水器都是分期付款買的，每月還要繳好幾千，還有那套沙發兩萬多，錢也沒還給人家，我們怎麼有錢來替你們還這些債？」阿統也幫著她女人說。

「哦，要這麼說的話，我們也新添了一套沙發、新買了一部彩色電視機，錢也還沒付清，我們也沒錢還債！」

「你們為什麼不節省一點呢？都要這麼講求享受、講氣派的話，再富有的人也沒錢。」阿和說。

「你叫我們節省一點，那你自己呢？你要是節省一點，這十二萬塊你一個人也有能力負擔。而且你用去的錢又最多。」

金水嬸坐在金水的靈桌旁邊，默默地把冥紙一張一張折成元寶的形狀，一面聽兒子媳婦們的爭論，一句話都沒說，眼淚早流了一臉。

在三叔公的安排協調下，十二萬的債務由四個已結婚成家的人平均分攤，言明一星期內都要把錢寄回來。然而兩星期過去了，卻都一點消息也沒有。金水嬸獨自面對眾多鄰里的討債與難堪，就如同八斗子的天氣一直陰慘慘的，「短時間裡，風雨顯然沒有停歇放晴的跡象」。金水嬸至此時面對最大的人生風雨，但是再大的風雨，終究會有停歇放晴的時刻。

最後金水嬸遠走居住一輩子的八斗子，到台北幫傭，獨自扛起債務。此時金水嬸的希望在遠方，而遠方就是臺北。

在一個激變中的社會，受到金錢與物質貪念的影響，人性因之扭曲，親情也蕩然無存。金水嬸的孩子們最終選擇遠離家鄉捨棄貧窮，在選擇的過程中，也同時決心捨棄親情。而金水嬸則是秉持傳統婦女的堅毅，以及信實重然諾的傳統道德價值，她努力的工作還債，要清清白白地回到八斗子，再向媽祖燒香謝神。金水嬸的誠信與孩子們的自私形成反差，傳統社會的價值與現代社會的功利亦是明顯對比，在金水嬸身上我們得以看到鄉土小人物在黑暗中散發的光和熱。

在〈吊人樹〉[44]中，作者則從女主角阿蘭精神狀況不佳一事談起：

> 阿蘭還沒有出嫁的時候曾經到臺北替人幫傭，你想想看，這麼個漂亮的鄉下女孩到人生地疏的臺北，怎麼會不出事麼！據說，有一個外鄉人看上了阿蘭，他父親感到不妥當，才把阿蘭帶回家，但是阿蘭當時卻不肯，要死要活都要留在臺北，他家怕出事才趕快把她嫁出來的。後來就變成這個樣子了。

故事的主角阿蘭從基隆到臺北，再從臺北回鄉，嫁到八斗子漁村，藉著空間的移動，人與外在世界關係改變，也同時改變其對應世界的方式，於是阿蘭的心靈與意識也產生不同於過去的變化。臺北與基隆雖然同屬北部，然而一個是首都大城，一個則相對是小城鎮，阿蘭和金水嬸一樣，都選擇

---

44 見王拓：〈吊人樹〉，《金水嬸》，頁 27-45。

到臺北城爲人幫傭，收入勝過留在家鄉。金水嬸努力賺錢爲
了償還家鄉的負債，而年輕漂亮的阿蘭在幫傭的過程中，因
爲在臺北認識了一個外鄉男子，進而相戀，卻也走上人生不
同的道路。

　　對阿蘭家而言，幫傭的目的是改善家計，在父母的認知
中，早晚都要回鄉。鄉下的民衆不了解城裡的生活，一方面
羨慕都市的繁華，卻又處於焦慮恐懼與猜疑中，城市是充滿
危險與未知的狀態，只有回到家鄉才是安全的依歸。但對阿
蘭來說，一開始基隆到臺北的空間移動是陌生的，充滿不確
定的，尤其是一般人對大城市的看法總圍繞在疏離的，有心
機的，不淳樸的種種概念。當真正進入新的空間場域時，必
然開始適應與了解，加上有依靠而不再孤單，自然更能融入
都市的生活。然而家鄉的人終究不解，單純而直觀地認爲對
鄉土的疏離必然是受人引誘，因隔閡造成誤解，強行要求阿
蘭回鄉，並拆散相戀二人的結果，就是阿蘭的精神狀態不穩
定，外鄉男子也花了一年時間苦苦尋找阿蘭，在八斗子見到
她時，那種無以名狀的悲喜交雜，讓他：

> 低歪著頭，右手死命地揚垂起來，像是要擠盡吃奶的
> 力氣一般，掛在左手上的銅鑼，便在這般重力的猛擊
> 下，激烈地顫搖抖晃起來，如一隻無依的船，在黑夜
> 的狂風暴雨中翻滾掙扎於洶濤巨浪裡。

　　次日夜裡，外鄉男子就在阿蘭家前的大樹上吊自殺。阿
蘭的公公阿旺伯爲阿蘭失神的病狀到媽祖前面尋求指示，得
到的說法是被外鄉人的鬼魂沖了邪，於是在農曆三月二十三
日媽祖生日時，阿蘭的丈夫海生爲了阿蘭的病症，向聖母媽

祖許願舞弄獅頭，用屬於討海人的虔誠，祈求媽祖的垂憐保佑阿蘭痊癒。淳樸的民眾想不透事情的真相，信仰成為最後的力量，遺憾的是，媽祖誕辰隔天，阿蘭選擇一如外鄉人的方式，在門前的大樹上結束自己的人生。因空間移動種下悲劇的種子，阿蘭在城市遇見的愛情，如同鞭炮的紙屑與金紙的灰燼，伴隨悲傷的人生，自八斗子的漁村靜靜地隨風飄逝。

　　Mike Crang 認為當現代科技創造物質豐裕之餘，也危及了地方的情感面向。對地方的狹隘「科學」理解所促成的規劃形式，可能增進生活水準，卻會造成缺乏人性的地景。在這種地景裡，「以其不帶感情的理性建立了現代地景，否認了情感，忽視了倫理，降低了個人對其居住環境的責任。」[45]

　　王拓所創造書寫的漁村與漁民故事，都非常陰鬱與沉重，孝道與倫理難以維繫，鄉里平淡與都市繁華難以平衡，人情義理也逐漸薄涼，這樣的時空環境往往也影響文化發展與對土地的認同。儘管小說內容呈現虛構與真實交織的情況，面對時代環境的變遷，小說中義雄、金水嬸的孩子們與阿蘭的各自行徑，雖然事情的背景與遭遇並不一樣，然而這些人物的自我處事態度，卻隱含作者對於時代的進步的觀察，表現出集體的矛盾與徬徨。至於這些小說人物在其生活場域上，都被設定曾經離開家鄉，在離散的經歷中，對家鄉的認同不時縈繞促使其回歸，也或許再也不想回歸而選擇永遠的背離，但鄉村重情重義，是美德與善良的象徵，城市冷漠現實，是追求名與利的場域。因此無論哪一位主角，都意

45　見 Mike Crang 著，王志弘等譯：《文化地理學》，頁 138。

謂著意圖跨越現狀迎向另一種生活的可能性的幻滅。

四、旅行者與空間感的再現

　　人的生活場域必然與社會現實相關涉，某些時候我們甚至生活在被規劃好的空間中。然而藉由日常活動、記憶與書寫，個別多元的空間與地方經驗，往往能夠提供人們更多角度去觀察地方的特質，並對地方產生充滿想像而又富有聯繫性的理解。事實上，文學的作用不是單純地描繪區域和地方，很多時候，文學亦可創造地理，因為文學在塑造人群的地理想像方面，扮演著核心角色。不同的書寫模式表達了與空間及移動性的不同關係，文學裡的空間關係也被賦予不同的意義[46]。

　　隨著交通工具的發展，我們越來越能隨意旅行，進行跨地域的移動。而旅行所引發的多元流動位置，可以引發不同時間與社群在文化交流上的互動，進而形塑對某個地區的記憶與認同。學者廖炳惠曾提出「旅行」有三個層次，分別是旅行的科技面向、旅行的情感結構，以及佛洛依德所說的心理符號機制。其中旅行的心理符號機制是一個重要的面向，因為在旅行的過程中，常常是一種自我和他人再現的心理機制，比較、參考與對照別人的文化社會而顯出人我之差別[47]。

46　見 Mike Crang 著，王志弘等譯：《文化地理學》，頁 58-59。

47　廖炳惠認為旅遊的情感結構會引發五種反應，分別為共鳴、驚異與征服、懷舊、救贖與反征服。在旅遊的心理符號機制方面，則透過書寫活動產生再現、差異、認同、調整與批判。見廖炳惠：〈旅行、記憶與認同〉，《當代》157，2002 年，頁 84-105。

　　一八七六年，署名英國人布里基「在福爾摩沙的旅行」
[48]，可說是一篇早年關於台灣風物最詳盡的地誌書寫。這篇
文字相當長，近八千字，但出人意表的，僅敘述和平島、八
斗子和基隆港三個地方，三處彼此距離各不到五公里，但布
里基卻用了這麼大的篇幅來書寫，可說是深度的踏查紀錄。
布里基在一百多年前對基隆地景的觀察，著實爲基隆保留下
珍貴的資料。

　　在這篇記行中，可以見到許多海岸自然景觀的記載，還
有一些對於港口與經濟活動的狀況的紀錄。

> 眼前陸地的風景非常好，我們上岸之前尚未料及
> 到。⋯⋯岬角與尖石以最奇怪的各種形狀突伸入海
> 中。光滑的沙石積聚那兒，散佈在水邊，隨浪潮到處
> 滾動，磨損岬角與岩石的下半部，讓它們形成巨大的
> 香菇狀、蛋杯狀、酒杯狀或者其他古怪的形狀。很難
> 相信海水竟會修建這些像藝術品的東西。⋯⋯
> 一種奇怪形狀的白色百合與優雅的芳香，讓我們興奮
> 不已。各種顏色的蘭花在路邊，一種優雅的爬藤植物，
> 開著淡紫色的小花，沿帶狀的草地生長⋯⋯
> 連接崖壁之後，是種滿稻子的狹窄平原，然後是海邊
> 小村稀落的房子和菜園。村子尾端卻是一個雅致漂亮
> 的港口，許多房子也座落在堂黃大樹的蔭下。戎克船
> 與貨船全繫泊於岸上，一列搬夫在陡峭的山徑上下，

---

48 見劉克襄：〈基隆紀行 —— 一篇早年有關台灣地理風物最仔細的
報導〉，收入陶一經編纂，《基隆市志藝文篇》（基隆市：基隆市
政府，2003 年），頁 135-139。

　　從船上進出貨物。

　　我隨即看見煤坑在附近的徵兆，堆積的煤與大量殘渣
　　組成村子房舍與附近山區的背景，搬夫排成無盡的上
　　下隊伍，他們用棍棒肩挑著裝黑煤的籃子，鮮明的翠
　　綠、繁茂的熱帶灌叢，光滑的沙灘都被堆積在山腳下
　　黑煤的灰塵弄髒了。

　　和平島原本即擁有許多的奇岩異石，引文前兩段是布里
基描述八尺門西北邊的海岸景觀與週遭地景。在異地發現美
麗的景觀，總容易引起共鳴，特別是遊人在意料之外發現的
風景，更容易在情感上產生驚奇之感，並能融入其中感受屬
於當地的風光。至於引文第三、四部分則是談到八斗子漁港
當時繁盛的狀況，同時也紀錄附近礦坑的情景，深刻而細緻
地紀錄百年前和平島到八斗子一帶的地理風貌。

　　他對社寮島（和平島）的部分人文風景是這樣敘述的：

　　世界各地的任何漁村少有乾淨的。一個漢人漁村在視
　　覺與氣味所給予人的厭惡更是超越其他地方。然而，
　　社寮島的這一處卻是例外。街道與市集也十分整齊。
　　住民穿著良好，婦人穿戴許多裝飾，搖擺著可憐的小
　　腳。一間規模適當的廟宇座落顯著的位置，相當地清
　　潔，修補完善；其間，站著一靜靜的陌生人，一名隨
　　從忙著掃地，裝飾前面正門的舖石空地。……

　　此島與陸地隔著一個狹窄的海峽，我們搭船來時曾遭
　　遇洶湧的浪潮。我們試圖僱一艘小船橫渡，但小船似
　　乎不在。所幸，又有一艘長度適合的小船破浪而來。
　　我們向船主招呼，表示想搭船到對岸去，費了一點力

氣，他們將船駛近，接我們上船，然後，送我們到對岸，一處非常漂亮的小海灣。船上共有四人，都是漢人。上岸後，我們準備給予一點錢當運費，但令我們驚訝的，他們竟有禮貌而堅定的拒絕了；他們似乎自認為航行有些耽誤了，其中二人跳入水中，站在沒及腰際的海水中，幫忙我們上岸。

這裡的敘述是一位外國人以其眼光寫下對台灣漁村的觀察，布里基面對社寮島的漁村，首先是肯定它「乾淨」的優點，街道與市集的整潔、居民穿戴整齊、有禮貌而謙卑，這些都是相對世界各地漁村而言，從心理產生的比較差異，進而產生對當地的一些認同，並調整觀察的心態。然而上述的引文中作者面對所見的文化現象同時有著批評的距離，產生不同的觀點，不免帶有一種白人的驕傲，「一個漢人漁村在視覺與氣味所給予人的厭惡更是超越其他地方」，「婦人搖擺著可憐的小腳」，不接受金錢報酬是因為「自認航行有所耽誤了」等話語，多少帶有以自我為中心，以及過客的心態所展現文化的優越感。

對於基隆的多雨，多數人總覺得煩悶，但對愛雨的作家謝冰瑩而言，她對基隆的雨情有獨鍾。根據作者在〈雨港基隆〉[49]一文中寫道，她在民國三十七年十月二十六日上午十點，乘坐的中興輪進了基隆港，作者「安閒地在欣賞基隆的雨景」。她一共在基隆住過三晚，「每次的印象都不同」，但不變的是對基隆的雨和海的喜愛。

---

49 見謝冰瑩：〈雨港基隆〉，收入林燿德編《中國現代海洋文學・散文選》（台北：號角出版社，1987年），頁89-93。

如果你站在基隆公園獅頭山的頂上看雨景，那更是美
到了極點！

一陣傾盆大雨降下來，恰像飛機從天上撒下大大小小
的雪亮的珠子在海裡，那些珠子在碧綠的海水裡沸
騰、翻滾、翻滾、沸騰。它們在跳躍，它們在怒吼，
它們在歌唱。這時候，也許你正躲在一株大樹下面避
雨，雨點打在樹葉上的聲音，山洪爆發的聲音，小溪
澗裡流水的聲音，這又是另一種天然的音樂在合奏著
雄壯優雅的交響曲。……

如果是晚上，基隆的雨景更美更壯麗，更令人感到驚
奇！那一艘艘昂然地泊在海裡的軍艦，它們像神話中
的龍船。那些透亮的電燈，照耀得海上如同白晝，倒
映在水裡的光影，不住地搖晃著，恰像海龍王宮殿裡
的神燈。再把視線轉移到街市吧，那燈光輝煌的地方
並沒有什麼稀奇，倒是那兩排特別整齊有三個地球燈
連在一起的路燈，實在太美，太神秘，它們是指引迷
途者走向光明之路的象徵。每次到基隆，晚上回來的
時候，我特別欣賞這兩排路燈，這是基隆市上特有的
景物，也是給予旅客印象最深的地方。

　　住在基隆的人，雖習慣下雨的時刻，但很少有人像謝冰
瑩般用浪漫的情懷紀錄所見的基隆雨景。從小愛雨的作者，
總能夠用欣賞的眼光看待每一場基隆迎接她的雨，基隆的雨
與她的想像相連，不僅繫聯過往所有的記憶，到了台灣這個
異地，特別是基隆的雨，從船一到港就與之產生共鳴。

　　作者不僅用精練細膩的文字書寫雨的美感，她特別強調

基隆晚上的雨景，把軍艦聯想成龍船，電燈聯想成神燈，因
爲熱愛，所以每一次的雨景，連週邊的景物如平凡的路燈，
都令作者充滿喜悅之感。因此作者自陳，對於一個旅人而言，
兩排路燈是她印象最深之處，因著移情作用，路燈於是有了
「指引迷途者走向光明之路」的象徵意義，而其愛基隆雨景
的另一原因，是「豪雨可洗滌大地的污跡」，基隆的雨景在作
者眼中充滿光明積極的意義，一個旅人對地方的認同感躍然
紙上。

　　同樣是書寫基隆，2005 年作家廖鴻基等人展開爲期一個
月的繞島航行，第三天到了基隆的八斗子漁港，第四天到了
基隆港。在〈繞島日誌〉中，對基隆港的紀錄是「北台灣最
大港—基隆港，進出港得留意往來頻繁的船隻。」[50]對八斗
子漁港和周圍風貌做一介紹，如：

> 八斗子以前是這麼美麗的一處大海灣。
>
> 漁港臨山，原是如虎背的山景，現在都變成了一棟一
> 棟與山比高的大廈。大廈前，漁港旁有一條老街，才
> 哥十五年前到過這裡，他說：「怎麼都不一樣了！」有
> 什麼事是不變的呢？據說和平島上飄揚的國旗都變過
> 十六次；原本郭姊家門口那泓美麗的藍色海灣，如今
> 都已被填平，成為廣闊方便的停車場[51]。

　　上引文字純粹屬於地理地貌的介紹，用他者的眼光看一
個區域，頗有今非昔比的感嘆，參與者只是過客，並未深入
其中，雖有懷舊之感，但面對人文與地景的變遷，總有一些

50　見廖鴻基等：《台灣島巡禮》，頁 52。
51　《基隆市志藝文篇》，頁 49。

期望保留當地自然淳樸風貌的情緒蘊含其中。這趟旅程不算觀光旅行，而是選擇從不同的方向接近島嶼，發現感受不同的港口、船隻和漁民。

作家向陽在〈海洋的翅膀〉一文中，對基隆的書寫，選擇與王拓雷同的「雨港」特徵，記述幸福與離別並存的矛盾心情。他說：

> 攝氏二十六度，雨港基隆悶憨的氣氛，壓抑不住我心頭的幸福和那股離別的哀愁[52]。

而舒國治是臺北人，臺北與基隆比鄰，他從小到大去過基隆無數次，因此對基隆的今昔之感，有極深的感懷。因為有感情，所以屢次重遊引發其懷舊之心，與試圖自我調整之感。作家站在記憶與認同地方的位置，認為基隆的基調是鬱鬱寡歡的，其原因在於居住環境的侷促與人口眾多。

> 雨也造就了基隆的先天悲情。基隆市民被海與山侷促的夾壓著，雨又陰陰的下著，使得人們的神情永遠是那麼的鬱鬱。
>
> 這十多年來雨開始少了，然而人們的鬱鬱神情仍然還在。
>
> 乃它的山雨海緊夾之間的小民聚落委實不得不造成人們眉宇之緊蹙[53]。

這篇作品完成於一九九七年以前，距離王拓的書寫也有二十年之久，二十年來，基隆的景觀幾乎沒有改變，一樣陰

---

52 見向陽：〈海洋的翅膀〉，林燿德編：《中國現代海洋文學・散文選・藍種籽》（台北：號角出版社，1987 年），頁 193。

53 見舒國治：〈基隆〉，《臺灣重遊》，頁 88-95。

沉灰色調，民眾依然眉頭深鎖。舒國治的「基隆」重遊，基本上亦可用廖炳惠的心理符號機制概念進行文本觀察。印象基隆的再現，同時有著時間的滄桑感，作家觀察基隆，認為在文化與地區發展的過程中，基隆的改變並沒有向上提升，反而是不堪入目。他說：

> 基隆的日式木造房子很難保得住。昔日在延平巷的小坡迴上的日本房子必然已拆個乾淨。
>
> 忠一路面向海港的那一排西洋樓必然也被整成惡形惡狀。⋯⋯
>
> 小時後學校遠足會選的「中正公園」，是那種日式城市的高崗公園，頗具形勝；後來大佛建了以後，整個毀了。事實上，基隆整個毀了。
>
> 基隆原是個城市，有很好的公車路線（網）。然而現在人們不怎麼坐公車了。現在的基隆變得像是一個惡質化的衛星小鎮了。

這是一個旅行者對空間的觀察，他見到今昔的差異，在不表認同的過程中，對一作城市的形塑，從歷史文化保存的角度與城市空間與地景的建構角度進行批判。王拓最後提出一個觀點，正因為基隆腹地狹小，城市發展不易，工作機會不多，為了生活，以至於「在基隆，每個人都像過客」。不斷的流動，雖不易凝聚共識，但還有前進與追求理想的可能。

同樣是中正公園，但這裡卻是林建隆愉快又充滿對未來成為詩人信心展現的場域。

> 「只要我能在妳臉上發現小小的玫瑰，就能寫出詩來。」

「在我臉上發現小小的玫瑰？那怎麼可能？」她隨即
轉過頭來：「那不是太神奇了嗎？告訴我你剛在海平線
上發現了什麼？」

「我發現了幾艘小漁船。」

「那樣也能寫詩嗎？」

「可以！但前提是你只看見海平線，沒有看見小漁
船。」

「要是我也看見小漁船了呢？」他更加好奇了。

「那我就要問妳，妳看得出那些小漁船就像一群小朋
友，上下於水波之間就像溜滑梯嗎？」

「這─我可就看不出來了。」她不由得驚嘆了起來。

「所以我說，只要我能寫出妳臉上的玫瑰，而那又是
連妳父母也看不出來，卻又能認同的，我就是在寫詩
了。」[54]

　　這裡作者「我」在週末和小翠一起爬上中正公園，並肩
坐在古砲台的制高點，俯視港內玩具般的船艦，遙望遠方偶
起波瀾的海平線，並討論「我」未來要成為一位詩人。「我」
透過對話，向小翠，也向自己說解詩該如何創作。同樣是創
作，同樣運用與再現基隆地景，然而在舒國治與林建隆兩位
作家的作品中，再現的地景有著截然不同的意義。

　　基隆的景致變遷，除了不斷地拆卸屬於這座城市的歷史
印記外，當然也試圖重建一些新的建物或標誌意圖重塑基隆
記憶，希望能帶給基隆一些新的面貌與風華。當然心理機制

54　見林建隆：《刺歸少年》，頁 97-99。

會把外面的景觀以及所引發的情緒，透過書寫顯現旅行者內心的認知。對一個喜愛這座城市的旅行者而言，基隆這些新的構築都是不成功的，諸如中正公園後來多建了一尊大佛的意義為何？這尊大佛與基隆或是與中正公園周邊地區是否有意義上的關聯？或是擁有任何故事性的存在？如果都沒有，那麼這些舉動反而更是破壞屬於基隆的人文風貌，任何新的破壞或重建，背後皆應該有一套對城市發展的規劃與思維。

一座城市本身也有機會成為消費的場域，有部分原因是都市振興策略的運用，為了因應港口的競爭力下滑，基隆也希望能轉向觀光產業，因此開始重視休閒地景。然而特定空間的意義會隨著時間而轉化，「作為一種精心編製的再發展策略，這涉及了遺忘這個動作—抹除地景與過去的聯繫，以方便『促銷』。這種催促動力得到了興旺的更新計畫奧援，以奇觀式事件或水岸再開發為焦點。」[55]

舒國治與王拓的書寫方式與角度都不同，舒國治屬於外地人遊歷的一種紀錄，王拓的書寫則是本地人的親身參與，在情感的貼近程度必然有所差異。但對於地方的地理變遷與人文資料的彙整，二者的意義同等重要。因此在都市發展與規劃的過程中，如果可以與地景書寫加以結合，依照文學書寫的形象加以改造，深化其文化與歷史意義，創造更多的話題與故事，虛構與真實得以並存，文學想像與地方實景得以交融，對於地方空間感的再創造，必然勝過一尊大佛向下俯瞰的意義。

---

55 見 Mike Crang 著，王志弘等譯：《文化地理學》，頁 171。

五、結　語

　　地方經驗的文學意義，以及地方意義的文學經驗，都是活躍的文化創造與破壞過程的一部分。它們並非起源或終止於某個作家。它們並非隱於文本。它們並非包含於作品的生產與傳布之中。它們並非源始於或結束於讀者身份的模式與特質。它們是上述一切，以及更多事物的函數。它們是累積性表意作用之歷史漩渦中的每一刻。

　　　　　　　　　　── 碧翠斯・帕特（Beatrix Pptter）[56]

　　八斗子的漁村、基隆港、基隆火車站等地景，或可說是地標式的物件，背後隱含從過去到現代大眾對於「基隆」印象的集體塑造。這種近乎集體共識的狀態，本身也存在困境，因為這些被討論的文本，若不計布里基的遊記，依創作先後橫跨時間約四十年，相對鄰近台北市面貌的快速轉變，但描寫基隆的地景並未有多大的改變，足見這座城市的發展極為緩慢，令人印象深刻的新建設並不多見，無法取代原有的基隆記憶。這實際上也正是基隆一直難逃的宿命，窮困落魄的時候，臺北似乎總是最即時的支援，基隆也總以衛星城市般，成為前往首善之區臺北的中途轉運站[57]。

　　當然並非只有興建新建築物，才能改變象徵地景。但在

---

56 同前註，頁 61。

57 見劉向仁、孫秉良：〈基隆文化地景論述及衛星圖像系統示範── 以「台灣八景」及《刺歸少年》為例基隆〉，「徐霞客記遊文學學術研討會」（基隆：經國管理暨健康學院通識教育中心）會議論文，2008 年 5 月 22、23 日。

多元變動的政治經濟發展過程中，明顯地基隆無法以相同的步調因應時代潮流的變化，其中肇因於地形的限制與地方事務規劃的無緒與短視，是值得關心的因素，即使眾多有志作家懷抱對生長土地的熱愛，不斷紀錄與反覆書寫，試圖創造豐富土地的象徵與內涵，並大幅增加具有地域色彩與景觀的篇幅，然而並無法掩飾一座城市榮光的失落與面對時代潮流的困窘。

　　透過對地方的書寫，得以再現地景中形構出的地方與身份，進而強化對土地的認同。在梳理基隆書寫的過程裡，我們得見一個情況即是當作家籍貫與地緣關係與所書寫的場域發生密切的互動時，他的書寫必然會展現出對土地的情感。只是目前所見的基隆書寫，多偏向灰暗低調的氣氛營造，或許地方主事者，或是書寫者，抑或是所有生活在這個空間的人，我們都應該思考是否應更深入了解關於這片土地的歷史人文歷程，進而融合人事與變遷，鄉土可以是心靈的救贖，但絕不能成為沉重的包袱與桎梏。王拓等作家已經努力書寫基隆，但多年過去，我們更應思索融合了歷史記憶，並兼具文化與港市風格的基隆書寫，能否進一步轉化，為地方觀光產業注入活水，創造出新的基隆港市美學風貌。

徵引書目

一、古籍專書

（漢）高誘注：《淮南子注》，上海：上海書店，1992 年。

（宋）蘇軾：《蘇軾詩集》，北京：中華書局，1982 年。

（元）張羽：《蛻庵集》，北平：中國書店，年份缺。

（元）黃溍著／王頲點校：《黃溍全集》，天津：天津古籍出版社，2008 年。

（元）吳萊：《淵穎集》，台北：新文豐出版公司，1984 年。

（元）陶宗儀：《南村輟耕錄》，北京：文化藝術出版社，1998 年。

（清）張廷玉等撰：《明史》，北京：中華書局，2000 年。

（清）劉獻廷：《廣陽雜記》（百部叢書集成初編），台北縣：藝文印書館，1966 年。

（清）屈大均：《廣東新語》，北京：中華書局，1985 年。

（清）屈大均撰，歐初、王貴忱主編：《屈大均全集》，北京：人民文學出版社，1996 年。

（清）孫希旦撰，沈嘯寰、王星賢點校：《禮記集解》，北京：中華書局，1989 年。

（清）周楫纂，陳美林校注：《西湖二集》，台北：三民書局，1998 年。

（清）顧炎武著，王遽常輯注，吳丕績校標：《顧亭林詩集彙注》，台北：學海出版社，1986 年。

大藏經刊行會編：《大正新脩大藏經》53《事彙部上》，臺北：新文豐出版公司，1985 年。

王根林等點校：《漢魏六朝筆記小說大觀》，上海：上海古籍出版社，1999 年。

徐徵等主編：《全元曲》，石家莊：河北教育出版社，1998 年。

袁珂校注：《山海經校注》，成都：巴蜀書社，1996 年。

二、近人專著

（一）現代文學作品

王拓：《望君早歸》，台北：九歌出版社，2001 年。

王拓：《金水嬸》，台北：九歌出版社，2005 年。

吳明益：《蝶道》，台北：二魚文化事業有限公司，2003 年。

吳明益編：《臺灣自然寫作選》，台北：二魚文化事業有限公司，2003 年。

吳明益：《家離水邊那麼近》，台北：二魚文化事業有限公司，2007 年。

周青樺採編：《臺灣客家俗文學》，台北：東方文化書局，1971 年。

林建隆：《刺歸少年》，台北：皇冠出版社，2001 年。

林燿德編：《中國現代海洋文學》（小說選、散文選、新詩選），台北：號角出版社，1987 年。

金庸：《金庸作品集》（台灣版），台北：遠流出版社，1994

年。

胡萬川等編：《東勢鎮客語故事集（一、二、三、四）》，豐原市：台中縣立文化中心，1994、1996、1997年。

夏曼・藍波安：《冷海情深》，台北：聯合文學出版社，1997年。

夏曼・藍波安：《海浪的記憶》，台北：聯合文學出版社，2002年。

夏曼・藍波安：《航海家的臉》，台北：印刻出版有限公司，2007年。

舒國治：《臺灣重遊》，台北：大塊文化出版社，2008年。

廖鴻基：《討海人》，台中市：晨星出版社，1996年。

廖鴻基：《漂流監獄》，台中市：晨星出版社，1998年。

廖鴻基：《來自深海》，台中市：晨星出版社，1999年。

廖鴻基：《漂島》，台北：印刻出版有限公司，2003年。

廖鴻基：《台11線藍色太平洋》，台北：聯合文學出版社，2003年。

廖鴻基等：《台灣島巡禮》，台北：聯合文學出版社，2005年。

廖鴻基：《腳跡船痕》，台北：印刻出版有限公司，2006年。

廖鴻基：《領土出航》，台北：聯合文學出版社，2007年。

羅肇錦、胡萬川總編輯：《苗栗縣客語故事集（一、二）》，苗栗市：苗栗縣立文化中心，1998年。

（二）、學術論著

丁永強：〈新派武俠小說的敘事模式〉，《藝術廣角》1989，第6期。

方力行：〈海洋性格的文化，海洋內涵的教育〉，《研考雙月刊》
　　24 卷 6 期，2000 年 12 月，頁 37-38。

王立、呂堃：〈金庸武俠小說中海洋描寫的文化內涵〉，《大連
　　理工大學學報》（社會科學版）第 25 卷第 1 期，2004 年，
　　頁 73-76。

王立：〈中古漢譯佛經與小說「發迹變泰」母題 ── 海外意外
　　獲寶故事的外來文化觸媒〉，《遼寧師範大學學報》（社會
　　科學版）第 23 卷第 3 期，2000 年，頁 85-87。

王孝廉：〈神話與詩〉，《中國的神話與傳說》，台北：聯經出
　　版事業有限公司，1994 年。

王瑷玲：〈導論：空間移動之文化詮釋〉，黃應貴總主編：《空
　　間與文化場域：空間移動之文化詮釋》，台北：漢學研究
　　中心，2009 年，頁 1-12。

王賽時：《山東海疆文化研究》，濟南：齊魯書社，2006 年。

史衛民：《元代社會生活史》，北京：中國社會科學出版社，
　　1996 年。

曲金良、周益鋒：〈從龍王爺到「國家級」海洋女神 ── 中國
　　歷代海洋信仰〉，《海洋世界》2006 年 2 期，頁 7-10。

朱光潛：《朱光潛美學文集》（二），上海：上海文藝出版社，
　　1982 年。

朱雯等編選，《文學中的自然主義》，上海：上海文藝出版社，
　　1992 年。

行政院文化建設委員會策劃主辦、聯合文學出版社主編製
　　作：《閱讀文學地景》新詩卷、散文卷、小說卷（上、下），
　　台北：聯合文學出版社，2008 年。

何寄澎：〈當代臺灣散文的蛻變：以八〇、九〇年代爲焦點的
　　考察〉，收入何寄澎主編：《文化、認同、社會變遷：戰
　　後五十年臺灣文學國際學術研討會論文集》，台北：行政
　　院文化建設委員會出版，2000 年，頁 23-40。

吳明益：《以書寫解放自然 —— 臺灣現代自然書寫的探索
　　（1980-2002）》，台北：大安出版社，2004 年。

吳潛誠：《島嶼巡航：黑倪和台灣作家的介入詩學》，台北：
　　立緒文化事業有限公司，1999 年。

吳潛誠總編校：《文化與社會》，台北：立緒出版社，1997 年。

呂怡菁：《文化尋根與歷史定位 現代詩中的海洋文化軌
　　跡》，台北：文津出版社，2006 年。

李文鈺：《宋詞中的神話特質與運用》（國立台灣大學文史叢
　　刊 131），台北：國立台灣大學，2006 年。

李若鶯：〈海洋與文學的混聲合唱 —— 現代詩中的海洋意象析
　　論〉，鍾玲總編輯：《海洋與文藝國際會議論文集》，高雄：
　　國立中山大學文學院，1999 年，頁 39-52。

李修生：《元雜劇史》，南京：江蘇古籍出版社，2002 年。

李福清（B.Riftin）：《神話與鬼話 —— 台灣原住民神話故事比
　　較研究（增訂本）》，北京：社會科學文獻出版社，2001
　　年。

李奭學：〈海洋文學〉，《中央日報》副刊 2001 年 6 月 28 日第
　　18 版。

李錦全、吳熙釗、馮達文編著：《嶺南思想史》，廣州：廣東
　　人民出版社，1993 年。

邱貴芬：〈「原汁原味」的文化課題 夏曼‧藍波安文字裡的

原住民飲食文化〉，收入焦桐主編：《味覺的土風舞》（台北：二魚文化事業有限公司，2009 年），頁 194-213。

金榮華：〈「情節單元」釋義〉，《華岡文科學報》24 期，2003年 3 月，頁 173-181。

青木正兒：《元人雜劇序說》，台北：長安出版社，1981 年。

柳鳴九編選：《法國自然主義作品選》，天津：天津人民出版社，1987 年。

范銘如：《文學地理：台灣小說的空間閱讀》，台北：麥田出版社，2008 年。

倪濃水：〈中國古代海洋小說中「人魚」敘事的歷史變遷和文化蘊涵〉，《中國海洋大學學報》（社會科學版），2008 年第 2 期，頁 65-68。

席龍飛、宋穎撰著：《船文化》，北京：人民交通出版社，2008年，頁 63-75。

徐曉望：《媽祖的子民 —— 閩台海洋文化研究》，上海：學林出版社，1999 年。

袁珂：《神話論文集》，台北：漢京文化事業有限公司，1987年。

高莉芬：《蓬萊神話 —— 神山、海洋與洲島的神聖敘事》，台北：里仁出版社，2008 年。

基隆市文化中心：《基隆開發史》，基隆市：基隆市立文化中心，1997 年。

尉天驄主編：《鄉土文學討論集》，台北：遠景出版社，1978 年。

張立偉：《歸去來兮 —— 隱逸的文化透視》，北京：三聯出版社，1995 年。

張高評：〈海洋詩賦與海洋性格 —— 明末清初之臺灣文學〉，
　　《臺灣學研究》5，2008 年 6 月，頁 1-15。

張淑香：〈愛情三部「曲」—— 試論元雜劇裡的愛情表現與社
　　會（下）〉，《文學評論》第六集，台北：書評書目出版社，
　　1980 年，頁 135-168。

陳文新編著：《六朝小說》，北京：文化藝術出版社，1997 年。

陳平原：《千古文人俠客夢》，北京：新世界出版社，2002 年。

陳宗仁：〈洋務視野下的地理描繪 —— 試析台灣漢學中心藏晚
　　清「基隆海市圖」〉，《第二屆地方文獻國際學術研討會論
　　文集》，北京：國家圖書館出版社，2009 年，頁 223-233。

陳昌明：〈人與土地：臺灣自然寫作與社會變遷〉，何寄澎主
　　編：《文化、認同、社會變遷：戰後五十年臺灣文學國際
　　學術研討會論文集》，台北：行政院文化建設委員會出
　　版，2000 年，頁 41-62。

陳芳明：〈序一：光之舞蛹 —— 吳明益自然寫作中的視覺與聽
　　覺〉，吳明益：《蝶道》，台北：二魚文化事業有限公司，
　　2003 年，頁 19-23。

陳芷凡：《語言與文化翻譯的辯証：以原住民作家夏曼・藍波
　　安、奧威尼・卡露斯盎、阿道・巴辣夫為例》，國立清華
　　大學臺灣文學研究所碩士論文，2006 年 7 月。

陳炳良等譯：《神話即文學》，台北：東大圖書公司，1990 年。

陳啟佑：〈台灣海洋詩初探〉鍾玲總編輯：《海洋與文藝國際
　　會議論文集》，高雄：國立中山大學文學院，1999 年，
　　頁 279-293。

陶思炎：《中國魚文化》，北京：中國華僑出版社，1990 年。

彭瑞金：〈翻版的「老人與海」——期待海洋文學〉，廖鴻基：
　　《討海人》，台中市：晨星出版社，1996 年，頁 239-246。

曾繁亭：《文學自然主義研究》，北京：中國社會科學出版社，
　　2008 年。

舒國治：《讀金庸偶得》，台北：遠流出版社，1987 年。

黃奕珍：《象徵與家國—杜甫論文新集》，台北：唐山出版社，
　　2010 年。

黃應貴總主編：《空間與文化場域：空間移動之文化詮釋》，
　　台北：漢學研究中心，2009 年。

黃聲威：〈淺探海洋文化〉，《漁業推廣》171 期，2000 年，頁
　　40。

楊政源：〈臺灣海洋文學鳥瞰〉，《臺灣文學評論》八卷一期，
　　2008 年，頁 32-39。

楊翠：〈山海共構的史詩——夏曼・藍波安作品中繁複的「海
　　洋」意象〉，陳明柔主編：《臺灣的自然書寫》，台中市：
　　晨星出版有限公司，2006 年，頁 207-242。

楊雅惠：〈臺灣現代詩中的海洋書寫〉，鍾玲總編輯：《海洋與
　　文藝國際會議論文集》，高雄：國立中山大學文學院，1999
　　年，頁 53-81。

葉洪生：〈武俠小說創作論初探〉，中國武俠小說國際學術研
　　討會會議論文，台北：淡江大學中文系、東吳大學中文
　　系、漢學研究中心主辦，1998 年 5 月 28、29 日

葉連鵬：《臺灣當代海洋文學之研究》，桃園：國立中央大學
　　中文研究所博士論文，2006 年。

葉舒憲：《中國神話哲學》：北京：中國社會科學出版社，1992

年。

董恕明：〈詩意的天地，生命的海洋 —— 試論夏曼‧藍波安作品中的人與自然〉，《臺灣的自然書寫》，頁 243-266。

廖玉蕙：《柳毅傳書與張生煮海研究》，台北：東吳大學中文研究所碩士論文，1978 年。

廖炳惠：〈旅行、記憶與認同〉，《當代》157，2002 年，頁 84-105。

趙幼民：〈元雜劇中的度脫劇（上）〉，《文學評論》第五集，台北：書評書目出版社，1978 年，頁 153-196。

趙君堯：〈論中國海洋文化與海洋文學〉，收入《海洋文學研究文集》，北京：海洋出版社，2009 年 4 月，頁 28-41。

劉向仁、孫秉良：〈基隆文化地景論述及衛星圖像系統示範 —— 以「台灣八景」及《刺歸少年》爲例基隆〉，「徐霞客記遊文學學術研討會」（基隆：經國管理暨健康學院通識教育中心）會議論文，2008 年 5 月 22、23 日。

劉守華主編：《中國民間故事類型研究》，武昌：華中師範大學出版社，2002 年。

劉克襄：〈基隆紀行 —— 一篇早年有關台灣地理風物最仔細的報導〉，收入陶一經編纂，《基隆市志藝文篇》，基隆市：基隆市政府，2003 年，頁 135-139。

劉志雄、楊靜榮：《龍與中國文化》，北京：人民出版社，1992年。

劉勇強：《中國神話與小說》，鄭州：大象出版社，1997 年。

劉葉秋：《歷代筆記概述》，北京：北京出版社，2003 年。

劉衛英：《明清小說寶物崇拜研究》，北京：中國社會科學出版社，2008 年。

潘朝陽：〈空間・地方觀與「大地具現」暨「經典訴說」的宗
　　教性詮釋〉，《中國文哲研究通訊》10 卷 3 期，2000 年 9
　　月，頁 169-188。

蔣孔陽、朱立元主編：《西方美學通史》（六），上海：上海文
　　藝出版社，1999 年。

蔡振念：〈臺灣現代海洋詩中的意象與情感〉，鍾玲總編輯：《海
　　洋與文藝國際會議論文集》，高雄：國立中山大學文學
　　院，1999 年，頁 95-125。

鄭傳寅：《中國戲曲文化概論》，台北縣：志一出版社，1995
　　年。

鄭毓瑜：《文本風景 —— 自我與空間的相互定義》，台北：麥
　　田出版社，2005 年。

蕭蕭：〈臺灣海洋詩的美學特質〉鍾玲總編輯：《海洋與文藝
　　國際會議論文集》，高雄：國立中山大學文學院，1999 年，
　　頁、193-210。

錢穆：《莊子纂箋》，台北：東大圖書公司，1989 年。

謝玉玲：《土地與生活的交響詩 —— 台灣地區客語聯章體歌謠
　　研究》，台北：秀威資訊科技，2010 年。

羅門：〈詩的海洋與海洋詩〉，林燿德編：《中國現代海洋文學・
　　新詩選》，台北：號角出版社，1987 年，頁 8。

羅鋼：《敘事學導論》，昆明：雲南人民出版社，1994 年。

顧頡剛：〈〈莊子〉和〈楚辭〉中崑崙和蓬萊兩個神話系統的
　　融合〉，《中華文史論叢》2（上海：上海古籍出版社，1979
　　年），頁 31-57

龔斌：《陶淵明傳論》，上海：華東師範大學出版社，2001 年。

龔鵬程：〈幻想與神話的世界——人文創設與自然秩序〉，蔡
英俊主編：《中國文化新論・文學篇一・抒情的境界》，
台北：聯經出版事業公司，1982 年，頁 309-361。

三、歐美譯著

荷馬著/王煥生譯：《奧德賽》，台北：貓頭鷹出版社，2000
年。

喬瑟夫・坎伯（Joseph Campbell）著/朱侃如譯：《千面英雄》，
台北縣：立緒文化事業有限公司，1997 年。

凱文・林奇著，林慶怡、陳朝暉、鄭華譯：《城市形態》，北
京：華夏出版社，2001 年，頁 28-29。

Tim Cresswell 著，徐苔玲、王志弘譯：《地方：記憶、想像
與認同》（台北：群學出版有限公司，2006 年。

Mike Crang 著，王志弘等譯：《文化地理學》（*Cultural
Geography*），台北：巨流圖書公司，2003 年。

Cloke,Paul,Crang,Philip & Goodwin,Mark 編，王志弘、李延輝
等譯：《人文地理概論》（*Introducing human
geographies*），台北：巨流圖書公司，2006 年。

Wolfram Eberhard 著，王燕生、周祖生譯：《中國民間故事類
型》，北京：商務印書館，1999 年。

愛德華・W・蘇賈（索雅）著，王文斌譯：《後現代地理學：
重申批判社會理論中的空間》（*Postmodern
Geographies：The Reassertion of Space in Critical Social
Theory*），北京：商務印書館，2004 年。

索雅（Edward W. Soja）著，王志弘等譯：《第三空間

（Thirdspace）》，台北：桂冠圖書股份有限公司，2004
年。

薛爾曼著、鄭紹文譯：《神的由來》，上海：上海文藝出版社，
1990 年。

丁乃通著，董曉萍等譯：《中國民間故事類型索引》，瀋陽：
春風文藝出版社，1983 年。

斯蒂‧湯普森著，鄭海等譯：《世界民間故事分類學》，上海：
上海文藝出版社，1991 年。

段義孚（Yi-Fu Tuan）原著，潘桂成譯：《經驗透視中的空間
和地方》，台北：國立編譯館，1998 年。

弗‧雅‧普羅普著/賈放譯：《故事型態學》，北京：中華書局，
2006 年。

弗‧雅‧普羅普著/賈放譯：《神奇故事的歷史根源》，北京：
中華書局，1996 年。

附錄：本書論文發表目錄

　　本書部分篇章曾發表於期刊、專書，並接受不具名審查，同時受國立臺灣海洋大學教師研究計畫補助，謹此致謝。

一、〈越界與救贖：元雜劇《沙門島張生煮海》之研究〉

　　原以〈論元雜劇《沙門島張生煮海》之海洋書寫〉為題，通過不具名審查，查刊登於《海洋文化學刊》第二期，2006 年，頁 175-200，復經修改為此文。

二、〈經驗與想像的共構：論《廣東新語》之水族書寫〉

　　初稿以〈論《廣東新語》之水族書寫〉為題，發表於第五屆辭章章法學術研討會，高雄：文藻外語學院，2010 年 10 月 9 日。

　　本文為國立臺灣海洋大學 98 學年度補助教師研究計畫：「游動的精靈 —— 中國文學中的水族書寫」之部分成果。

三、〈浮槎仙鄉遇奇獸：金庸小說《射鵰英雄傳》和《倚天屠龍記》的海洋傳奇圖景〉

　　通過不具名審查，收入劉石吉、王儀君、林慶勳主編：《海洋文化論集》（高雄：國立中山大學人文社會科學中心，2010 年），頁 197-223。本文則略作微幅修訂。

四、〈文學視域的海圖：論廖鴻基、夏曼·藍波安與吳明益的

海洋書寫〉

初稿以〈文學視域的海圖：論臺灣現代散文中的海洋記憶、認同與回歸〉為題，發表於第一屆兩岸「海洋暨海事大學藍海策略」校長論壇暨海洋科學與人文研討會，基隆市：國立臺灣海洋大學，2010 年 8 月 9-11 日。

五、〈虛實交織的輝光：論台灣客語「蛤蟆蘊」故事之流動與轉化〉

原以〈台灣民間客語「蛤蟆蘊」型故事研究〉為題，收入周錦宏總編輯：《第二屆台灣客家文學研討會論文集》（苗栗縣：苗栗縣文化局，2002 年），頁 235-274。本文已作修訂。

六、〈選擇與再現之間：現代文學作品中的基隆印象〉

初稿以〈文本・空間・風景 —— 臺灣地誌書寫中的基隆圖象〉為題，發表於「2010 中國海洋文化論壇」浙江舟山：浙江海洋學院，2010 年 6 月 19 日。

後　記

　　從嘉義到臺灣最北端的基隆，從平原到海邊，同樣都是
廣闊的空間，冥冥中似乎注定我遊走山海之間的因緣，連學
術研究也是。

　　回顧自己的學習歷程，從碩士班時期以民間文學為研究
方向，關懷重點集中於客家族群之民間文學相關議題。因在
研究過程中體認歷史上的客家人經歷幾次顛沛流離的命運，
進入博士班後，我開始關注在世變之際的文士如何安身立
命，並藉由講學與著述，展現其厚實的學養，進而能夠對家
國社會產生影響。於是我的研究重心往前回溯至元明之際，
一個混亂卻又蘊含新生力量的時代。完成博士學業後，幸運
地進入國立臺灣海洋大學任教，因為客觀環境的需要，我的
研究層面開始有些微調，面對海洋，開啓結合人、環境與文
學的研究歷程。

　　乍看之下，每隔一段時間，我的研究方向就基於主動被
動等客觀因素有些改變，然而我非常慶幸而且感恩，在每個
階段得到許多指引與包容，原來以為毫無關聯的研究領域，
實際上卻是不斷地積累的過程。從一個族群的文學研究，進
入一個時代的文學研究，迄今著眼於面向更多元的海洋文學
研究，雖然這樣的調整並不在原本的規劃中，事實則是計劃

永遠趕不上變化，於是這幾年我邊研究邊思考這樣的轉變，無疑也有許多收獲。

　　其實身爲一個研究者，如果能在自己喜愛的領域中自在徜徉，不僅非常重要，在研究過程中所遭遇的困難與挫折，也會因爲熱情而全心投入持續不退縮。能夠追尋開發並深入一個自己有興趣的研究議題，無疑的是身爲人文學門研究者最大的幸運與無限動力的來源。

　　在學術研究的道路上，我何其有幸，得到許多師友的關懷與協助。首先是我敬愛的指導教授劉文起博士，從撰寫博士論文始，我們師徒二人就展開爲期兩年的文本閱讀與討論，每隔兩週在老師研究室對談激盪，直到博士論文完成。之後的研究道路需要自我努力，然而老師的關心卻是持續不斷的，特別是我開始進入海洋文學這個研究領域之際，每每遇到瓶頸，無論是學問的抑或人生的，總在老師處得到最多的溫暖與前進的力量。此外還要向中研院文哲所楊晉龍教授、中正大學中國文學系王瓊玲教授、江俊龍教授、台中教育大學語教系馬行誼教授等師長致上最誠摯的謝意，這幾位師長長期對我教學研究方面多所鼓勵，並且釋疑解惑，提供學術研究的相關知識與方法，實受益無窮。

　　而引領我進入海洋文學的研究領域者，是本校人文社會科學院首任院長孫寶年教授，她總是親切和藹地鼓勵後進，並以自身的學思歷程，勉勵我們勇於面對新課題。此外感謝本校教育研究所所長江愛華教授，她總是以正向的態度面對一切困難與挑戰。江所長於海洋文學課程與相關計畫的規劃方面，對我實有諸多啓發，同時不吝分享研究心得，每每令

我有如沐春風之感。此外任教學校國立臺灣海洋大學在主客
觀條件上的支持，使我在教學之餘，得以從事學術研究，謹
此致謝。本書在撰寫過程中，感謝大學好友清華大學出納組
侯宜欣小姐，長期協助我研究資料的收集與借閱。還有諸多
同事朋友們各式各樣的打氣激勵，以及研究過程中得到許多
人有形無形的協助，隻字片語實無法盡數感激。

　　學術的道路漫長，這一切只是第一階段而已，要努力的
地方還很多，仍須持續向前。謹以此書獻給所有關心我的朋
友與親人，並感謝所有的善因緣，讓此書得以順利出版。

謝玉玲謹誌於基隆・海大
2010.12